In order to be free, the French people had to fight the kings. In order to obtain a constitution founded on reason it had to overcome eighteen centuries of prejudice.

（为了自由，法国人民不得不与国王们进行战斗。为了获得一部建立在理性上的宪法，他们必须克服一千八百年的成见。）

——拿破仑·波拿巴

CHARLES KOVACS

THE AGE OF REVOLUTION

科瓦奇讲变革的时代

[英] 查尔斯 · 科瓦奇 / 著
陈文璟　李黎 / 译

新世界出版社
NEW WORLD PRESS

北京版权保护中心引进书版权合同登记 01-2019-3669

图书在版编目（CIP）数据

科瓦奇讲变革的时代 /（英）查尔斯·科瓦奇著；陈文璟，李黎译．-- 北京：新世界出版社，2020.10
ISBN 978-7-5104-7120-9

Ⅰ．①科… Ⅱ．①查… ②陈… ③李… Ⅲ．①世界史—青少年读物 Ⅳ．① K109

中国版本图书馆 CIP 数据核字 (2020) 第 171332 号

科瓦奇讲变革的时代

作　　者：[英] 查尔斯·科瓦奇（Charles Kovacs）
译　　者：陈文璟　李　黎
策　　划：于惠平
责任编辑：贾瑞娜
特约编辑：蔡志燕
责任校对：宣　慧
封面设计：海　凝
版式设计：王熙瑶
责任印制：王宝根 胡星星
出版发行：新世界出版社
社　　址：北京西城区百万庄大街 24 号（100037）
发 行 部：(010) 6899 5968 (010) 6899 8705（传真）
总 编 室：(010) 6899 5424 (010) 6832 6679（传真）
http://www.nwp.cn　　http://www.nwp.com.cn
版 权 部：+8610 6899 6306
版权部电子信箱：frank@nwp.com.cn
印　　刷：北京盛通印刷股份有限公司
经　　销：新华书店
开　　本：710 × 1000 1/16
字　　数：400 千字　　**印　张**：22.5
版　　次：2020 年 10 月第 1 版 2020 年 10 月第 1 次印刷
书　　号：ISBN 978-7-5104-7120-9
定　　价：89.80 元

学校的历史教学

让孩子学习历史的目的和作用是什么？每个学校都教历史，但是几乎都对此没有答案。如此，学习历史只是成了一个惯例。我们需要去看看这个传统是否仍然有意义。

在我的时代，我所看到的是，学校教授民族或本国历史，以此在年轻人心中植入爱国精神。这种方式曾经在很多国家被使用过，有些地方至今依然沿用。然而，这种方式使用不当，会使人逐渐形成激进的民族主义，并产生民族歧视。如果这是教授历史的唯一目标，我倒觉得，不如让儿童在成长过程中，忽略一下自己民族的历史。

另一个答案是，为了理解当今世界，学习历史是非常必要的。这个答案，更加脚踏实地一些。但是，一旦涉及对年轻人的教学（请特别注意这个附注前提），只有与当今世界有关联的那部分历史才有其重要性。

这样一来，苏格兰或英格兰的历任国王，以及他们之间的历次战争和战役，或者各项条约，都看上去与现代没什么关联。

学习历史是帮助年轻人为当前的生活做好准备的方式之一。告诉他们过去，是帮助他们为此时此地做好准备。这是我们在学校进行历史教学的角度。

假设一个人患了失忆症，比如受到突然的冲击，或因为神经紧张突然间失去记忆，他们失去了与自己过往人生的联系，连关系最近的亲友都不认得了，曾经的熟人变成了陌生人。每个人都不是孤立的个体，而是某个团体、某个民族，乃至于人类整体的一员。一个人对历史无知或无感，就如同失忆症患者一样饱受折磨。这一类的人相互遇到，就成为没有过往的社群。看到某些年轻人的反社会行为，或破坏性的荒唐举动，会让人不由得要发问：他们的学校是怎样教历史的？这样看来，历史就成了无比重要的一个科目。

历史教学不仅涉及要告诉孩子一条历史事件的线索，也涉及这些知识是以怎样的方式传授的。例如，在我们学校，历史教学中的一个挑战是让孩子形成对时间的感觉。对一个十岁的孩子来说，你告诉他查理曼大帝生活在一千年以前，是没有任何意义的。你对一个孩子去讲一千年前的某位人物，其意义是微乎其微的，就如同跟一个门外汉谈论天文学中的百万光年一样。这是个庞大的数字，问题是，你没有让孩子对时间产生感觉。黑板上画的时间示意图，需要具备一定的抽象能力才可以理解，而这种能力要到青春期才能形成。

根据斯坦纳的建议，我在教十岁到十一岁的孩子时，采取了如下的方法。

我请一个孩子拉住他旁边孩子的手，并对他说：“你的邻座是你爸爸小的时候。”

当然，这样会让全班都笑起来。然后我对这位“爸爸”说：“现在请你拉住你邻座的女同学的手。她现在是第一个同学的祖母。”

然后，家庭链上又加入一个孩子，他是曾祖父。这会儿，我说：“你们看，我们现在回到了大约一百年前。”

这时候，每个人都想加入家庭链，要当曾曾曾曾祖父。当全班都把手拉起来的时候，我们就回到了大约五百年前。这时，孩子们意识到，我们还需要另一个同样人数的班级加入，才能回到查理曼的时代。

显而易见，这样一种认识时间的方式，包含了一些社交因素在其中。我们与过去岁月的距离，不再是多少个零了，孩子是通过代表他先辈的同学，感受到与过往的一种连接。这仅仅是我们各种教学方法中的一个小小的、具体的例子。

“历史”（history）与“故事”（story），这两个词在我看来其实是一样的。在德语中，Gechichte 一词既有历史的意思，也有故事的意思。实际上，在古希腊时期，当历史最初被以文字方式记录下来的时候，就是一系列关于伟大人物的故事集。

对十四岁之前的孩子来说，历史应该是一个故事集。我所说的故事，是指一个流传下来的故事，它可以从情感层面与孩子对话，唤起孩子的近融感和离斥感，喜悦或惋惜。我不知道是否存在所谓的客观历史，如果有，那样的历史也不会在一个小孩子的心中留下任何印象。光秃秃、干巴巴的历史事实和年代，只会令小孩子感到乏味。与其这样，还不如不要给他们讲历史。

所以，在低年级，我们要尝试用生动的图景去呈现历史，我们要尽可能地将历史中的英雄和坏蛋讲得具体而真实。在十一到十四岁的阶段，如果我们在课堂中看到孩子时而因伟大壮举而热情澎湃，时而又因恶劣行径而义愤填膺，那么对老师而言，这就是最大的奖励了。这样一来，历史就化作一股道德的力量。

有人会用道德戒律对孩子进行说教，但我们相信，长此以往，反复地敦促和劝诫，并不会使道德从人的内心中迸发出来，反而会生出伪善。这种做法，也会导致对道德权威的彻底对抗。然而，如果你能调动孩子以强烈的情感，对历史中出现的善恶是非给予呼应，你就为生命中健全的道德感奠定了基石。

再往后，到了十二至十四岁时，孩子需要的不仅仅是引人入胜的故事，还有必要让他们看到历史事件之间的联系。当然，这并不意味着要在历史中放入种种假设或既定模式。当我向孩子指出，文艺复兴时期的艺术中所表现出来的人类精神的转变，在地理大发现中扮演着引领和导向的角色，并导致了宗教改革的爆发，这并非一种模式性的思考或者假设。

这样就触及了在我们历史教学中的另外一个要点。老师很有可能会告诉一个十岁的孩子发现美洲的故事。以十岁孩子的理解能力而言，讲述这个故事一点都不困难。但是对于十岁的孩子，哥伦布的故事和奥德修斯的故事没什么差别，孩子感觉不到自己和哥伦布有什么亲缘关系，也无法理解他的境遇和自己有什么内在联系。

对于十二到十三岁的孩子就很不一样了。在这个阶段，孩子和父母、老师及整个环境的情感纽带已经相当地松弛了。孩子获得了独立思考的能力，他们渴望独立地去探索。他们感受到了在他们面前展开的广阔的空间，它既令人向往，同时也辽阔得叫人害怕。他们也首次体会到了伴随童年的离去而到来的孤独感。

在这一阶段，哥伦布自我发现时的外在境遇——与公认的权威决裂，在陌生之地探险，在广阔而未知的海洋中孤舟前行，和十二到十三岁孩子的内在情形是相应的。如果我和这个年龄的孩子讲述哥伦布的故事（即便他们已经听说过），这个故事会抓住他们的心，并深入他们的内在，成为这个年纪的一种治疗。

孤独地研究、期待着未来的莱昂纳多·达·芬奇，在宗教裁判所前的伽利略，挑战教会和世俗权力的马丁·路德，十二三岁的孩子能从心底感受到与这些英雄的内在联系。这样，历史就成为疗愈手段。孩子在成长过程中与他的（她的）困难相遇，也在历史舞台上与不同的“自己”相遇。

让我们再往下一个年龄段来看。十三至十四岁，通常被看作是“困难年龄”。各种青春期问题层出不穷，那些不讨人喜欢的特点显露出来。然而，这些特点到底是什么呢？孩子们要维护自己的独立性，他们爱挑剔大人，但是无法欣然地接受对自己的批评。这是他们的片面性。另一个特点是，他们不再愿意别人把自己当孩子来对待：他们希望大人可以平等地对待他们。与此同时，他们又会形成亲密的小圈子：男孩子们总待在一起，女孩子也形成她们的小团伙。这是一个加深友谊的年龄，是一段“要挤在一起”的时光。

在我们的学校，这个年龄的孩子在历史课上开始学习法国大革命。他们听到“自由”“平等”“博爱”这些伟大的理想是如何向世人宣告的。然而，这些理想也是在呼应——从历史的跨度上去呼应——青少年自身内在运作的力量。他们希望独立的愿望，对应的是自由；他们希望被平等看待，映射了大革命中对平等权利的要求；他们“挤在一起”，则回应了对全人类博爱的呼唤。

事实上，法国大革命的理想性和破坏性，都在青少年的心理状况中有所对应，包括由拿破仑的崛起和陨落所代表的自我破坏。于是，借由历史这个大舞台中上演的故事，青少年得以在历史中与自己的强烈渴望和自身潜在的破坏性相遇。同样，让个人问题与其在历史中的化身相遇，是有治疗价值和疗愈功效的。诚然，这并不能完全消除青春期的问题和危机，但的确会使这个令人烦恼的阶段过得相对轻松一些。

然后，历史课又带着孩子们来到了19世纪。这时，对自由、平等和博爱的渴望，又以新的形式抬升起来。我们讲加里波第，意大利那位无所畏惧的探险家和勇敢坚毅的自由战士；我们讲亚伯拉罕·林肯，他将一生贡献给废除奴隶制度，主张权利平等、人人平等的伟大事业；我们还讲亨利·杜南，他受到“全体人类皆兄弟”的博爱理想的启发，继而又以此启发他人，从而创立了红十字会。

于是，自由、平等、博爱的理想不再是以大众运动或口号标语的形式呈现，而是由每一位个体来带动，并凭借个人的牺牲和奉献而成为现实。

通过“工业革命”，我们看到资本主义的极端化，以自由的名义违背了人类的博爱。于是，孩子们被一步步带到了当今的世界。

无论从哪个时代或哪个角度看，历史学习都不应该只是灌输信息，或者为了传承知识而传授知识。我们要看到历史学习在道德和社会层面所具有的重要性。同时，它还是一种治疗，为成长过程中每个阶段的压力和烦恼带来疗愈。

我不想给大家留下这样的印象，认为只有历史具有德育和治疗的作用。在各个科目的教学中，哪怕是数学和科学，我们都在尝试与儿童的深层需求相遇。在此，我只是以历史为具体的例子来说明我们教育的目标。

查尔斯·科瓦奇

目录

Chapter 1
反抗

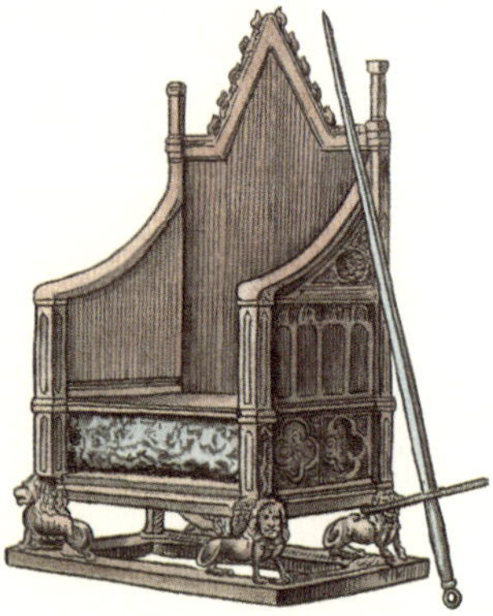

目录

目录

Chapter 2

19 世纪和 20 世纪

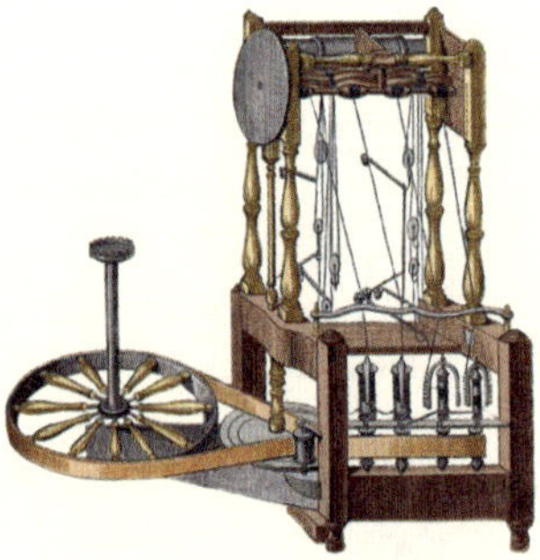

Chapter 1

反抗

01
西班牙和荷兰

在学习历史的过程中，我们最应该了解的是人类的思想。人类灵魂处于随时变化的状态——随着历史的发展而变化，随着世纪的更迭而变化。现在的你们和六七年前的你们肯定不一样，不仅有身体上的变化，精神上也是如此，你们的精神会随着你们身体的变化而变化。事实上，如同个体在不断发展，整个人类世界也在不断发展完善。于是，那些关于人类成长的故事就构成了所谓的人类历史。

回想一下中世纪的早期，农民会充满敬畏地仰视他们的领主和骑士，这些领主和骑士们一样会敬畏地仰视和遵从他们的主人，也就是国王。而所有人，包括农民、骑士和国王，又都会以更加敬畏的心情去仰视上帝的神圣仆人——修道士和神父。当然，修道士和神父并不仅仅是因为服务于上帝的神圣职责而被尊重，他们能读能写，拥有书中所记载的知识，这才是非常值得尊重的。此外，这些修道士和神父们敬仰着他们的主教，而主教们又尊重和服从他们的主人——罗马教皇。所有这些都是一千多年前的事实——大概是三十代人之前。如果你们想定义那个时代，可以说那是一个集权独裁的时代，每个人都有更高一级的绝对权威凌驾于他之上，而凌驾于所有人之上的是罗马教皇。

对我们而言更为荒谬的是：即使一个国王十分愚蠢或者邪恶，他的骑士一样要听命于他；即使一个修道士的所作所为根本不像一个神圣的人，他依然会受到尊重；不管罗马教皇是一个什么样的人，他依然是所有人都要怀着极大敬畏去仰视的最高权威。那个时代的人们想要一种权威，而他们内心深处喜欢有人告诉他们应该去做什么，应该去想什么。

圣多米尼克审判异教徒。西班牙人佩德罗·贝鲁格特绘

当然会有一些人——只是极少数人，希望能独立思考，或者对教皇和主教们的想法有一些不同意见，这些人被称为“异端”。生活在那个时代，

他们是非常不幸的。有这样一种法庭，被称为“宗教裁判所”。它不是我们常识中的法庭，有法官，有律师，而是一个由主教和神父们组成的机构。可怜的异端分子一旦被带入这个法庭，几乎全部会被判处死刑——在火堆上烧死。宣判圣女贞德死刑的主教和神父就来自这样一个可怕的宗教裁判所。

你们能明白吗？宗教裁判所其实也只是那个集权独裁时代的一部分。那个时代的大多数人普遍会接受一个高高在上的权威，任何挑战权威的人，特别是那些挑战教会权威、教皇权威的人，都必然会被处死，因为他们试图颠覆的权威体系恰恰是其他人所支持的。

所有这些都发生在一千多年前，并且持续了五百年左右。然后，就在五百年前，人类迎来了翻天覆地的变化，这些变化触动了人类灵魂的觉醒——造就了地理大发现的时代和文艺复兴发明创造的时代。此时，何止是一小部分受到孤立的异端，欧洲有成千上万的人都开始自主思考。

人们开始自主思考之后，不仅去未知的海域探险，而且会通过天文望远镜观察辽阔星空（像伽利略·伽利雷那样），他们不想在任何权威面前奴颜婢膝。

马丁·路德可以指责教皇是一个恶棍和魔鬼，而教皇对他却无可奈何。因为有成千上万的德国人愿意保护马丁·路德，愿意为他而战，这才有了宗教改革运动。宗教改革陆续在德国、英格兰、苏格兰蓬勃发展。最终，人们不再接受教皇的权威，至少在欧洲北部的国家是这样的。在欧洲南部的意大利和西班牙一带，人们依然信奉罗马天主教，他们还承认教皇

知识小贴士

地理大发现时代，也叫探索时代或大航海时代。从15世纪到17世纪，欧洲的船队出现在世界各处的海洋，寻找着新的贸易路线和贸易伙伴，发现了许多当时在欧洲不为人知的国家与地区。

Chapter 1
反抗

在威尼斯的圣马可广场，伽利略用望远镜观察星空

知识小贴士

伽利略·伽利雷（1564—1642），意大利数学家、物理学家、天文学家，科学革命的先驱。

的权威——至今西班牙、葡萄牙和意大利依然是信奉罗马天主教的国家。

但是，在一些国家，人们仍旧需要经历漫长而残酷的斗争，才能从教皇的权威下获得解放，比如荷兰。

大约五百年前，荷兰还不是一个独立的国家，而是德国的一部分。当宗教改革运动在德国全境蔓延的时候，一样也影响了荷兰，很多荷兰人因此成了新教徒。当时德国及附近地区的统治者是一位无比强大的国王——查理五世。他统治着德国、奥地利、西班牙和西属美洲殖民地。人们说："在他的王国，太阳永远不会落下。"查理五世是一位非常虔诚的罗马天主教徒，无论如何都不能接受新教，他宣布马丁·路德及其追随者为非法，激烈地反对宗教改革运动，甚至不惜开战。但战事失利，只得签订宗教合约。

战争失败之后，查理五世把庞大的帝国分给弟弟和儿子。弟弟统治着德国和奥地利，儿子统治着西班牙和西属美洲殖民地，当然也包括荷兰。

令人相当奇怪的是，虽然与德国接壤，荷兰却选择听命于远在几千英里之外的西班牙国王——而这就是查理五世的帝国被瓜分后的实际情况。自此，荷兰人正式归属于西班牙统治，而统治者为查理五世的儿子菲利普二世。他就是那位派出“无敌舰队”与英格兰作战的国王。在那场著名的海战中，英格兰以少胜多，令无敌舰队遭受了几近覆灭的打击，但这是很久以后的事情了。

在无敌舰队被击败的很多年之前，西班牙国王菲利普二世成为荷兰的统治者。这位国王堪称是一个狂热的天主教徒——他绝不允许在自己的统治范围内有新教徒的存在，所以他决定清除在荷兰的新教徒。

查理五世，西班牙国王，同时也是神圣罗马帝国皇帝，他是16世纪欧洲最强大的君主，曾资助麦哲伦进行环球航行

当然了，菲利普二世根本不需要亲自动手去清除荷兰的新教徒，他把这个任务交给了一位妇人——他同父异母的妹妹玛格丽特。她被任命为荷兰总督，主要任务是摧毁荷兰的新教。

于是，可怕的宗教裁判所入驻了荷兰。它并不处理一般的刑事案件，只针对那些反对罗马教廷的罪行。荷兰的新教徒们被陆续押解到宗教裁判所，备受折磨之后被判处死刑，然后被火烧致死。

当时在荷兰，还生活着相

击败无敌舰队，英国画家菲利普·詹姆斯·代·劳瑟堡绘

当数量的天主教徒，虽然他们丝毫不用担心恐怖的宗教裁判所，但是也无法忍受亲眼看着自己的同胞惨遭折磨、痛苦死去。有两位荷兰贵族，他们虽然也是天主教徒，但真心觉得玛格丽特对新教徒的迫害太过分了。这二人，一位是奥兰治的威廉，另一位是埃格蒙特。于是，他们代表荷兰所有的罗马天主教徒，恳请统治者玛格丽特取缔宗教裁判所及其恐怖行径。

玛格丽特是一个非常狡猾的女人。她意识到，如果无视威廉和埃格蒙特的意见，荷兰的天主教徒和新教徒可能会团结起来反对她乃至西班牙的统治。而她并没有足够的兵力在荷兰全境作战，所以她假装同意威廉和埃格蒙特的建议，承诺关闭宗教裁判所。

荷兰人民实在是太高兴了！无论何时，只要威廉和埃格蒙特出现在荷兰城市的街道上，人民都会欢呼并祝福他们。所有人都认为宗教迫害的

知识小贴士

西班牙国王菲利普二世在1588年派出无敌舰队意图征服英格兰，却告失败。

荷兰的天主教徒向玛格丽特提交请愿书，恳请她取缔宗教裁判所

恐怖时代一去不复返了。可是，在荷兰人对美好的前景深信不疑的时候，玛格丽特却在暗自调兵遣将（从海上运入大量的西班牙士兵），最后她拥有了一支足够强大的军队，可以镇压荷兰人的反抗。

恰在此时发生了一些事情，正好让玛格丽特找到了借口。过去，荷兰各地曾修建了很多美丽的教堂。那时，所有人都是天主教徒，普遍承认教皇的权威。因此事实上，荷兰的天主教徒拥有所有的教堂，而新教徒却没有任何可以宣传教义的地方。一些地方的新教徒认为这并不公平，于是他们武力抢占了教堂并赶走了把持教堂的天主教徒。

发生了这件事情，玛格丽特显然是十分开心的——这就是她等待已久的借口，一个可以将宗教裁判所带回荷兰的借口。如果有人反抗，她刚好可以

Chapter 1
反抗

玛格丽特，荷兰肖像画家安东尼斯·莫尔绘

借机动用大军，彻底消灭荷兰境内的新教徒。但玛格丽特还是十分狡猾的。首先她召集了所有信仰天主教的荷兰贵族，包括奥兰治的威廉和埃格蒙特。她说：“你们看到了吧？我停止宗教裁判所之后就发生了这样的事情。看看这些新教徒是如何攻击天主教徒的，他们就这样把我们赶出我们的教堂！所以，宗教裁判所必须恢复！我要求你们这些真正的天主教徒对我宣誓：你们将跟我站在一起，帮助我摧毁新教！”

埃格蒙特和其他荷兰贵族都许下誓言宣布效忠，但奥兰治的威廉并不相信西班牙人的把戏。他相当确信即使宣誓效忠，自己的生命安全也得不到保证。他还对他的朋友埃格蒙特说：“是咱们俩迫使玛格丽特关闭宗教裁判所的，她对此一直怀恨在心。不除掉咱们俩，她是不会罢休的！在她动手之前，我要到德国去避难，跟我一起走吧！”

阿尔瓦公爵的徽章

但是埃格蒙特并没有听他的，而是相信了玛格丽特和国王菲利普二世。威廉只能向埃格蒙特表达了祝福，虽然他从心底知道可能再也看不到自己的朋友了。之后，他逃亡到了德国。

现在，玛格丽特已然确定荷兰的贵族们不会再反对她了，而且还有强大的西班牙兵团随时待命，于是，她开始着手处理新教徒了。

首先，荷兰的新教徒被告知，他们有 24 小时的时间离开这个国家。时限一过，还留在荷兰的新教徒，一旦被发现，就不要期望被善待！你们可以想象当时的情形：人们以最快的速度收拾行李，开始逃亡——荷兰的道路上到处挤满了难民，一些逃亡到德国，还有很多人设法搞到了船只，漂洋过海到了英格兰。

通观英国的历史，英国人总是会因为对难民的慷慨援助而受益匪浅。荷兰人因为纺织技术而闻名，正是这些荷兰难民将先进的纺织技术和知识带到了英国，之后才有了英国纺织业的繁荣。直到现在，纺织业还是约克郡和苏格兰地区利润丰厚的产业。

事实上，只有一小部分荷兰的新教徒得救，更多的人因为太穷而买不起去英格兰的船票，而其余的人，即使人身安全受到了威胁，也不想背井离乡。当然，很多人还抱有这样的幻想：玛格丽特只会惩罚那些抢占教堂的人，而无辜的人毋庸担心，不会受到任何伤害。

好吧，玛格丽特当然惩罚了那些抢占教堂的人，数百人遭到逮捕并被绞刑处死。或许玛格丽特确实也想到此为止，不想对新教徒多做打击，但她同父异母的哥哥可不是一个善罢甘休的人。菲利普二世觉得，一个女人终究还是心慈手软，不能很好地完成清除荷兰新教徒的任务。于是，他又派了一个西班牙贵族——阿尔瓦公爵来到荷兰。阿尔瓦公爵傲慢自大且冷酷无情，完全可以胜任这个差事。他甚至认为杀死一个非西班牙人或者非天主教徒，等同于杀死老鼠或者其他害虫。阿尔瓦公爵一到荷兰，就开启了一个异常恐怖的时期，荷兰人遭遇了前所未有的血腥和苦难。

当然，之后我们会发现，恰恰是这样的苦难和压迫，导致荷兰人民奋起反抗冷酷残暴的西班牙统治者。

02
荷兰的起义

那时，荷兰所有信仰天主教的贵族都已经宣誓效忠玛格丽特并支持她，甚至连尊贵的埃格蒙特都立了誓言。只有奥兰治的威廉拒绝这样做，不仅如此，他还逃亡到了德国。现在，阿尔瓦公爵带着菲利普二世的密令，来到了荷兰。关于如何对付荷兰人，他可谓胸有成竹。来到荷兰不久，他就邀请所有的荷兰贵族出席一个大型晚宴。埃格蒙特也在被邀之列，他毫不怀疑地出席了。晚宴结束后，正当埃格蒙特准备离开时，却被大门口的士兵带走并被关进了监狱。

同一天，布防在荷兰各地的西班牙士兵开始禁止荷兰人继续外逃。从现在开始，逃离荷兰的人将被判处死刑。

然后，阿尔瓦公爵设置了比宗教裁判所还要恶劣残忍的法庭，荷兰人称之为“血腥法庭”。这些法庭的西班牙法官只遵循一个简单的标准：一个荷兰人，如果反对西班牙的国王陛下，如果他曾经听过新教徒布道者的演讲，或

晚宴之后，阿尔瓦公爵逮捕了埃格蒙特

者有亲戚朋友是新教徒，或者他的朋友亲戚逃离了荷兰，总之，只要他曾经有过反对西班牙国王的不良记录，都是有罪的，都要被关进监狱。

这些条款实则判定了所有的荷兰人都是有罪的。但是，阿尔瓦公爵还是假惺惺地表示公正，一来他不可能把所有的荷兰人都杀掉，二来也是想让那些活下来的荷兰人对他感恩戴德。因为他们本该都被处死的，只是因为公爵的仁慈和宽容，他们才能活命！

总之，这些所谓的“法官”开始履行他们的职责。第一批受审并被判处死刑的人中就有埃格蒙特。终其一生，他都是一个善良的罗马天主教徒，国

阿尔瓦公爵主持血腥法庭，这个法庭于 1567 年成立

王菲利普二世忠诚的支持者。但这些良好的记录也救不了他。1568 年，刽子手砍下了他的头，用大钉子钉在了墙上。这样做是为了震慑所有的荷兰人，让他们知道不停止反抗的话，要面对的将会是怎样的灾难。也许在生命的最后一刻，埃格蒙特会想起老朋友威廉的忠告吧。

第一批审判之后，就有大量的人遭到处决，埃格蒙特仅是其中之一。无论在荷兰的哪个城市，没有一天不发生处决人犯的事情。无论你从事哪个职业，是工匠、教师还是医生，没有人能说得准，自己早上能否自由地醒来，晚上能否活着入睡。

当然，在这样的残酷高压政策之下，从荷兰人民内部开始，自发涌现出反对残暴的西班牙统治者的行动。他们所需要的就是一位经验丰富的将军，一个勇敢决断的人来做他们的领袖，领导他们在战争中获得胜利。这个人就是奥兰治的威廉。

威廉秘密地回到了荷兰，很快就组织了一支小队伍——他们都是陷入绝望的人，明知道战胜强大的西班牙国王的可能性微乎其微，却宁可战死也不想作为罪犯被火刑处死。

这支小型的军队四处袭击西班牙军营。最初，西班牙人还是比较震惊的，甚至有些手足失措。趁此机会，奥兰治的威廉迅速占领了荷兰的一些城镇，城镇中的荷兰人都为他的到来而欢呼。

从开始的震惊中回过神来之后，训练有素的西班牙士兵马上开始了反击。威廉的小部队显然不能抵抗西班牙军队，他们只好逐一退出了已经占领的城镇。作为报复，西班牙军队杀光了这些城镇的所有居民，男人、女人和小孩，一个都不留。

结果，连荷兰的天主教徒也都开始反对残暴的西班牙统治者了。在荷兰的各个乡镇，天主教徒和新教徒团结起来，一起反抗阿尔瓦率领的屠夫军队。于是，阿尔瓦刚刚平息了这里的反抗，新的起义又在那里发生了。

反抗此起彼伏，范围也越来越大。但是，威廉的军队还没有强大到能彻底打败西班牙统治者的地步。另一方面，西班牙人可以在一场又一场的战役中获胜，却永远不可能彻底征服和消灭威廉，更不可能平息所有的反抗。于是荷兰陷入了战争泥潭。

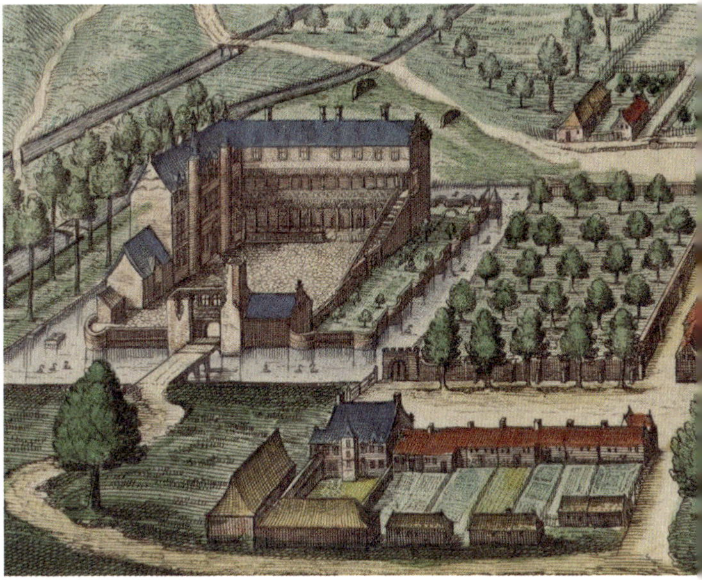

比利时的埃格蒙特城堡。16世纪，它由埃格蒙特伯爵所拥有，伯爵被斩后，城堡受西班牙人管辖，现在它被用作城市的公共图书馆

03
莱顿保卫战

荷兰和西班牙之间进行了很多战役，其中最著名的要数1574年的莱顿保卫战。在荷兰，有一些“建在海底”的城镇。其实就是用拦海大坝把海水挡在外面，而把城市建立在海平线之下。莱顿就是这样一座城市。

莱顿跟荷兰的许多其他城市一样，宣布效忠于奥兰治的威廉，于是就引来了西班牙大军围城。军队统帅瓦尔德将军并不打算一举攻破莱顿城，而是想把莱顿城包围起来，让人们挨饿，最后被迫投降。

几个星期过去了，几个月过去了，食物越来越少，莱顿城面临着巨大的危机。人们被迫杀猫杀狗充当食物，最后连老鼠都吃。婴儿和老人渐渐死去，微不足道的供给无法维持他们的生命。就在此时，狡猾的瓦尔德将军派了一个信使去会见莱顿市长，劝他投降并交出城市。

有很多莱顿人受不了饥饿的日夜煎熬，一听说有位西班牙信使进了城，

奥兰治的威廉一世，又称“沉默的威廉”

就聚集到市政府前的大广场上，高喊：“投降吧！投降！”一些人甚至说，西班牙人至少能带来食物，如果市长执意不开城门投降的话，他们就要杀死他。

市长走出办公室，非常平静地走到人群当中。这时候，喧嚣停止了。然后市长开始讲话：“这几个星期以来，大家确实承受了很大的痛苦。然而，即便如此，也胜于让西班牙人进城，对我们实行非人的折磨！我绝对不会把我的城市交出去！如果你们想投降，那就先杀了我！我的佩剑在此！在场的诸位，谁都可以把这剑插入我的心脏，然后任由西班牙人随意进城！但是，我，哪怕还剩最后一口气，也绝对不会投降！真正的荷兰人也绝不会投降！”

说完这些话，市长拔出了他的佩剑，抛向众人。一阵沉寂之后，人群中爆发出同样的怒吼：“绝不投降！”西班牙信使只好灰溜溜地回去向瓦尔德将军报信：那些疯狂的荷兰人根本不打算投降。对此，瓦尔德将军只是轻蔑地笑了笑，他确信，再过一个星期，他们就会屈服了。

高傲的西班牙人有所不知，就在这个晚上，有一个人悄无声息地穿过了西班牙人围绕莱顿城的阵地。无论士兵还是守卫都没有注意到这个黑色的影子穿过了他们的营地。此人潜入莱顿城，给这座城市带来了一个充满希望的消息。这个消息足以让城里的人们信心倍增，重整旗鼓。

这消息来自奥兰治的威廉。他告诉莱顿城的同胞，他正率领一支舰队前来支援莱顿。这只舰队并不庞大，但携带着充足的食物和士兵，足以帮助莱顿人战胜西班牙人。

莱顿城的地理环境特殊——城外有大片的土地，一道拦海大坝将其环绕保护着。在和平时期，农民在这片土地上种植小麦，养殖奶牛。只要莱顿人

1550 年左右的莱顿市城区示意图

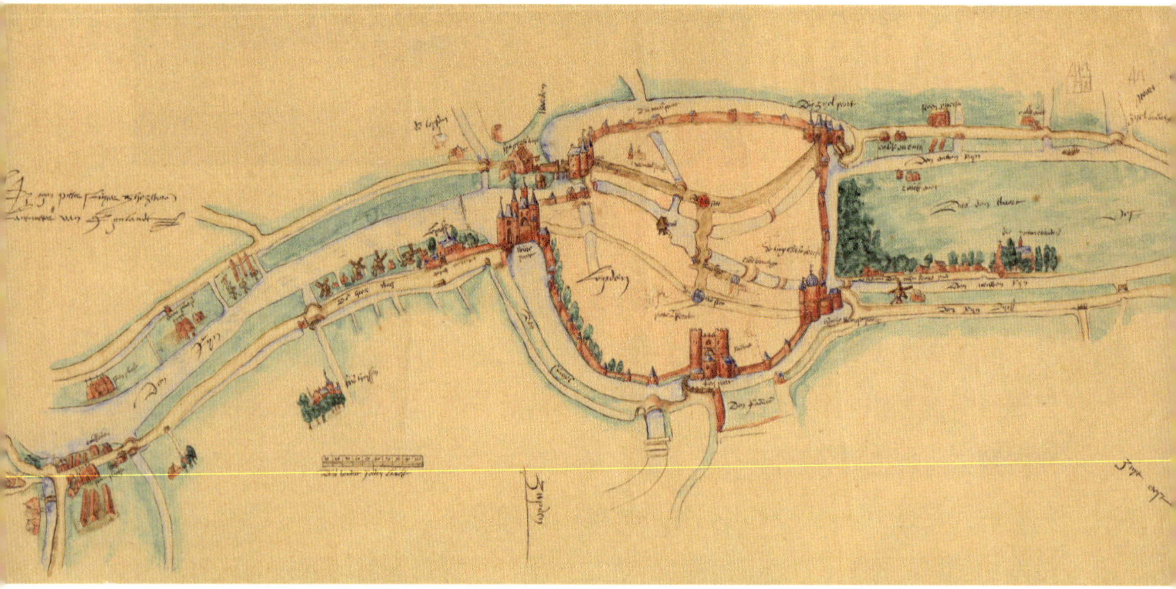

炸开大坝，海水就会淹没这片土地。舰队的船只可以在涨潮的时候进入内陆，把食物运进莱顿城支援他们。

然而，对于莱顿人来说，这是个令人伤感的决定，他们不得不破坏自己的先辈花费巨大努力才建好的拦海大坝。而更令人难过的是，大海将淹没土地和奶牛，海水还会破坏土地的成分，使之在此后数年寸草不生。但是，莱顿城里的人别无选择：他们必须借用宿敌——大海的力量，来消灭新的强敌——西班牙人。除此之外，他们别无他法可以让救援舰队到达莱顿。最终，莱顿人破坏了大坝，海水顺势而下，淹没了土地，一直涌到莱顿城墙之下。

对于西班牙人来说，这洪水来得太突然了。水位急速上升，很快就淹到了他们的膝盖。他们只能迅速撤离到两个高地要塞去，因为那里仍然在水平线以上。

但是，对荷兰人来说，不幸却在于水位升高得不够。即使最大的海浪涌来时，水位还是太浅，不足以保证船只安全运行。莱顿城的人们站在城墙上翘首远望——海水已经淹没了土地和农场，将城池团团包围，但他们期盼的救援船只依然停留在远处的深海区。随着夜幕降临，莱顿城的人们陷入了绝望，他们最后的希望似乎也破灭了。他们已经付出了一切，牺牲了所有的土地和农场，却一无所获。

就在这个晚上，风暴来临了。狂风骤雨席卷了北海地区，巨大的海浪越过了大坝的废墟，水位在持续上升着。荷兰舰队乘风破浪，驶向莱顿城。

但是，荷兰舰队仍然不敢靠近城池。因为在莱顿城和深海区之间还盘踞着敌人的两个高地要塞，西班牙人的加农炮可以摧毁任何企图靠近莱顿城的荷兰舰只。荷兰海军不敢过于靠近，只能将船只停留在加农炮的射程之外，更不敢开进莱顿城。

想象一下这样的夜晚吧：在伸手不见五指的黑夜，狂风暴雨，惊涛拍岸。

17 世纪荷兰的战舰和其他船只

谁也预料不到会有什么发生！莱顿城里的人已经彻底放弃了抵抗，只等着西班牙人随时攻入；而另一方的西班牙人同样十分忐忑，他们发现了刚刚到来、时刻准备决一死战的荷兰海军舰队。

恰在此时，突然传来一阵巨大的轰响！声音之大，在数英里以外都可以听得清清楚楚。其实，这声巨响是由于巨浪冲走了莱顿城墙的一部分基石，导致这段城墙轰然倒塌而发出的声音。

但是，莱顿城里的人却以为这是西班牙人推倒了城墙。他们已经没有继续战斗的力气，准备坦然受死了。

其实，他们没必要害怕，因为西班牙人同样被这声巨响吓着了。他们以为这是莱顿城里的人冲杀了出来，而荷兰的海军也同时要进攻了。西班牙人可不想被两面夹击，荷兰舰队在外，莱顿人在内，里应外合的后果是不堪想象的。于是，西班牙人纷纷逃窜，高地要塞和加农炮都弃之不顾了。他们从深及胸部的海水中跋涉，撤到了离莱顿城很远的无水区。

一夜平安无事，荷兰人又吃惊又高兴。清晨，他们发现西班牙人已经放弃了高地要塞，走得干干净净。这下，船只可以从容地驶入莱顿城，给已经饿晕了的莱顿人带来足够的食物。

对于荷兰人来说，成功营救莱顿城是件了不起的大事。信使们骑着马，奔驰往来于各个城镇，传播这个好消息。荷兰人受到了极大的鼓舞，更加坚定地反抗西班牙的压迫。

最终，菲利普二世国王也认识到，阿尔瓦公爵和他恐怖高压的统治方式只能让荷兰人更加团结。在荷兰，不论是天主教徒还是新教徒，都会起来反抗西班牙。阿尔瓦带着耻辱被召回了本国，连玛格丽特也回到了西班牙。此后，菲利普二世派遣了一位又一位总督，试图用花言巧语和各种许诺挽回荷兰人的归顺，但这些都是徒

营救莱顿城，荷兰画家奥托·范·维恩绘

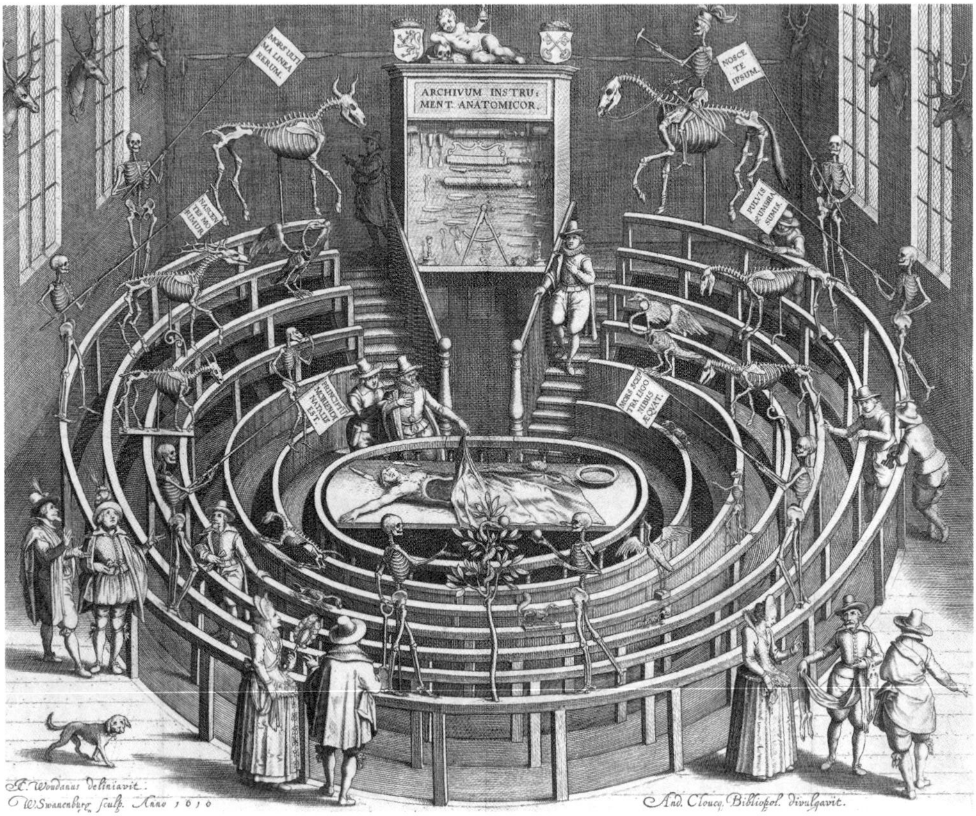

17 世纪莱顿大学的解剖馆。莱顿大学是由奥兰治的威廉所建，是荷兰最早的大学

劳的。荷兰人再也不想继续接受西班牙的统治了，他们宣布荷兰独立，还推举奥兰治的威廉当国王。然而，威廉实在是太谦逊了，他并不想加冕称王。于是，1581 年，荷兰成为一个共和国。共和国也需要有个领袖啊，不出人们所料，共和国第一位领导者，或者叫执政，自然就是奥兰治的威廉。

听闻威廉当选为执政后，西班牙的菲利普二世气得发狂。盛怒之下，他发布了悬赏——谁刺杀了奥兰治的威廉就可以领到巨额赏金。有个名叫杰拉德的卑鄙之徒，他为了得到这笔赏金，在 1584 年刺杀了威廉。不过，他也很倒霉，当场就被人抓住并判处了死刑。接着，荷兰人选举了威廉的儿子莫里斯继任执政。菲利普卑鄙的谋杀计划非但没有得逞，反而招来了麻烦。年轻的莫里斯跟英格兰的伊丽莎白女王签署了一个联盟协议，英格兰向荷兰派遣士兵，并运送武器，支持他们抵抗西班牙。

不难想象，菲利普国王这会儿得多么恼怒：他妄想通过恐怖的高压政策击溃顽强的荷兰人，却惨遭失败；他企图用甜言蜜语和美好许诺达成目的，荷兰人根本不听；他阴险地谋杀了荷兰人的领导者——奥兰治的威廉，也没得到好下场。现在荷兰人甚至还与他最痛恨的敌人英格兰人达成了联盟。于是，菲利普决定建立一支庞大的舰队来完成自己的企图，这就是历史上著名的“无敌舰队”。他想先用这只舰队征服不列颠，然后再碾碎小小的荷兰。

如你们所知，菲利普的无敌舰队被英格兰的海军和风暴摧毁了。这场战役不仅仅是英格兰的胜利，也同样拯救了荷兰。随着无敌舰队的覆灭，菲利普不得不放弃他重新统治荷兰的奢望。荷兰成了一个自由的国家。

但是，与荷兰交战，雇佣士兵、制造武器、组建无敌舰队的船只等，所有这些都是要花钱的。菲利普为了实现自己摧毁荷兰和英格兰新教徒的疯狂念头，将西班牙从墨西哥和秘鲁的印第安人那儿疯狂掠夺来的大量黄金，都花掉了。所有的这些宝藏都从美洲运过来，被菲利普用作战争费用。

菲利普死后，曾居于欧洲富国之首的西班牙，又回到了一百多年前的贫困状态，那时候他们还没有发现美洲大陆的财富。然而小小的荷兰却从此繁荣起来，他们富强的唯一秘诀就是辛勤工作。

莱顿人民忍饥挨饿最终有了回报。是他们艰难的选择，连同全体荷兰人的共同信心，击败了强大的西班牙。

杰拉德。他是西班牙国王菲利普二世的崇拜者，1584年，他用手枪射杀了奥兰治的威廉

04
君权神授

在荷兰抵抗西班牙的战争中，勇敢无畏的人们与强大残暴的压迫者顽强作战。这是一个鼓舞人心的故事，但从另一个角度看，也是一个令人感伤的故事——信仰基督教的人们以宗教为由互相争斗。

然而在这个时代，不仅荷兰如此，整个欧洲的天主教徒和新教徒也在进行殊死斗争，甚至新教徒内部也会因为教派的不同而发生斗争。你也许会问："怎么会这样呢？这些人都信仰慈爱的天主基督，怎么却以捍卫基督教的名义来残杀迫害对方呢？"主要原因是几个世纪以来，人们已经习惯性地将不同于自己信仰的人定义为邪恶的、应该被审判的"异端"。这就是罗马教皇不断灌输给人们的思维定式。虽然现在新教徒已经与教皇决裂，但是他们依旧有这样陈旧的思维习惯，于是自然把罗马天主教徒视为"异端"，甚至对那些礼拜程序或者教堂选择跟他们稍有不同的其他新教徒，也一概而论。这种情况持续了很长时间，人们才将这种受误导的思维方式彻底抛弃。

詹姆斯六世，英国人丹尼尔·迈腾斯绘

1603年，英格兰的伊丽莎白女王指定苏格兰统治者玛丽·斯图亚特的儿子詹姆斯六世为她的继承人。自此，苏格兰和英格兰合并为一个国家——大不列颠王国，由一位君主统治，始称詹姆斯一世。

在英国历史上，詹姆斯是一位极其不受拥戴的国王。英格兰人不喜欢他，因为他是地地道道的苏格兰人，一生都带着浓重的苏格兰口音说话。但是苏格兰人也很快找到理由来仇视他。詹姆斯的母亲玛丽·斯图亚特是罗马天主教徒，但是詹姆斯却是由新教徒教养成人的。于是在短时间内，不列颠所有的天主教徒都开始疏远他。再过了一段时间，好多新教徒也开始讨厌他。可以说，在历史上，很少有国王像詹姆斯这样四处树敌、众叛亲离的。

当然，如果詹姆斯没有被培养成新教徒的话，伊丽莎白绝对不会指定他为继承人。但在英格兰还是有相当数量的罗马天主教徒的，他们仍然期望玛丽·斯图亚特的儿子在内心是一个天主教徒。等他成了英格兰国王，英格兰就可以恢复旧有的宗教，让罗马天主教成为英格兰的国教。但是詹姆斯在这方面毫无建树。很明显，他对罗马教会全无好感。英格兰的天主教徒仍然不能掌管教堂，也不能在公共场合进行礼拜。

于是，英格兰的天主教徒视詹姆斯为叛徒，因为他背叛了母亲的宗教。许多信仰天主教的英格兰贵族阴谋驱逐詹姆斯国王，同时颠覆整个英格兰的议会。

这伙人的首领名叫盖伊·福克斯，他们策划的阴谋后来被称为“火药阴谋”，因为他们计划将火药安置于英格兰议会，在詹姆斯国王抵达议会、所有议员都出席的时候引爆。

盖伊·福克斯（右起第三位）及其同伙密谋炸毁议会大厦，杀死国王詹姆斯六世

Chapter 1
反抗

伦敦议会大厦的地下室有很多隔开的房间，商人们或者任何人想储存货物的话，都可以向政府部门申请租赁这样的房间。所以，盖伊·福克斯和他的同伙很轻松就租到一个隔间。他们运进了36桶火药和成堆的干木柴，并铺好了导火索。然后，他们就坐等国王詹姆斯莅临议会大厦了。预计行动的日子是1605年11月5日，在这一天，盖伊·福克斯会亲自点燃导火索。

福克斯的同伙中有一个人与詹姆斯国王的朝臣是朋友，这位朝臣将会在那天随詹姆斯国王一起抵达议会。这个人不忍心眼睁睁看着自己的朋友送死，于是就给这位朋友写了一封信，警告他不要随国王去议会，因为那里将“吹起大风”。信是用左手写的，没有署名。

这位朝臣十分迷惑，虽然他不明白是怎么回事，但可以推测在议会大厦会有不同寻常的事将要发生。他把信交给了国王的首相索尔兹伯里伯爵。伯爵是一个非常聪明的人，立刻就猜出所谓的“大风”意味着爆炸。伯爵再三考虑之后，拿着信觐见了国王，向他揭露了这个威胁他生命的阴谋。当时已经是11月4日的晚上，国王立刻派出士兵去搜查议会大厦的地下室。他们挨个搜索所有房间，发现盖伊·福克斯正在火药桶上安装导火线，于是逮捕了他，经过严刑拷打，逼迫他供出了同伙的名字。所有的参与者都被处决了。从此，英国在每年的11月5日都要举行焰火庆祝活动，还会用篝火烧掉一个套着旧衣服的草人，它象征着盖伊·福克斯。

你也许会觉得，既然天主教徒如此憎恨詹姆斯，那新教徒们总该会站在他这一边吧。但事实并非如此。新教徒分裂为两派：占主导的一派是英格兰教会，其领袖是国王詹姆斯；另一派是清教徒，意思就是“纯洁的人”。清教徒们认为英格兰教会跟罗马教廷实在是太相似了。他们的教堂里都有雕像和壁画，都弹奏管风琴、点蜡烛，还都有主教和大主教。清教徒反对所有的这些形式，他们贬斥英格兰教会为“教皇教会”，也拒绝去这样的教堂礼拜。他

处死盖伊·福克斯

们自己的祷告场所就没有这些装饰，清教徒经常穿着黑色朴素的衣服，他们认为明亮的色彩会引发罪恶，还认为看戏、跳舞和玩牌——所有形式的娱乐都是有罪的。

清教徒们不想跟英格兰教会有任何联系。但是，英格兰教会领袖詹姆斯国王却想让英格兰只有一个教会，举行一种仪式。他下令禁止清教徒们聚众祷告，违者或者被关进监狱，或者被处以高额罚金。

很多清教徒难以忍受这种迫害。一百来个清教徒乘着“五月花号”来到了美洲，在那里他们开辟了一个新的殖民地，叫新英格兰。这些清教徒被称为“移民之父”。他们抵达美洲时饥寒交迫，是善良的印第安人给他们送来生活必需品，还教他们狩猎、捕鱼、种植作物。移民们在获得丰收的那一天举行庆祝活动，感谢上帝，也感谢印第安人的帮助。后来，这一天成为美国的一个国家节日——感恩节。

无论是天主教徒还是清教徒的先辈们，都不喜欢詹姆斯国王。在苏格兰，由约翰·诺克斯建立的苏格兰教会（也称苏格兰长老会）也没有主教和大主

抵达美洲大陆的“五月花号”的乘客，在上岸前签署了一份契约，被称为“五月花契约”，他们共同约定建立一个自治的政治团体

艏（shǒu）楼
可以用厨房的砖式火箱做饭，轮流执勤的水手常在厨房旁边的小房间里休息
主货舱
装满了食物、酒类，还有武器和工具。水手们用滑车组将所需的东西吊运出去
甲板间
普通旅客的住处，空间狭小，天花板大约 1.7 米高

“五月花号”是一艘长约32米的三桅商船，大约1609年时就已经开始从事英法之间的酒类贸易，因而有“芳香之船”的美名。1620年9月6日，当“五月花号”载着清教徒前往新大陆时，这已经是它第三次前往美洲了

约翰·诺克斯（1505—1572），苏格兰宗教改革领袖，创办了苏格兰长老会

教这样的设置。而且，苏格兰人十分坚定，拒绝服从国王将苏格兰教会变成英格兰教会的意愿。因此，詹姆斯国王在他的故乡苏格兰也没有几个朋友，大多数人都厌恶他。

也许，你会认为英格兰教会的信众至少会尊重詹姆斯国王吧？但是基于另外一个原因，一个跟宗教毫不相干的原因，詹姆斯把普通的英格兰人都变成了自己的敌人。

自从约翰国王签署了《大宪章》之后，英格兰就有了议会制度。议员由人民选举产生，而国王不经议会允许不能发布任何命令。最重要的是，没有议会的同意，国王不能随意征税。换句话说，国王想获得更多的税收，就必须事先征得议会的许可。但是詹姆斯对于自己的国王地位有非常古怪的想法，他甚至为此写了一本书。在书里他阐释说，国王显然要比普通人更高贵，是被上帝选中的人，国王的意愿就等同于上帝的意愿。他称此为“君权神授”。

詹姆斯如此信奉他的“君权神

知识小贴士

《大宪章》，又称《自由大宪章》或《1215大宪章》，1215年英王约翰被迫签署的宪法性文件，其宗旨为保障封建贵族的政治独立与经济权益。

授”理论，根本无视议会的存在。他生活奢靡，开支庞大，每当他觉得钱不够花了，就跟议会说要提高税收。如果议员们拒绝，他就下令解散议会，让他们回家，然后在没有议会的情况下直接提高税收。

英格兰人完全不能接受国王的这种行为，这跟他们从属哪个教会并没有关系。大不列颠王国的国王詹姆斯一世，无法成为受人爱戴的国王，反而四面树敌。

05
查理一世

詹姆斯国王算是一个很奇怪的国王，他既不残暴也不邪恶，但不知何故，无论是在英格兰还是苏格兰，他都遍地树敌。天主教徒称之为叛徒；清教徒和苏格兰人认为他如罗马教皇一样坏；而英格兰人对他无视议会的行为也很恼火。

但詹姆斯对此不屑一顾。他沉溺于“君权神授”的想法，认为作为国王，自己不可能做错，所以老百姓怎么看他是无须理会的。

在古埃及，这样是行得通的。那时，人们确实将法老视为神一般的存在，但那已经是很久以前的事了。在詹姆斯国王生活的时代，老百姓不再把国王等同于神。

詹姆斯对国民的不满和反对视而不见，对百姓的苦难无动于衷，他至死都一直保持着为所欲为的作风。1625 年，詹姆斯国王驾崩，给他的儿子留下了一个烂摊子。

詹姆斯的儿子查理从小就被灌输了“君权神授”的观念，他跟父亲一样无视议会的存在，对清教徒的打压更是一点也不差。

当我们烧一壶水的时候，最初水会慢慢地冒泡，最后会一下沸腾起来。英国人民心中的不满也是这样，在詹姆斯时代慢慢升温，到了查理时代才爆发出来。这导致了英国的内战——英国人互相争斗、残杀。最终，查理不仅丢了王冠，连性命也没有保住。

查理一世，英国斯图亚特王朝君主

1638 年，在爱丁堡的圣吉尔斯大教堂，反抗查理的第一波起义爆发了。

查理跟他父亲一样，想让大不列颠王国境内只有一个教会，实行一种教堂仪式。不列颠境内的所有教徒都必须皈依英格兰教会，并使用英格兰教会颁布的祈祷书。

在教堂里用什么祈祷文，说哪些祈祷词，似乎并不打紧。但苏格兰爱丁堡的人却不这么认为，不允许他们在自己的教堂里以自己的方式祈祷，令他们既难过又愤怒。

周日，爱丁堡的圣吉尔斯大教堂将要首次使用新祈祷书。愤怒的人们聚

义军在灰衣修士教堂签署公约

集在教堂，低声议论着。这时，圣吉尔斯大教堂的主教进来了，所有的教众都安静了下来。主教开始诵读新祈祷书。还没等他说几句，一个叫珍妮·杰德丝的老妇人就喊了起来：“你这个满嘴瞎话的伪君子，你打算让我的耳朵听到弥撒吗？”（意思是新祈祷书就像罗马教会的弥撒，你居然想让我听从于它。）接着，这个老妇人拿起她坐的凳子朝着主教扔了过去。

刹那间，整个教堂里乱成一片，女人们纷纷推搡着主教，还用拳头揍他。人们不停地喊：“打倒天主教！”后来，士兵们冲进教堂，救了主教的命，然后把教众从教堂里赶了出去。但是这一整天，街上都不太平。暴动的消息一传开，整个苏格兰的民众，无论是贵族还是平民，都起来反抗国王查理了。

义军的领导者们聚集在爱丁堡灰衣修士教堂的院子里。他们起草了一份誓言，为保护苏格兰的教会制度共同浴血奋战，几千名来自苏格兰各地的人都在此誓言上签了名。这份誓言被称为“公约”，签名的这些人被称作“公约派”。

公约派组建了军队，行军到了英格兰境内，并且击溃了查理国王派来抵抗他们的英格兰军队。为了避免更多的流血，查理做出了妥协。公约派为自己争取到了权利，可以按照自己的方式祈祷和礼拜，于是光荣地返回了苏格兰。由于公约派的反抗，国王不再对信徒强行压制，苏格兰人可以有自己的宗教仪式。

反对查理一世的第一次起义是由苏格兰的清教徒发动的。但不幸的是，查理并没有从公约派的起义中汲取教训。他依然迷信“君权神授”，认为自己作为一个国王可以对英格兰议会随意下达命令。但是英格兰议会议员们的不满也开始“沸腾”了。议会和国王查理之间发生了许多次争吵，大多数与钱和税收有关。结果，很显然议会和国王无法共同治理国家，其中一个必须下台。

查理国王准备效仿他的父亲，但在他下令解散议会的时候，起义爆发了。议会号召英格兰民众拿起武器，捍卫《大宪章》赋予他们的固有权利。

而查理国王则率领由贵族组成的军队，准备镇压那些拿起武器来反对他的义军。1642 年，残酷的英国内战开始了，不列颠百姓开始自相残杀。

这幅画描绘了英国内战中的虚构事件，画中圆颅党人正在审问小男孩关于他父亲的下落

那些为查理国王而战的人大多是贵族，他们自己组织军队，戴假发、佩长剑，骑着马参与战斗，仿效中世纪的骑士，被称为“骑士党”。响应议会号召为自己权利作战的士兵被称之为“圆颅党”，因为他们把自己的头发都剪短了，不像骑士党的人留着长长的卷发。

战争之初，查理国王的军队更胜一筹，因为骑士党人大多数从儿童时期就开始接受军事训练。很久以来，贵族的男孩都需要在军队中任职，不能经商或者从事其他职业。所以，对于骑士党人来说，战争就是生活的一部分。

但圆颅党人大多是平民，由农夫、农场主、木匠、商人等组成，基本不会用兵器，也没有任何战斗经验。

因此，议会的军队其实只有很小的概率可以击败查理国王的骑士党军队。除非他们能找到一个领导人，他知道如何把这些从来没有使过枪、弄过剑的人训练成强悍的士兵。这个人就是奥利弗·克伦威尔。

06

克伦威尔和英国内战

如果我们追溯到中世纪早期，就会发现所有人都生活在某种阶层结构中，这就是权力的阶层。处于社会阶层最底端的是农民，然后是骑士、贵族、国王。比他们更高的阶层是教会阶层——教士、牧师、主教、大主教和教皇。教皇处于这个阶梯式社会结构的最高处，是最高权威。

随着地理大发现时代的到来，人们开始在精神上自我反省。而宗教改革的发生，使欧洲很多教会都不再以教皇为最高权威。可以说，清教徒让教皇从梯子顶上摔下来了。

一旦最高权威的地位被否定，罗马天主教会的整个权力阶层就不会再被认可，步其后尘的最高权威就是国王。我们现在讲的就是紧随其后的时代：一个否定国王权威的时代。我们已经看到荷兰人起来反抗他们法律意义上的国王，西班牙的菲利普二世；苏格兰的公约派起来反抗他们法律意义上的国王查理。现在，英格兰的圆颅党也起来反抗查理了。你可以从中看出，所有这些起义有着同样的过程，在这个接连不断的过程中，旧的权威被逐一打倒。

在战争中领导圆颅党与查理国王作战的人是奥利弗·克伦威尔。青年时代的克伦威尔曾经让父母大伤脑筋——没人能让他安心去工作或者学习，他把大部分的时间用来喝酒和赌博，在酒馆里酗酒滋事，纯粹就是在浪费他父亲的金钱。

但是经历了几年醉生梦死的荒唐生活之后，奥利弗·克伦威尔开始厌倦这些“娱乐”了，它们只能带给他空虚和不满。于是，他改邪归正了——这令众人吃惊不已。他开始读书和学习，尤其爱看那些关于宗教方面的图书。读这些书让他彻底地改头换面、焕然一新。

克伦威尔肖像，英国画家查尔斯·露西绘

他成为最严格的清教徒，甚至连温和的娱乐活动也不参加了。他所有的时间都用来努力工作，或者祈祷，或者诵读宗教方面的书籍。

现在的他是如此模范的清教徒，人们都对这个真诚而且虔诚的年轻人印象深刻，也就难怪人们会选举他做国会议员了。

克伦威尔一进入国会就成了首当其冲的反对派。在他的反复进谏之下，国王仍然一意孤行，无视国会和民众的权利。因此，当双方开始刀兵相见之时，克伦威尔就自然而然地受命担任了议会军队的领导者，圆颅党人的首领。

克伦威尔是一位极具军事天赋的将领。首先，他以每天无休无止的训练将这些农商市井之人锻造成可以与查理国王的军队抗衡的队伍。但他不甘心于此，他要让士兵们觉得自己是在进行一场抵御邪恶力量的“圣战”。他以清教徒的标准来约束军纪，当士兵们结束训练之后，不能马上放松，还需要祈祷、读《圣经》和唱圣歌。克伦威尔是一位了不起的布道者，他对士兵宣扬说，他们是在为上帝作战，反对的是有罪之人和撒旦的仆人。因此，他的士兵应做好准备面对任何危险，乃至不惜为这个神圣的使命奉献生命。

就像一个铁匠将一块废铁锻造成了一把锋利的宝剑，克伦威尔将这群未曾受过训练的平民打造成了一支强大的战斗力量，一支可以与骑士党持续作战的生力军。一开始骑士党人谈起圆颅党来，满是轻蔑与不屑。然而几次交战之后，他们则敬畏地称之为“铁勇士”。

骑士党和圆颅党之间的争战持续了四年时间，这是一场漫长又残酷无情的内战。最初它只是英格兰人之间的战争，然而随后苏格兰也被牵扯了进来。

当然，苏格兰公约派是站在克伦威尔这边的，他们派遣了军队去帮助他。有一个叫蒙特罗斯的苏格兰贵族，他起初是一个公约派，后来却倒戈维护国王，甚至号召苏格兰高地的家族们都为国王而战。

在苏格兰高地，人们以这样的方式聚众出战：把两个木棍绑成十字架，用火烧灼棍子的两端，然后蘸上山羊的血。一个部族的人拿着这个“血十字”，急速跑过高山峡谷，传递到下一个部落的人手中。就这样，一个接一个，手手相传，直到所有人都接收到领袖的战斗号召。

蒙特罗斯，曾被查理一世任命为苏格兰总督和军队总司令

随着“血十字”的传送，成千上万的部众以蒙特罗斯为中心聚集在苏格兰高地。他们起义不是为了支持国王查理，而是因为痛恨苏格兰公约派的领导者——阿盖尔侯爵，另一位苏格兰贵族。

现在，苏格兰也爆发了内战。因为公约派人大部分都是低地的居民，这成了一场苏格兰高地人和低地人的战斗。

最初，蒙特罗斯率领的高地军队大获全胜。1644 年，在靠近珀斯的堤坡缪尔，高地军队凶猛地扑向了公约派的军队。片刻之间，公约派的军队就如鸟兽散。于是蒙特罗斯率领军队推进到阿伯丁，当阿伯丁被攻陷之后，高地部队不但洗劫了城市，还屠杀市民。这下蒙特罗斯可蒙了——这完全有悖于他的初衷。

接着，高地大军又挥师南下攻打格拉斯哥，格拉斯哥不经抵抗就投降了。蒙特罗斯下令说，谁也不许在格拉斯哥城内烧杀抢掠，否则格杀勿论。但是野蛮的高地人可不喜欢他这一套，他们干脆打道回府了。于是部队一下子少了大半，只有一小部分军队留了下来继续跟随蒙特罗斯。当再次遭遇公约派军队攻击的时候，他们一败涂地。蒙特罗斯侥幸从战役中逃生，躲藏在苏格兰的高地，后来流亡到了法国。

于是，在苏格兰，国王这一派在内战中失败了。很快，英格兰的保皇派也重蹈覆辙。

在 1645 年的纳斯比战役中，克伦威尔率领他的铁勇士彻底消灭了最后一支骑士党的军队。当时，查理国王并不在现场，但是当战役失利的消息传来的时候，他意识到大局已定，无力回天。然而，他也逃不出英格兰，因为英格兰海军是支持克伦威尔的。而圆颅党人很快就会把他逮捕入狱。在进退维谷的窘境中，国王查理决定向苏格兰公约派军队投诚——他觉得这要好过

纳斯比战役中的克伦威尔，英国画家查尔斯·兰德塞尔绘

在英格兰当俘虏。他要求去苏格兰，并请求得到庇护。

苏格兰人现在是左右为难：他们跟查理国王其实没有什么过不去的——他给了他们宗教上的自由，除此之外，他们别无所求。毕竟查理是苏格兰女王玛丽·斯图亚特的孙子，而且他还是苏格兰的国王。就在苏格兰人打算带查理去苏格兰的时候，克伦威尔派人送信来说，如果不交出国王，英格兰就要跟苏格兰开战。此外，英格兰议会还欠苏格兰 20 万英镑的军饷，如果苏格兰人保护国王，这笔欠款就一笔勾销。在这样的双重威胁之下，苏格兰人妥协了，国王查理被移交给英格兰。英格兰内战结束了。

07
处决查理

在中世纪早期，欧洲社会存在一个权威阶梯——它的最底层是农奴，最高层是教皇。一如我们所见，教皇的权威已经在宗教改革中被打倒了，而次一级国王的权威也崩塌了。这必然带给我们另外一个问题：现在轮到哪一个阶层的人来推翻旧有权威呢？

那个时候，一个农奴如果能从他的主人那里逃跑，然后在城市里待一年零一天而没有被抓住的话，就会获得自由，他将成为不属于任何骑士和贵族的“市民”。在城市里他们是自由的，因此才能追随路德、加尔文，或者约翰·诺克思而成为新教徒。城市中的居民，也就是市民，或者可以称之为“公民”，他们拥有独立自主的精神，并且最终是他们把前代的权威都拉下了所谓的“阶梯”。

市民或者公民既不像农民那样要耕种土地，也不像骑士们那样除了练兵打仗之外什么都不用干，他们是各种各样的生意人，比如屠夫、面包师、木匠、商贩等。他们就是我们现在说的“中产阶级”。

随着中世纪城市的增加，产生了一个新的数量巨大的阶级，可称为市民阶级、公民阶级，或者中产阶级。就是这些中产阶级的人首先反对教皇的权威，然后又反对国王和贵族阶层的权威。

其实，英格兰内战的对战双方，一边就是中产阶级，另外一边是旧有统治者——国王和贵族。

你甚至可以从双方的领导者，克伦威尔和国王查理的个人品质中，看到新秩序和旧秩序之间的强烈冲突。

国王查理出生在一个古老的贵族家庭。几个世纪以来，斯图亚特家族出现过许多骑士、公爵和国王。他没有建立任何丰功伟绩，基于自身的血统，天生就是国王。查理对此心知肚明，而且从不掩饰身为国王继承人的骄傲。

在几幅查理的画像中，可以看到他长着一张苍白、瘦长的贵族脸，有着精心梳理的头发和修剪整齐的八字胡。所有的画像都展示出其傲慢且略显疲惫的神态。

奥利弗·克伦威尔身材矮小笨拙，脸色红润自然。他本来会成为一个普通律师，结果竟然成了圆颅党的领导者。显然他的命运不是上天安排好的，而是通过他自己的辛勤努力和卓绝才干获得的。他不像国王查理或者骑士党人那样礼数优雅，但他带着清教徒的狂热，跟自己的队伍同甘共苦，由此赢得了士兵们的爱戴。

想象一下克伦威尔的形象吧：红脸庞，略显笨拙，着装和举止都不入流，却拥有过人的精力。而国王查理身材高挑而优雅，面容苍白而傲慢。从这两个人身上，我们就可以看到新阶级和旧阶级之间冲突的全貌。

当苏格兰人把查理移交给英格兰的时候，英格兰议会决定把他囚禁在北安普敦郡一个叫霍姆比宫的地方。议会的议员们想当然地以为查理会接受教训，那样的话，或许什么时候还会恢复他的王位。

但这个时候，英格兰议会和克伦威尔率领的圆颅党（或叫铁勇士）之间发生了冲突。由于议会财力匮乏，已经好几个月都没有支付铁勇士的军饷了，铁勇士对于拖欠军饷十分不满。于是有传言说，会发生兵变推翻议会。在这种情况下，有些议会议员认为最好的解决方式是尽快让查理复位，因为他们相信克伦威尔和他的铁勇士不敢同时跟国王和议会叫板。但克伦威尔抢先了一步，他派出了一个营的士兵赶到囚禁查理的地方，把查理劫走了。这下子，国王查理沦为了克伦威尔的阶下囚。他俩可是死对头！

克伦威尔决意处死查理，但这个决定必须得到议会的许可才“合法”。好

查理一世收下了一个年轻女孩送的玫瑰，很快他将被囚禁和处决

吧，现在大概有不到五百名议会议员，克伦威尔肃清了议会，只有表态支持审判查理一世的议员才能留下。

剩下的这一百多名议员组成的议会被称为残缺议会，意思是说他们只是原来议会的残余。他们制定了一条法令，命令最高法庭判处查理国王叛国罪，这真是太荒谬了。接下来几个星期的审判更无公平和正义可言，简直就是一出闹剧。查理甚至无权为自己辩护。所谓的法官们宣布他犯有严重的叛国罪，判处他死刑。

当查理从法庭上被带走的时候，一个值岗的士兵真诚地对他说："陛下，愿上帝保佑您。"一个军官立刻转身给了这个士兵一拳。查理看着这位野蛮的军官，说："我觉得这惩罚过于严重了。"

1649 年 1 月 30 日，查理被带到位于伦敦白厅的宫殿前面处死，这里曾经是他居住的王宫。街道上挤满了人，其中一些人当然想让他死，但更多的人其实不想看到这一幕。但无论是谁，都被查理面对死亡时的无畏勇气感染了。他想对在场的人们说最后几句话，但也被无情地拒绝了。士兵们敲击武器发出巨大的噪声，以致人们根本听不见查理在说什么。查理只能跪下来，把自己的头放在斩首台上。当斧头从空中落下后，头戴黑色脸罩的刽子手迅速举起他的头，高喊："看啊！叛国者的头！"没有欢呼，人群反而发出了一声巨大的叹息。

终其一生，查理做过很多愚蠢的事情，但他不是一个暴君，本不应该这样死去。要说谁应对查理一世的死负责任的话，这个人就是他的父亲，是詹姆斯和他那一套"君权神授"的理论害了查理。处死查理并没有给不列颠带来和平，反而开启了新一轮内战。

查理死后，由克伦威尔指定的一百多名议员组成的残缺议会宣布不列颠成为一个"共和国"，或者如他们所称的"共同财富体"。但是残缺议会完全

查理一世被处斩

受克伦威尔的操纵，真正的统治者不是议会，而是克伦威尔！如今，克伦威尔大权在握——这是可怜的查理做梦都没拥有过的权力。在今天的时代，像克伦威尔这样的人，我们称之为独裁者。

英格兰人也许并不很喜欢克伦威尔的独裁统治，但他们还是接受了。然而苏格兰人完全不买账。

在苏格兰地区，所有人，即便是清教徒和公约派，听到查理一世像普通的罪犯那样被处死的消息后，都震惊了。而且，他们也不喜欢这个徒有其名的“共和国”。在查理死后的第六天，在爱丁堡高街十字口市场的一次集会上，苏格兰人宣布承认查理的儿子——查理二世，为他们的国王。

这位年轻的查理二世当时正逃亡在荷兰，等待时机，复辟王朝。年轻的查理二世犯了一个大错误。他想当然地认为，既然苏格兰人，甚至包括公约派人，都接受他当国王，那么他们之间过往的怨仇就已经烟消云散了。所以，他任命曾经领导过高地人的蒙特罗斯回到苏格兰，组织一支队伍，对抗克伦威尔，而他自己则留在荷兰。

但是公约派人和他们的领导人阿盖尔侯爵显然没有忘记，蒙特罗斯曾经

查理二世从荷兰返回英国

率军在堤坡缪尔战役中打败公约派军队，也没有忘记高地人在阿伯丁城的抢掠和屠杀，他们将这些都归咎于蒙特罗斯。所以当蒙特罗斯回到苏格兰，立刻被逮捕并处以死刑。公约派的领导人阿盖尔侯爵相当得意地看着蒙特罗斯被处死，却没料到自己的死期也不远了。

现在，查理二世意识到只有一个人可以将苏格兰人团结起来，为他而战。这个人就是他自己。1651 年，年轻的国王（当时他只有 20 来岁）在苏格兰登陆。现在所有的苏格兰人，包括曾经反对他父亲的公约派，都拿起武器为苏格兰国王而战。

就这样，不列颠又一次陷入了内战，这次作战双方是苏格兰和英格兰。

08
英格兰和苏格兰

苏格兰的公约派愿意为查理二世作战真是有些奇怪。毕竟他们是清教徒啊！相对于查理二世来说，他们与克伦威尔及其圆颅党人有着更多的共同之处。而查理二世不是清教徒，而是骑士党，还属于英格兰教会：他喜欢欢愉的人生，对清教徒的简朴生活根本不屑一顾。是什么原因令苏格兰公约派愿意集结在查理二世麾下并为之作战呢？

克伦威尔和他的圆颅党议会已经处决了查理一世，并且把不列颠变成了“共和国”，或者叫“共同财富体”。但他们完全没有想到，这事还要去征询苏格兰人的意见。苏格兰人不喜欢别人强加给自己的约束，当年就是因为查理一世强迫他们接受新祈祷书，他们才揭竿起义的。现在，英格兰的清教徒兄弟们不打招呼就把国家制度从君主制改成了共和制，他们也不能答应。

这就是为什么苏格兰的公约派愿意为骑士党国王查理二世而战的原因。

克伦威尔亲自率领铁勇士北上进入苏格兰地区，试图用武力镇压苏格兰

身穿加冕礼服的查理二世

十五世纪的骑士用火炮攻城

人对英国议会的反叛。

入侵苏格兰的主要战场就在爱丁堡附近，这里是苏格兰的南部边界。公约派出于战略考虑，把这一带的田地和作物都毁掉，牛羊牲畜都赶走，让克伦威尔的大军无法就地解决军需供给。于是，克伦威尔只能通过海运从英格兰运输粮草。但即使船队来了，也没有办法靠岸，因为海岸线都掌握在公约派的手里。在伯威克、邓巴、莱斯这几个大港口城市都有公约派的驻军，他们的加农大炮可不是摆设，英格兰舰队可不敢轻易靠近。

克伦威尔打算率领饥饿的铁勇士，通过考斯托芬向昆斯弗里海岸进发。在考斯托芬山区也驻守着公约派军队，如果克伦威尔要强行通过，至少要损失一半以上的兵力。想象一下这时的克伦威尔——他站在考斯托芬山口，气得满脸通红，或许他已经远远望见停泊在河湾口的英格兰船队，但就是过不去。克伦威尔只好改变原计划，率领军队向西推进到邓巴这个地方。在邓巴，公约派占据了有利的地形，他们据守在顿恩山上，挡住了克伦威尔的去路。

眼看着克伦威尔军队已经饥饿难耐，就要撤回英格兰了。可是苏格兰人太没耐心，他们竟然从山上冲下来跟英格兰军队作战。两军交战起来，缺乏训练的公约派完全不是久经沙场的铁勇士的对手。苏格兰人一败涂地，克伦威尔顺势占领了邓巴城，船只可以靠岸，军需供应就不是问题了。

与此同时，查理二世也没闲着。为了能彻底击败克伦威尔，他在克伦威尔在邓巴作战的时候，率领公约派的另外一支军队从南部边界进入英格兰。也就是说，当克伦威尔率领大军北上试图攻占苏格兰的同时，苏格兰人的军队也南下入侵了英格兰，企图攻占伦敦。

克伦威尔大吃一惊！这可如何是好呢？于是，他兵分两路，一路由英格兰将军蒙克率领继续攻打苏格兰，自己则率领另一路大军急速南下，追击查理二世。

克伦威尔终于在伍斯特赶上了苏格兰军队。1651 年 9 月 3 日，这次内战中的最后一场血战开始了。公约派士兵英勇奋战，可惜面对的是比他们更加老练的铁勇士。最终，成千上万的公约派士兵战死疆场，剩下的苏格兰军队也在混乱中四散奔逃。克伦威尔赢得了战争的胜利，从而成为英国内战的胜利者。

查理二世虽然死里逃生，却遭到四处

在邓巴的克伦威尔，英国画家安德鲁·卡里克·高绘

追捕。克伦威尔悬赏捉拿国王，查理二世只好乔装打扮：他剪掉长发，涂黑了脸和手。对他来说，幸运的是英格兰还有很多愿意效忠王室的人，他们帮查理二世逃过了铁勇士的四处抓捕。

有一次，他躲在一个农场主那里。得知有一小队铁勇士就要过来盘查，查理很快地爬上一棵大橡树，夏天的橡树枝叶繁茂，树冠像一个绿色的帷幔，正好可以让他藏起来。铁勇士们骑着马从树下经过，查理甚至都能听见他们说话。就是这么近，这些士兵也没有发现查理，甚至没有往树上扫一眼，就骑着马过去了。

还有一次，国王在另外一个英格兰贵族那里避难，查理二世伪装成给贵族夫人喂马的马夫。但是，他们怎么才能帮助国王跨海逃离英格兰呢？

于是，贵族夫人假装要出去旅行，而查理就是她的随从仆人。在路上，他们进了一家客栈休息，结果发现里面全是克伦威尔的士兵。

其中一个士兵看着查理说："朋友，我好像在哪见过你呢？"

查理回答说："很可能啊！我经常跟着主人四处旅行呢。"

"你是不是曾经服侍过巴克斯特先生啊？"

"是呢！"查理回答说，"过去那么久了，你竟然还能认得我，你的记忆力真是太好了！不过抱歉，这会儿我要去照顾我家夫人的马去了。"说完，他赶紧走开了。那个男人想了半天也没弄明白为什么查理看着那么面熟。

几经波折，查理总算到达了海岸。在一个迷雾重重的灰暗黄昏，在一片荒凉的海滩上，一条小船等待着查理，并将他摆渡到了一艘大船上。查理二世就这样流亡到了法国。

同时，可怜的苏格兰人因为支持国王付出了惨重的代价。本来留下蒙克将军是为了搞定苏格兰的，但在伍斯特战役之后，连国王都逃跑了，苏格兰人根本没有心情再进行抵抗。待到蒙克将军和他的铁勇士兵临城下之时，苏格兰各

伍斯特战役之后，一位年轻的女清教徒保护逃亡的国王拥护者

城镇就接二连三地投降了。

安有命运石的爱德华王座。命运石是苏格兰君主制的古老象征，从 838 年起，所有的苏格兰君主都要坐在其上加冕。13 世纪末，英格兰国王爱德华一世征服苏格兰时，抢走了这块石头，并放入自己的王座中，象征英格兰和苏格兰皆在他的统治之下。不过爱德华死后没多久，苏格兰人取得独立，这块石头又被还了回去

蒙克将军决心要让这些倔强的苏格兰人彻底明白，苏格兰不是独立的国家，而是附属于英格兰的一部分。

过去，苏格兰国王的加冕仪式上会有三样非常珍贵的东西：一顶黄金王冠，一柄镶嵌着宝石的权杖和一把长剑。这三样东西号称“苏格兰之光”。还有一块古代的石板，称为“命运石”或“斯昆石”。在国王加冕礼上，国王会坐在这块石头上接受王冠。传说这块石头来自圣地，雅各曾经枕着这块石头入睡，梦见了上帝派来的天使来往于天地之间。

蒙克将军把这块石头从苏格兰运到了伦敦，然后放在西敏寺好几百年，直到 1996 年才归还给苏格兰，现在安置于爱丁堡。

蒙克将军把“命运石”抢到了伦敦，他还想把其他三样“苏格兰之光”都带走，但并没有得逞。一位牧师的夫人抢救了它们，把它们留在了苏格兰。

09
护国公

蒙克将军率领军队进入爱丁堡之后，有些非常忠诚的苏格兰人把王冠、权杖、宝剑这三样“苏格兰之光”都带出了城，转移到杜纳多城堡的坚固要塞中。在这个城堡里只有一小队的公约派士兵，但是他们个个心意已决，誓死守护“苏格兰之光”。蒙克将军得知“苏格兰之光”被藏在这个城堡后，就派出一位军官带领一个团的铁勇士，前去夺取宝物。公约派士兵当然拒绝投降。英格兰人一看这个城堡也不宜强攻，就包围了这个要塞，只等着守城的兵士粮食殆尽，最终饥饿难耐而投降。

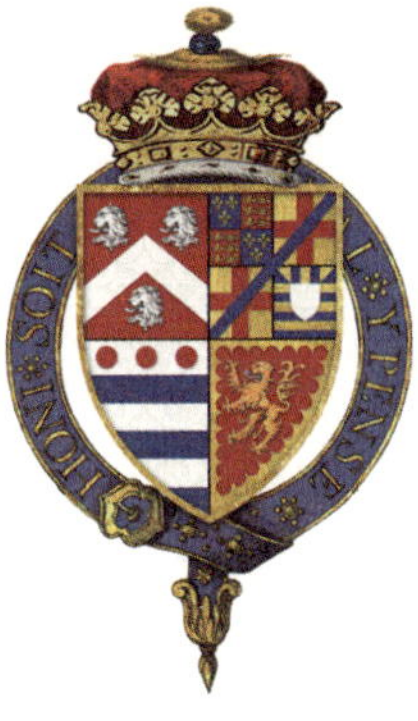

蒙克将军所使用的徽章

在杜纳多附近住着一位格兰杰先生，他曾经是苏格兰教会的牧师。格兰杰先生和他的夫人想出了一个主意，可以在城堡陷落之前抢救“苏格兰之光”。

蒙克将军肖像。荷兰人彼得·莱利绘

一天，格兰杰夫人去拜见英格兰军队的指挥官，她请求通过英军阵营到城堡里去。因为城堡里存有大量的麻布，可以用来制作包扎伤口的绷带。格兰杰夫人说，因为附近几个村庄里的麻布都用光了，所以她需要去城堡里取。

这位军官首先检查了格兰杰夫人带盖的大篮子，防止她给城里的守卫者带食物。不过，篮子是空的，她这才被放进城里。

格兰杰夫人进入到城里之后，就跟城里的守护者说出了实情，她是来抢救国宝的。她将王冠、权杖和宝剑都用长长的麻布包起来，裹了一层又一层放进篮子里，然后又放了几匹麻布在上面。当然了，格兰杰夫人随身带了一个仆人，否则她哪有力气提起这么重的篮子，她们一起才拎得动。英格兰人连看都没看一眼篮子，就让格兰杰夫人和她的仆人通过了，她带着宝物安全回到了家。在夜深人静的时候她和丈夫一起把“苏格兰之光”埋在了教堂的圣坛下，然后一直留守在那里。

一个星期之后，城堡里的守护者投降了。但是，英格兰人既没找到王冠也没发现权杖。搜查了半天还是一无所获，他们只好两手空空地向蒙克将军汇报去了。

“苏格兰之光”一直保存在格兰杰先生的教堂里，直到新的国王即位，人们才把王冠、权杖和宝剑挖出来运到爱丁堡。

蒙克将军虽然没有得到“苏格兰之光”，但是他用武力征服了苏格兰，并且以他的统帅克伦威尔的名义，铁腕统治着苏格兰。

而克伦威尔自己也用铁腕统治着整个不列颠王国。理论上说，应该是议会在统治着不列颠，但是西敏宫（又称议会大厦）里的那些议员都是听命于克伦威尔的，都是受他操纵的傀儡。

过了一段时间，克伦威尔甚至连残缺议会这个傀儡都不想要了。一天他直接带着三百名士兵走进了议会，对那些目瞪口呆的议员说：“我受够了你们的喋喋不休！”然后，就命令士兵把他们赶了出去。第二天，一些爱开玩笑的人就在议会大厦的门上贴了布告，上书：“房屋出租，内无家具。”

现在，真的没人能反对克伦威尔了。骑士党人不是逃亡国外，就是遭到处决；

苏格兰之光

克伦威尔就任护国公

公约派彻底被击溃了；最后，议会也关门大吉了。

但克伦威尔的日子并不好过。王室复辟者恨他，他们希望查理二世能够复位；共和派恨他，他们希望国家政权掌握在议会手里；苏格兰人当然也恨他，他们生活在蒙克将军的铁腕压迫下；甚至连英格兰人也开始恨他，因为他们现在还不如查理一世在位的时候那么自由呢。

但克伦威尔有拥戴他的军队——铁勇士对他一向言听计从。何况，克伦威尔的敌人也不团结，甚至是互相仇恨——苏格兰人厌恶英格兰人，国王派、复辟者嫌弃共和派等。所以，克伦威尔还是大权在握，稳操胜局。

克伦威尔当然可以自立为王，但他觉得更明智的做法是掌握“国王”的实权，而不要“国王”的虚名。于是，他封自己为“护国公”（就像奥兰治的威廉曾经是荷兰的执政）。

作为护国公，克伦威尔试图把清教徒的简朴生活方式强加给每个人。喝醉要受罚，跳舞聚会也不允许；禁止赛马；禁止赌博；剧院也都关了门。周日杜绝任何娱乐活动，甚至连休闲散步都是非法的，因为不必要的走路就是娱乐。

克伦威尔成了一个“专制者”——他不在乎人民的意愿，用恐吓来巩固权力，实行统治。任何人胆敢公开反对克伦威尔，马上就有可能被关进监狱，流放国外，乃至处死。

当然，跟其他的专制者一样，克伦威尔自己也一直生活在恐惧中。他总担心会有敌人来谋杀他。他在日常衣服之下经常穿着铠甲——这样的穿着肯

西敏宫远景。意大利画家卡洛·博索利绘

定会十分不舒服。无论走到哪里，都会有一个铁勇士作为贴身保镖跟着他。单独一人的时候，他从不敢外出。他居住在西敏宫中，每晚都会更换睡觉的房间，这样那些试图谋杀他的人就无法找到他了。因此，这个不列颠最有权势的人，日子过得既不幸福也不舒服。

但是我们要公平地评价克伦威尔，应该说他对英国还是有很多贡献的。例如，国王统治期间，英国的道路对旅行者来说毫无安全可言。过去常常有劫匪扑向任何看起来富有的旅行者，如果旅行者只是钱财被抢，而没有丢掉性命，就算是走运了。在克伦威尔统治时期，铁勇士肃清了大路，抓了几个劫匪吊死示众，其余的劫匪就都不见了。

但更重要的是，克伦威尔使不列颠成为海上强国。在他的统治下，英国海军建造了大批的军舰，数量超过了以往任何一朝国王的舰队。那个时候，有三个国家都觊觎海上霸主的地位：西班牙、荷兰和英国。克伦威尔促使英国海军不断壮大，先后战胜了西班牙和荷兰的舰队。就是在这个时期，英国开始“统治海洋”。

经过这些海上战役，英国人把西印度群岛、中美洲东岸、牙买加和巴哈马的岛屿都从西班牙人手中抢了过来，变成了英国殖民地。这些岛屿遍地都生长着甘蔗，而蔗糖和朗姆酒的贸易给不列颠商人带来了巨大的财富。

克伦威尔的统治只持续了五年。这个平民之子，通过自己的奋斗成为英国最有权势的人，连西班牙人和荷兰人都对其敬畏三分。1658 年 5 月，他病倒了。他工作实在太努力，从来不肯让自己休息，旺盛的精力终于枯竭了。那个晚上，一场令人恐怖的暴风雨席卷了整个英格兰，雷声轰鸣不止，闪电划破天空，大雨冰雹倾泻而下。护国公克伦威尔死了。相当多的英格兰人演绎说，魔鬼是趁着这场暴风雨亲自来把克伦威尔的灵魂带到地狱去的。这对克伦威尔来说有些不公正，虽然他专制而强势，但从来没有沉溺于奢侈和舒适的生活，而且比之前的任何国王都勤勉工作，认认真真地履行职责。

克伦威尔临死前，说：“有些人会因为我所做的事情赞许我，还有些人则会对我的死幸灾乐祸。”事实上，对于他的死，大多数英国人还是高兴的，毕竟他们从这个冷酷严峻的人的恐怖统治中解脱了。

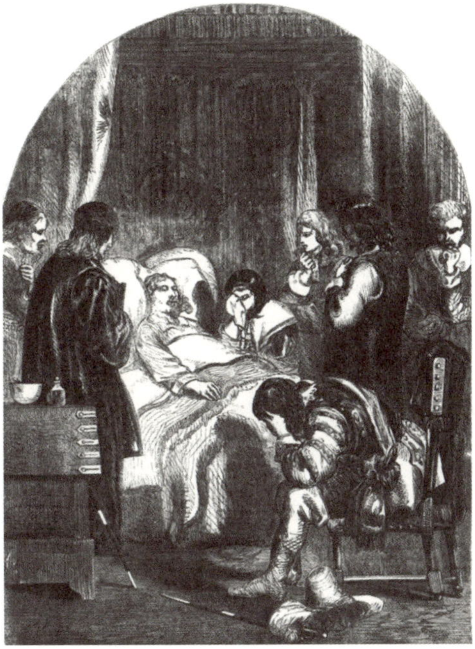
克伦威尔之死

克伦威尔的儿子理查德，既没有统治国家的欲望，也没有这个能力，所以他选择了退位，就是说他放弃了“护国公”的名号和权力，退隐山林去了。所以，议会再次组阁，而且似乎有望成为“不列颠共和国”，或者“共同财富体”的执政机构了。但事情并没有这样发展，因为铁勇士跟议会之间没有相安无事，铁勇士还是像克伦威尔那样厌恶议员们的喋喋不休。铁勇士是听命于克伦威尔的，根本不愿意服从议会的领导。事情发展到此，似乎走入了绝境，这简直就是无政府的状态了。在这种背景下，代表克伦威尔统治着苏格兰的蒙克将军决定要做些什么。思来想去，他觉得对不列颠最有利的做法就是恢复国王的统治。他打算迎接国王复位。

看看一个人是多么容易改变立场啊！蒙克曾经追随克伦威尔反对国王，现在他却又想着迎回国王。

10
查理复辟

克伦威尔是一个很好的独裁者。国王的王位是继承来的，首相的权力是由选举赋予的，独裁者跟这两者都不同，是借助武力获取强权的人。独裁者通过武力获得权力，也会通过武力来执行权力。在新发明和地理大发现的新时期，克伦威尔是这段历史中的第一位独裁者，在他之后还出现了其他类似的独裁者——拿破仑、希特勒和墨索里尼。

历史真是令人奇怪！一方面，我们常会看到人们发动起义来反抗国王的旧权威，但是斗争换来的不是自由，而是新的独裁——独裁者的统治比国王这类旧权威还要糟糕。这种情况在现代史中经常发生，革命往往会以更残酷的压迫而终结。

当然，这些独裁者迟早都会死掉，随之而来的是整个社会的动荡和混乱，克伦威尔死后就是这个状况。议会和铁勇士互相扯皮，没有有效的政府管理机构。在这种境地之下，蒙克将军也就是那位曾受命于克伦威尔统治苏格兰的将领，认为不列颠应该恢复君主制。最好的人选当然是被克伦威尔送上断头台的查理一世的儿子，查理二世了。

好好想想吧：克伦威尔时期，蒙克将军是查理二世的敌人，他参与了击溃查理二世令其只能伪装潜逃的战役，现在就是这个蒙克将军想要重新把查理二世推上不列颠王国的王位。

当蒙克将军宣布他将为查理二世效忠的时候，苏格兰人当然站在他这一边。但是，英格兰人会怎么想呢？蒙克将军虽然对此心里没底，但还是率军向南进发了。当他进入不列颠南部地区的时候，没有遇到任何抵抗，而且出乎意料的是，军队每到一处，英格兰人就聚集在道路两旁，以欢呼来迎接他。于是蒙克将军率领他的军队顺利进驻了伦敦。1660 年，蒙克将军抵达伦敦，并在议会大厦向议员们宣读了查理二世的一封信。在信里查理二世这样保证：如果国家能接受他复位，他保证永远不会干涉议会，永远不会干涉人民的信仰自由，也不会对过去反对他的人和杀害他父亲的人进行报复。

这是一封满是慷慨允诺的信，蒙克将军读着也很满意，所有议员听完之后也都兴奋地欢呼，并且一致投票决定查理二世可以回国作为国王重新统治国家。这就是查理二世的复辟。

于是，逃亡法国多年的查理二世在多佛登陆，回到了英国。从他登陆地点到伦敦王宫的一路上，沿途挤满了喧嚣的人群，向查理欢呼致意。九年前，查理被迫乔装而逃，现在却凯旋归来了。

在苏格兰，人们自然也是欢欣鼓舞，大肆庆祝：爱丁堡教堂响起了钟声，号角齐鸣，大炮轰响，晚上篝火点燃。人们在市集十字架附近造了一个“酒泉”，供人随意饮用；在高街摆放了一张长桌，上面堆满糕点、甜品和水果任人自取。然而，如果苏格兰人知道他们将面临什么样的境遇，也许就不会为查理二世的复位而欢呼雀跃了，反而会痛哭流涕。

苏格兰风景。美国人罗伯特·S. 邓肯森作

我们都知道，查理为了能够复辟而慷慨许诺，尤其是做出了不会报复仇敌的承诺。但他并不打算恪守诺言，一旦王位到手，他就一而再、再而三地食言了。

首当其冲的就是要为他父亲的死报仇。他下令将判处查理一世死刑的法官逮捕、判刑并处决。他甚至还派人把克伦威尔的尸首从坟里挖了出来，然后斩首，悬挂示众。

接着，查理二世又打破了另一项许诺：允许人们有宗教信仰的自由。想当年，苏格兰的公约派清教徒团结在查理二世周围与克伦威尔作战的时候，查理加入了苏格兰教会以示亲善。苏格兰教会有牧师，但没有主教。他们认为主教不是教会必需的，仅仅是罗马教会的花招。之前，查理为了鼓励公约派为他而战就加入了这样的教会。但是，现在作为英国的国王，他改入了英格兰教会，甚至还成了英格兰教会的领袖。

现在的查理国王既反对公约派也反对清教徒，一如他的父亲、祖父，他强迫清教徒接受他们最痛恨的事情——主教。

你可以想象，苏格兰的公约派有多么失望了吧。但是，有一个苏格兰人认为自己可以劝说查理二世恪守诺言。他就是公约派的领导人阿盖尔侯爵。就是这个阿盖尔侯爵在十年前辅佐查理二世即位苏格兰国王，也是他号召公约派人为国王而战，在邓巴和伍斯特英勇作战。因此，阿盖尔侯爵觉得查理国王理应会感激他。

但是，查理国王仅仅在苏格兰人为他作战和对抗克伦威尔的时候才愿意搭理他们。现在，他不需要苏格兰人，也懒得关心他们了。在他统治大不列颠的二十五年时间里，他竟然没有去过一次苏格兰。他没有时间接见公约派，或者他们的领袖阿盖尔侯爵。阿盖尔侯爵来到伦敦是为了觐见国王，却被当作囚犯而逮捕，并押送回了爱丁堡。加在他头上的罪名和惩罚是意图谋反国王，处以死刑。阿盖尔侯爵曾经看着蒙特罗斯从高街上走向刑场，现在轮到自己了，他也从高街走向了刑场。

阿盖尔侯爵之死仅仅是迫害公约派的前奏。查理国王想让公约派加入英格兰教会，他任命了劳德戴尔主教来执行这项任务，这是一个品行卑劣的苏格兰人。公约派不仅仅要接受这位主教，甚至连他们自己的牧师也被赶出了教堂。接替者都是由劳德戴尔主教挑选的，而事实证明，其中绝大多数人是不称职的。

但是，公约派可不会轻易妥协。他们干脆不再去教堂了，而是到野外，在山间的空地上，那里有“外面的”牧师主持仪式，这些人就是那些被赶出教堂的牧师。劳德戴尔主教当然不会听之任之，他派出士兵去破坏这样的集会，谁来参加集会就把他逮捕起来。这回逼得公约派只能造反了。

彭特兰山起义是这样一个事件：当一大批公约派教徒在爱丁堡附近的彭特兰山上集会时，国王的士兵包围镇压了他们。那些在战斗中死去的人反而是幸运的，因为活着的人被投进了监狱，受尽折磨之后才被吊死。

在克莱德的博斯韦尔桥附近也发生了另外一场战斗：在这里有一支公约派的军队与训练有素的国王军队作战，缺乏训练的公约派全军覆没。几百名公约派士兵战死，还有几百人被俘虏。他们被绑在格雷弗里亚斯大教堂的大广场上示众，病饿交加，大多数人最后都屈服了，宣誓服从。那些拒绝服从的人则被卖往美洲或是西印度群岛的蔗糖种植园充当奴隶。

博斯韦尔桥战役

公约派在山谷间集会

尽管如此，苏格兰各地的公约派人仍然偷偷地在峡谷山间集会，他们一手拿着《圣经》，一手拿着宝剑。国王的士兵随时可能出现，他们也随时准备战斗，直到最后一人。

总之，在苏格兰历史上，查理二世的统治是一段毫无欢乐可言的时期。偏偏就是为了这个国王，苏格兰人曾经在邓巴和伍斯特浴血奋战，也曾经冒死挽救“苏格兰之光”。

11
快活王

查理二世对待公约派的方式十分卑劣——不仅没有遵守诺言，还处死了那些曾经为他战斗过的人。但是，从个人秉性来看，查理二世也根本不可能跟公约派和平共处、友好共存，正如同火与冰不能共存。

想象一下公约派掌管时期的爱丁堡吧！不仅禁止任何形式的娱乐活动，甚至除了祈祷之外不能有任何其他活动。一个人在周日去探望病重的母亲会受到指责；一个人穿了一件新衣服会遭到罚款——别忘了，清教徒们通常只穿黑色或者深灰色的衣服；甚至弹奏乐器，比如拉小提琴或者吹笛子，这都是有罪的。既然周日应该是休息日，那就意味着你也不能去旅行。如果你周一抵达爱丁堡，那么就必须得提供一些证明，比如由那些周日与你待在一起的人写封信来证明你在周日的时候暂停了旅行。那是天主规定要休息的日子，怎么能用来旅行呢？

一个真正的公约派教徒，一个真正的清教徒不允许自己有任何细微的快乐的感觉。在那个时期，有个公约派教徒在写给他朋友的信中这样写道："周三，我在院子里种上了苹果树。真是挺开心的！愿上帝宽恕我吧。"

然而，查理二世的宫廷与苏格兰清教徒，也就是公约派教徒，是截然不同的。随着查理二世的复辟和骑士党人的归来，英格兰的生活方式也从克伦威尔时期的严苛克制转向了骑士党人的纵情享乐。

查理二世和他的朝臣骑士党人为了奢华的服饰不惜一掷千金——手指上戴着宝石戒指，皮带、鞋扣和宝剑上也镶满珠宝；全身都洒满名贵的香水，或者更确切地说，是把自己浸泡在香料和香水之中。他们在男人的发型上开启了一种非常愚蠢的新时尚，持续了近一个世纪——他们戴假发！一个大男人明明长了一脑袋好头发却要剪短，然后戴上时髦卷曲的披肩假发。

这些满身华服、香气袭人的骑士党人全身心地追求娱乐，千方百计，无

英国人的服饰

查理二世的妻子、葡萄牙国王之女凯瑟琳。彼得·莱利作

休无止。因此，查理二世也有“快活王”之称。

在“快活王”的王廷中，最有人气的娱乐就是赌博。他们用色子赌博；他们骑马打猎；他们爱看戏剧，也爱看公开役刑；这一切对他们来说都是娱乐。

而其中最突出的代表人物，自然是“快活王”查理。他当仁不让地引领了这样的风气。

查理迎娶了一位葡萄牙公主，但是可怜的王后很少能见到她高贵的丈夫。他对伦敦的一位名叫内尔·格温的女演员一见钟情。国王为她挥金如土，送她的礼物和珠宝不计其数。这位女士集国王万千宠爱于一身。无论国王去哪里，陪伴在国王身边的总是她，而不是王后。

这就是“快活王”的生活状态，与公约派有着天壤之别。这两者之间不可能存在友谊与和平，正如同冰与火不能相容。

内尔·格温的肖像

但公约派并非一无是处，至少他们会信守诺言。而查理二世却一再食言：他对当初判处其父死刑的人实施恐怖的报复；他尽其所能地逼迫公约派改变信仰。

他的第三个诺言——不干涉英格兰议会的正常运转。这个诺言没有那么轻易被打破，查理也不想激起民愤，以至于再招来一场叛乱和内战。但他确实想到了另外一种方式让议会听命于他。许多骑士党人都有庞大的财产，包括大片的土地。这些大地主们声称是“拥护议会”的，他们要求自己管辖的土地上的居民选举他们为议会议员，农民们只好这样做。因此许多骑士党人就成了议员，成了国王的同党。无论国王意欲何为，金钱也好权力也罢，他们都会投票支持。因此，由农民选举出来的议会议员总是站在国王一边。

但是，城镇居民大多数还是属于圆颅党人，因此他们选举的议员大多也是圆颅党人。他们经常投票反对国王的无理要求。有时候一方取胜，有时候另一方取胜。曾几何时，骑士党人和圆颅党人在战场上刀兵相向，现在他们在议会里唇枪舌剑。从这个时候开始，在议会中就一直有两个党派存在。

辉格党和托利党之间的斗争

18 世纪的辉格党宴会

骑士党人的政党，是主要由村民支持的政党，被称为“托利派”，或者叫“托利党”。当然，几个世纪以来，这个党变化很大，但今天一些国家的保守党有时候还会被称为“托利党”。

另外一派圆颅党是主要由城市乡镇的居民支持的政党，被称之为“辉格党”。这个名字持续了几个世纪，直到最终它转变为自由党。今天世界上一些国家的工党仍然保持着一些清教徒的圆颅党人的特点。

每当选举期来临，两个党派就会陷入混战，可以说他们又开始了一场战争。所幸他们现在不再用刀剑，而是用语言开战了。

查理二世出于情势所迫，曾经有段时间加入了清教徒的公约派。后来，为了维护国王的利益，他又加入了英格兰教会。当他临终病卧在床的时候，又成了一位罗马天主教徒。看起来，他内心中始终把自己当作一个天主教徒。

但是继位的国王，他的弟弟詹姆斯二世在成为国王之前就是一个天主教徒，继位之后依然如此。斯图亚特王朝的国王终于回归到其曾祖母玛丽·斯图亚特时代的信仰——天主教。

12
瘟疫和大火

让我们回看一下英国那个时代的两种生活方式：克伦威尔统治时期强行实施的清教徒式的生活方式和查理二世复辟带来的奢靡的生活方式。每一种生活方式都“极端化”了。生活在那个时代的人就要被迫从一个极端跳到另外一个极端。作为后来人，我们可以在纵观历史之后说：“两种极端都是不健康的，两种极端都是不对的。”真正的方式存在于两个极端方式之间。

我们回顾克伦威尔和查理二世，回顾清教徒和骑士党，他们就是我们的镜子——警戒我们千万不要变成其中之一，而是需要从中找到一个平衡点。因此我们可以说历史不仅仅是对过去的记录，也可以让人从中学到很多东西服务于今天。

生活在混乱的 17 世纪的英国，人们总是从一个极端被带到另外一个极端。如今，在我们继续看这段历史之前，要先看看那个时候的普通民众过着怎样的生活。尽管这只是四百多年前的时代，距离今天并不算十分久远，但他们与我们的生活方式大不一样。

就以旅行为例，那时的道路简直太可怕了。主路上都是车轱辘辗轧后留下的坑坑洼洼，一不留神就会翻车；有些地方的水坑非常深，有时骑马的人往往会连人带马都栽在里面，甚至可能在水坑里溺死。

在克伦威尔时代，这些道路没有劫匪，至少是安全的。但是在之前或者之后的时代，不带着武器就别想出远门。有钱人甚至还会带着很多全副武装的仆人，因为一旦他们离开城镇几千米，就会遇上谋财害命的强盗。那时候的人出门旅行不是骑马就是乘马车，几千米的路途都显得很漫长，既不舒服又危险重重。

大多数贵族服装崇尚艳丽多彩和繁复精致，只有清教徒才把自己塞进黑袍子里。还记得人们喜欢戴假发吧？现在还有一个地方保留着这样的风尚，那就是法庭审判席。法官和审判员都会在法庭上戴着假发。

再来看看房子。只有富人才住得起砖石砌成的房子，有很多房间和花园。普通人只能住在用木头架起来的小屋里，墙面是用枝条编成的，再糊上泥巴或石灰。这样的墙既不保暖也不防潮。

人们还习惯于从窗户把垃圾直接丢到大街上——直到污物和垃圾堆得老高，把路都堵上了，才会有清道夫来把垃圾一次性运走。

有钱人是不会走充满污浊和恶臭的街道的，而是让仆人们用轿子把他们抬过去。为了抵抗恶臭的气味，女士们往往会随身携带插满丁香的橙子，在她们出门路过污浊的街道时好放在鼻子下面。

当然了，垃圾堆里会滋生数不清的老鼠。特别是伦敦城里的老鼠，很多来自停靠在伦敦码头的货船。在查理二世时期，一些从海外归来的船上出来的老鼠（*或者应该是老鼠身上的跳蚤*）带来了可怕的传染病。于是，伦敦城

大瘟疫期间，伦敦城的街道上遍布送葬的马车和哀悼者

爆发了瘟疫。

瘟疫始于1665年的冬天。起初，在各处有人零星死去，但人们并没有当回事，也没意识到街道上的垃圾堆和老鼠是滋养疾病的温床。随着死亡人数的增加，症状的愈加明显（腋窝下有大肿块），人们才意识到瘟疫开始流行了。富人们包括国王和朝臣紧急离开了伦敦，到空气清新的郊外避难。

但是，伦敦还有成千上万的平民百姓，他们在郊外没有房产，而且离开城市就断了生计，就只能在城里等死。只要一间房子里有一个人病死，房子里所有的人就都不准出来了——为了防止传染病扩散，他们被禁止迈出房门。有人把门窗从外面封死，然后在门上涂上一个红十字，写道：“上帝慈悯我们！”执政者将这些人交付给命运，将他们软禁在自己的家中，直到全家都死于瘟疫或者饥饿。

每个人都生活在死亡的恐惧之中。人们都害怕彼此，因为你最好的朋友、你的邻居、任何跟你有过接触的人，都有可能感染你。如果一个人的衣服被乞丐碰了一下，他会立刻把衣服脱了扔掉，因为衣服上可能已沾染瘟疫了。

即便如此，还是有人不断死去。甚至有段时间每天都会有上千人死亡。街道开始变得空荡荡的，整排整排的房子没有一个活人住。只是随着秋天的来临，瘟疫开始减缓。随后到来的是一个非常寒冷的冬天，严寒阻止了疾病的传播。于是，在持续肆虐了一整年之后，瘟疫消失了。

仅仅是一年之后，伦敦城还没能从瘟疫的打击中恢复过来，就遭遇了另外一场灾难性的打击——大火灾。

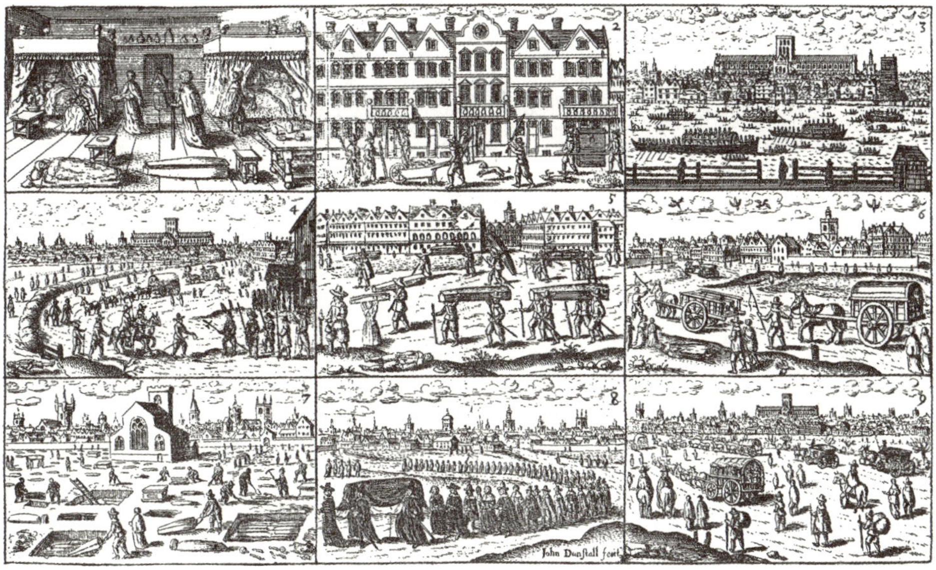

1665 年伦敦城瘟疫肆虐

1666 年的伦敦大火

伦敦大部分房屋都是用易燃的枝条编成墙面再糊上泥巴做成的，街道也都非常狭窄。因此如果有一栋房子着火，不仅会殃及隔壁的房子，甚至它对面的房子也难以幸免。如果说有哪个城市是为了大火而建，那就是查理二世时期的伦敦城。

大火灾发生在 1666 年。夜里，先是一间面包房失火。这座房子像一捆稻草一样烧起来，而住在隔壁的人根本没打算救火——他们的房子是用杉木造的，救火是徒劳的。他们只能尽快收拾好财产，把能拿的都拿出来堆到大街上，然后眼睁睁地看着自己的房子化为灰烬。一阵风把火苗带到了隔壁的小旅馆，一下子就点燃了专为客人的马匹准备的草料堆。这时大火以可怕的速度开始蔓延。不断有人从梦中惊醒，穿着睡衣就从窗户逃了出去。外面的尖叫声、哭喊声和大火的呼啸声乱成一片，街道上挤满了男人、女人和孩子，大家抱着东西四散奔逃。

然后大火蔓延到泰晤士河边的一些仓库，这些仓库里放满了大麻、烧酒、做蜡烛用的牛脂等。大火烧着这些仓库，火光照亮了整个伦敦的夜空。

大火烧了整整一夜，接下来的三天也一直没停。后来大风停了，码头工人和来帮忙的人们又将大火四周的房屋都炸毁，使之无法继续蔓延，大火这才熄灭了。

这时候，伦敦城的大部分已经化为灰烬。成千上万的人流离失所，只能栖身于避难所或者乡下的教堂。

但是，从另一方面看，大火中也隐藏着恩赐，它彻底摧毁了垃圾堆，烧光了传播瘟疫的老鼠。而且伦敦城也得以进行科学的规划重建，摆脱了过去的杂乱无章。而这次大火灾始终存留在人们的记忆里，《伦敦着了》这首歌一直流传至今。

对于伦敦人民来说，“快活王”统治的时期不是一个幸福的时代，在查理二世统治期间，他们遭遇了两次巨大的灾难。

13
光荣革命

1685年，当查理二世驾崩之后，他的弟弟詹姆斯继位成为英格兰国王。尽管他是一位天主教徒，由清教徒组成的英国议会还是同意他继任国王，这确实令人相当惊讶。无论是托利党还是辉格党，这两个党派都宁愿接受一个合法的国王——比如詹姆斯——也不愿意让国家再次陷入内战之中。詹姆斯必须保证不干涉清教徒教会制度，而只要他能恪守此诺言，英格兰议会就愿意让他当国王。

然而在苏格兰，情况可是完全不同。苏格兰的公约派声称："在苏格兰的法律之下，一个天主教徒是不能当苏格兰国王的。我们没有国王，詹姆斯不是我们的国王。"苏格兰人固执地拒绝承认詹姆斯为合法国王，由此给自己招来了巨大的不幸。詹姆斯决定彻底消灭这些不服管束的公约派造反者。为此他特派克拉弗豪斯子爵前去对付公约派。这是一个像阿尔巴公爵一样冷酷无情、残暴凶狠的人，克拉弗豪斯派出士兵到处搜捕那些在逃的公约派信徒。

被绑在海边的殉道者。约翰·艾佛雷特·米莱绘

公约派信徒现在仍然在山中进行着违禁的弥撒仪式，但是只要被抓住就会被处以死刑，幸运的人会被割去一只耳朵，流放到美洲做奴隶，像牲口一样被卖掉。

最能展示克拉弗豪斯子爵及其手下残暴恶行的是威格敦殉道者事件。在威格敦，克拉弗豪斯子爵的士兵逮捕了两名妇女，然后问她俩“愿不愿意加入英格兰教会”。这两名妇女，一位六十多岁，一位只有二十岁，她俩都拒绝改教，于是就被带到海边，绑在柱子上，在海水涨潮时给活活淹死了。

尽管詹姆斯本人拥有苏格兰血统，是斯图亚特王朝的后代、玛丽·斯图亚特的曾孙。但詹姆斯二世时期是整个苏格兰历史中最恐怖的时代，而克拉弗豪斯子爵则是其爪牙中最令人生畏的。

事实上，不仅苏格兰的公约派清教徒拒绝让一位罗马天主教徒做他们的国王，英格兰的新教徒也反对詹姆斯。于是，很多苏格兰和英格兰的新教徒从不列颠岛逃亡到了荷兰，聚在一起策划谋反，打算颠覆詹姆斯的统治。

詹姆斯二世。彼得·莱利作

流亡在荷兰的苏格兰清教徒的领导人是阿盖尔侯爵，就是那位被查理二世处死的阿盖尔侯爵的儿子。他回到了苏格兰，希望能号召整个国家起来反抗国王和克拉弗豪斯。但恰如苏格兰历史上曾经多次发生的故事一样，他们争吵不休，相互埋怨，结果什么事也没有干成，更别说起义了。阿盖尔侯爵被国王的士兵抓住，然后像他的父亲那样在爱丁堡被处决了。

流亡在荷兰的英格兰清教徒领导人蒙茅斯的境遇也好不到哪里去。他在英格兰登陆之后，有几千人加入了他的队伍，但他们在战斗中被击溃，蒙茅斯也被抓住并且处死。英格兰清教徒对詹姆斯的反抗跟苏格兰的起义一样，都以失败告终。

清教徒军队一直说，信奉罗马天主教的国王将要把罗马天主教会迎回英国——这是千真万确的。尽管詹姆斯做出了信仰自由的许诺，但他确实在策划将不列颠重新转变成一个天主教国家。

为此，他竭尽所能地施惠于罗马天主教徒，将军队中的清教徒军官免职，授职给天主教徒；在牛津大学，清教徒教师也被赶走，换上了天主教徒来授课。

在面对叛乱时，议会坚定而忠诚地站在詹姆斯这边，反对阿盖尔和蒙茅斯。但是，议会两党都不认同詹姆斯之后的所作所为，他们想罢黜国王，但谁能来接替他的王位呢？

蒙茅斯公爵。荷兰画家简·威克作

詹姆斯有一个女儿玛丽公主（玛丽二世），她嫁给了一位荷兰贵族，即奥兰治亲王威廉（威廉三世）。他是那个反对西班牙人的威廉的曾孙，还是一位新教徒。英国议会觉得宁可让一位荷兰新教徒来统治英国，也要好过虽身为英国人却是天主教徒的詹姆斯。

而后詹姆斯又做了一件激怒议会、英格兰和苏格兰人民的事情。他未经议会同意就颁布了一项法令。该法令本是非常公正的，就是宣布罗马天主教廷同其他教廷一样拥有相同的权利。但让议会和民众担忧的是国王竟然越过议会而颁布法令，他没有权力这样做。这样的做法也证明了他们的担忧，詹姆斯确实想要在全国恢复罗马天主教。

威廉三世与玛丽二世

于是，议会给奥兰治亲王威廉秘密发出了邀请信，请他前来驱逐詹姆斯，并取而代之成为英国国王。

1688 年 11 月，威廉率领一支舰队进军英格兰。每一艘船上都悬挂着巨大的旗子，上书：“我将捍卫不列颠人民的自由和新教徒的信仰。”舰队在德文郡靠岸，有一万五千名士兵登陆，这是自罗马帝国时代之后，入侵英国最大规模的军队。

但是，奥兰治亲王威廉的军队并不是一支侵略军——行军沿途，他们不断受到百姓的迎接和欢呼。

詹姆斯亲自率领一支英国军队迎战入侵者，而他自己的士兵和将军都抛弃了他，加入到奥兰治亲王威廉的队伍中去了。这是一场没有厮杀和流血的战争，因为詹姆斯成了孤家寡人，没有人愿意为之作战。

詹姆斯被俘了。当然了，威廉根本没有要杀他的意思，毕竟詹姆斯是他的岳父，他妻子的父亲。詹姆斯获准流亡到法国，自此，再也没有能够回到不列颠。

神奇的是在这次反对詹姆斯的革命中没有流血事件，因此在所有的历史书中均将其称为“光荣革命”。光荣革命发生在 1688 年，恰好是无敌舰队战役之后的一百年。

威廉称王使英格兰和苏格兰人都为之欢欣鼓舞。事实上，是由他和他的妻子玛丽共同统治着国家，所以这段时期被称为“威廉和玛丽共治”。

苏格兰的公约派当然有理由开心，因为现在他们可以在自己的教堂中，在自己的牧师带领下做祈祷，再不用担心受到迫害。

残暴的克拉弗豪斯跑到了高地地区。因为许多高地部落仍旧信仰天主教，

1677 年 11 月，新婚的威廉和玛丽离开荷兰，开始蜜月之旅

在本尼维斯山脚下。阿尔弗雷德·德·布伦斯基作

他们保护了克拉弗豪斯，甚至还被他鼓动着起兵反对威廉。

于是苏格兰人又一次陷入了混战，低地人支持威廉，而高地人反对新国王。在1689年弗利克兰基战役中，克拉弗豪斯战死了。高地人虽然取得了战役的胜利，但最终放弃了造反的企图，不再反对新国王。

高地人为了表明永远保持和平的决心，在本尼维斯山（位于苏格兰中西部，英伦三岛最高峰）建起了一座堡垒——为了纪念新国王奥兰治的威廉将其命名为“威廉要塞”。今天，堡垒已经不复存在，但仍保留了威廉要塞这个地名。它让人们可以回想起1688年带来威廉玛丽共治的“光荣革命”。

14
1707 联盟

斯图亚特家族的每一位国王：詹姆斯一世（*即苏格兰的詹姆斯六世*）、查理一世、查理二世、詹姆斯二世都执念于“君权神授”，坚信上帝赋予了他们王权。但奥兰治亲王威廉不能宣称有这样的“神授权力”，毕竟他是由议会送上王位的，是议会给予了他权力。自威廉之后，无论是国王还是女王都不再跟议会作对了，随着时间的流逝，国王的话语权越来越少。到后来，英国就一直是由议会来统治，而不是由国王或者女王统治。

而议会只是一个团体，其中的议员都是由民众选举产生的。每隔五年议会要重新选举，这时候选民有机会改变主意，选别的人做议员，管理国家的政府也会随之改变。

最初苏格兰人有自己的议会，议会设置在爱丁堡。在这里，苏格兰人制定自己的法律条文；而英格兰人在伦敦制定自己的法律条文。过了一段时间，苏格兰议会的领导人认为如果苏格兰和英格兰这两个议会的议员都聚到伦敦

1707 年联盟

的议会大厅坐在一起讨论事务，那会使政府的工作更简洁有效。于是，设在爱丁堡的苏格兰议会就关门了，而苏格兰人和英格兰人就在伦敦共同拥有一个议会，这就是 1707 年联盟。

苏格兰议会成员认为联盟是解决统治不列颠这个复杂问题的最佳方式，但苏格兰的普通人并不买账。他们觉得拥有自己的议会，是一件可以引以为荣的事。于是，在爱丁堡和格拉斯哥相继出现了骚乱。后来，虽然骚乱平息下来，但苏格兰地区愤怒和反对的声音仍然时常响起。

对于苏格兰发生骚乱，有些人是非常高兴的。詹姆斯二世被迫逃离英国，但他并非自愿放弃王位。他始终坚信自己才是合法的国王，是“上帝恩典”之下的国王，议会是无权驱逐他的。他依旧坚称自己为国王，并且从来没有放弃重登不列颠王位的希望——就算自己不行，儿子当上国王也行。

Chapter 1
反抗

在不列颠也有跟詹姆斯想法相同的人，尤其是在苏格兰高地部族中大有人在。他们认为詹姆斯是合法的国王，并且希望詹姆斯或他的儿子能重新回到不列颠复辟王位。这些支持詹姆斯国王的人被称为“Jacobites”，中文就是“詹姆斯党”（因为詹姆斯的英文名字 James 在拉丁文中就是 Jacobus）。

在苏格兰有詹姆斯党人，在英格兰也有一些，还有一些跟着詹姆斯一起流亡到了法国。詹姆斯二世死了之后，在法国的詹姆斯党就宣称他的儿子是大不列颠王国的合法国王。他的名字也叫詹姆斯，被称为“僭（jiàn）王”——因为他越分称王。

詹姆斯党和“僭王”得知苏格兰地区发生骚乱之后非常兴奋——他们了解到许多苏格兰人并不喜欢“联盟”甚至非常反感。詹姆斯党认为如果他们能在苏格兰发动起义或许能有很多支持者。他们只是在等待一个恰当的时机。很快，詹姆斯党就等到了他们所谓的时机。

1702 年威廉和玛丽都去世了，他们的女儿安妮继位成为了女王。但安妮从来没有结过婚，在 1714 年，她去世之后，就没有后代可以继承王位了。但安妮在德国有一个远房亲戚——汉诺威的乔治，其祖母是大不列颠国王詹姆斯一世（即苏格兰的詹姆斯六世）的女儿——他在德国统治着一个很小的省份。英国议会推举了这位汉诺威的乔治为大不列颠联合王国的国王。

自此之后，英国所有的国王和女王，包括现在的伊丽莎白二世，都是这位德国王子汉诺威的乔治的后代。

作为苏格兰和英格兰新的国王，乔治并没有什么值得称道的——他就是一个新教徒，再就是跟詹姆斯、玛丽·斯图亚特沾亲带故，除此之外，真没有什么了。他连一句英语都不会说，而且到英国当国王的时候，他已经 54 岁了，对他而言开始学英语已经太晚了。何况，他压根儿也没打算去学。

从一方面来说，这也不是什么问题，毕竟管理国家的是议会而不是国王。

但从另一方面来说，无论是苏格兰人还是英格兰人，都很难去爱戴一位不讲本国语言的国王。在詹姆斯党和僭王看来，乔治一世继位恰是他们起兵造反的最佳时机。

僭王偷偷地潜入苏格兰，躲藏在一位詹姆斯党贵族玛尔伯爵的房子里。苏格兰高地各部落的首领在此聚集，向僭王表忠心。于是，1715 年爆发了詹姆斯党的第一场暴动并以失败告终。在雪利弗缪尔战役中，叛军被议会的军队击溃，许多苏格兰人丧命。僭王和他的心腹玛尔伯爵逃亡到了法国。

安妮女王肖像。荷兰人威廉·维辛和扬·范·德·法特绘

然而，1715 年的失败并没有令詹姆斯党人丧失信心，他们还在策划新的暴动。但他们要耐心等待，伺机而动。这个机会终于来了——当时，英国跟其他国家开战，没有多余的兵力来应付叛军。而此时已经不是僭王，而轮到他的儿子查理·爱德华来领导叛乱了。

Chapter 1
反抗

汉诺威的乔治

这位王子，人称“美王子查理”，是一位长相俊美的年轻人。他有着光滑的头发，黑色的眼睛，优雅迷人，机智勇敢，比他的叔祖父查理二世更有魅力。男人愿意与他为友，女人也都爱慕他。

这位魅力十足的年轻人同样雄心勃勃。他立志要夺回祖父詹姆斯二世失去的王位，并认定能够助其实现愿望、夺回王冠的，非苏格兰人莫属。

想想看，在斯图亚特王朝期间（查理一世，查理二世，詹姆斯二世），苏

美王子查理。1750 年左右由威廉·莫斯曼绘

格兰人经历了多少苦难。而美王子竟然认为苏格兰人会帮助一个斯图亚特家族的传人，这想法也够奇怪的。

当然了，以前受迫害的主要是低地苏格兰人（公约派），而不是高地人。而且，美王子查理也相信：苏格兰人宁可接受一个斯图亚特家族的继承人，也不想让一个来自德国汉诺威家族的人当国王，事实的确如此。

英法战争爆发之时，詹姆斯党人抓住了这个盼望已久的时机。美王子查理步其父后尘，偷偷潜入苏格兰，发动了一场新的暴动。苏格兰又一次成为了战场。

15

詹姆斯党暴动

对美王子查理来说，首先向苏格兰高地人寻求支持是再自然不过的事情了。毕竟许多高地人都像他一样是罗马天主教徒，而且高地人还那么喜欢打仗——他们跟着蒙特罗斯和公约派打过仗，又跟着克拉弗豪斯和奥兰治的亲王威廉作战，还拥护僭王与政府军作战。所以，在 1745 年，美王子查理一回到苏格兰就派出信使，召集高地各部族前来为其作战。

起初，部族首领们并不太情愿—— 1715 年暴动失败的阴影还记忆犹新。于是美王子查理当面将了卡梅伦家族的首领劳伽尔一军。他对劳伽尔说："我打仗的时候，你宁愿坐在家里看报纸上的战事报道吗？"首领闻听此言甚感羞耻，立刻说道："当然不！我和我的部族都会跟着你！"然后其他部族的首领也都宣誓要带领族人为王子而战！

于是，美王子查理在格兰芬南升起了红丝绸旗帜作为他的标志。高地各部族在血十字的召唤下，再次聚集起来。他们的贝雷帽上有一个白色玫瑰花结作为徽章，这是斯图亚特家族的象征。

抵达苏格兰一个月左右，王子就有了一支由三千名强悍的高地战士组成的军队。随着大军前进进入苏格兰低地，更多的志愿者加入，他的军队越来越庞大。

他的首要目标是爱丁堡。大军一到，爱丁堡不战而降，只有城堡还在国王乔治二世的正规军把守下，拒绝投降。

但这对查理王子来说并不是什么大麻烦。他骑着马进了爱丁堡城，大街上挤满了人，向他欢呼致意；当他骑马经过时，还有人想摸他的衣服，亲吻他的手，以示爱戴。

当然，也有一些爱丁堡人并没有加入其中，他们没有忘记克拉弗豪斯的暴政，也没有忘记威格敦的殉道者。但是，大多数爱丁堡的妇女却对这位貌美的王子心醉不已，她们觉得这个年轻人仿佛来自童话世界。

当晚，他在荷里路德宫（圣十字架宫）举办了大型宴会，伴着音乐，人们纵情舞蹈欢笑。自玛丽·斯图亚特之后，这座古老的宫殿已经许久没有如此快乐的聚会了。

与此同时，伦敦的政府当然也没闲着。消息和命令已经发出，一支英格兰军队从邓巴出发，来讨伐苏格兰。于是，宴会结束的第二天清晨，尽管休息不足，王子还是带着他的苏格兰军队从爱丁堡出发迎敌去了。那个时候的军队行进速度都很慢，他们用了一整天的时间才走了十五千米的路，抵达了普雷斯顿潘斯。在这里，他们跟英格兰军相遇了。由于天色已晚，双方军队都没有立刻开战。士兵们大多席地而眠，度过战前一夜。就在当晚，查理的军营里来了一位熟知周围路况的当地人。在夜色中，他带领一队士兵穿过沼泽地里的一条小道，绕到了政府军的背后，待命突袭。天刚蒙蒙亮，查理王子就发出了进攻的信号。他们出其不意，两面夹击，打得政府军措手不

1670年重建之前的荷里路德宫

及——还没等他们回过神来，战斗已经结束了。步兵基本被擒或者被杀，只有骑兵落荒而逃。经此辉煌一役，查理王子率军回到爱丁堡，在接下来的一个多月中，尽享皇家荣耀。

然而，许多爱丁堡人对这些来访者并不感冒，因为在他们的传统观念中，习惯把高地人视为野蛮人。让一群生活习惯很不文明的“山地野人”在高雅的市民中瞎搅和，这可让他们实在高兴不起来。

一个月的享乐和宴饮很快过去，查理王子离开爱丁堡，继续挥师南下进入了英格兰地界。他所到之处，很多地方不战而降——他的军队似乎势不可当，胜利在望。但是，高地人开始厌倦没完没了的行军，离苏格兰越远，他们的士气就越消沉。有些人干脆开小差，自己打道回府了。开始只是一小部分人，后来逐渐地多了起来。

查理王子别无选择，只能后撤，否则他的军队就会像太阳下的积雪一样，慢慢化为乌有。士兵们听到后撤的命令当然很开心，只是他们并不知道，这样就断送了美王子查理重获大不列颠王冠的机会。因为此时在伦敦，乔治国王已经准备行囊要逃到德国去了！

而随着他们的后撤，在伦敦的政府就有了足够的时间重新组织军队打击查理王子。虽然查理王子率军在福尔柯克再次获胜，但也于事无补，因为他的高地士兵不愿在苏格兰低地驻扎，查理王子被迫回师因弗内斯。对此，王子大发雷霆，气得直拿头往墙上撞。但他别无选择，只能回因弗内斯去。然而即便回到因弗内斯，还是有高地人弃他而去。最终，当英格兰军到来之时，查理王子剩下的队伍只相当于英格兰军的一半。

在随之而来的卡洛登沼泽之战中，留下来的高地士兵以高地人惯有的勇

卡洛登战役。瑞士人大卫·莫里尔绘。这次战役之后，美王子查理和詹姆斯党人复辟斯图亚特王朝的美梦破灭了

气和信心奋勇作战，但他们面对的可是训练有素、经验丰富的政府军士兵。英格兰军阵型分为三队：前排半跪，中排躬腰，后排站立，三排人都端着上了膛的来福枪。高地人的每一次攻击都被猛烈的来福枪火力压制了。这一天终于以美王子查理的惨烈失败而告终。1746 年的卡洛登战役是英国人民最后一次在内战中相互厮杀。

查理逃跑了，之后一直隐身在高地地区长达五个月。政府悬赏 3 万英镑缉拿他，但是庇护王子的高地人，没有一个因为贫穷而背叛他。

一位美丽的高地女子为他提供了最大的帮助——她就是麦克唐纳家族的弗洛拉小姐。有一次，她为王子带来了女人的服装，将其打扮成自己的侍女贝蒂，以便穿过英格兰军的封锁线。弗洛拉小姐心甘情愿地冒着生命危险帮

助了王子，但这个故事还是以悲剧结尾。

这是悲伤的一天，美王子查理最终登上了逃亡之舟；这是悲伤的一天，他向她说“再见”，却意味着永别。查理逃亡到了法国，余生的四十多年都四处漂泊。1788 年，梦想破碎、一生忧郁的他在罗马离世。

高地人为他们的反叛付出了高昂的代价。数以百计的人遭到折磨或被处决；很多部族家破人亡，无以聊生。高地人的服饰格子短裙，还有他们的歌谣和风笛，都成了违禁品；他们甚至不被允许说自己的方言——盖尔语。如果有人胆敢私藏一件短裙的话，下场就是被卖到美洲做奴隶。

许多高地人还有低地的詹姆斯党人都逃亡了。他们再也没有回归故土，只能在异国他乡颠沛流离，只能在梦中渴望着故乡的群山和峡谷。

随着卡洛登之战的结束，古老的苏格兰消亡了——人们不再留恋斯图亚特国王们的召唤，也不再执着于教堂中用哪一种祈祷书更好。新的苏格兰要面对的是一个现代的世界，有其他的事情要操心。

高地舞蹈。苏格兰画家大卫·艾伦绘。画中，高地男人穿着格子短裙，右边小山上的人正在吹奏风笛

16

过去和未来：俄国和德国

从詹姆斯六世（即不列颠王国的詹姆斯一世）延续到美王子查理的斯图亚特王朝时期，可以说是一个动荡不安、战乱无休的时代。不列颠岛上的保王党和共和党，清教徒和骑士党，苏格兰人和英格兰人，天主教徒和新教徒——两个派别的矛盾与冲突，总是将人们卷入各种各样的战争中。斯图亚特王朝试图保留的是古老的秩序，即所谓的“君权神授”，最终维护的是罗马天主教制度。斯图亚特家族为了捍卫旧有的权力体系，在为未来而战和为过去而战的这两派人之间引发了旷日持久的斗争。可以说，这一时期所有的战役、战争和叛乱都是由此衍生出来的。

当然，过去和未来之间的巨大冲突不仅仅发生在英国，也发生在欧洲各地。在英国，国王尤其是斯图亚特家族的历代国王，代表着过去的力量，而克伦威尔和清教徒即圆颅党人，代表着为未来而战的一派。在俄国，则是截然相反的情况。

在欧洲西部的不列颠，国王们为传统而战，詹姆斯国王和斯图亚特家族的国王们都竭力阻止变革，让事情按照几百年以来的固有模式发展，而普通百姓则渴望变革，并为了即将到来的变革而战斗！

而在欧洲东部的俄国，情况很奇怪——作为统治者的皇帝强迫他的臣民去接受改变，以加入即将到来的现代社会。这里的情况与英国截然相反，改变的意愿来自皇帝，而普通民众在很大程度上并不情愿改变。

在成吉思汗征服了俄国之后的几个世纪中，俄国人一直被蒙古人统治着，地位低下，近乎奴隶。过了很久，俄国人终于赶走了蒙古人，有了他们自己的统治者，称为“沙皇”（“沙”源于拉丁文“恺撒”）。但遗憾的是，俄国人经历了漫长的奴役之后，除了当奴隶已经不知道还有其他的活法了。没有了蒙古主子，他们就心甘情愿地接受新主人“沙皇”的奴役。

13世纪，蒙古人入侵俄国人的土地，基辅罗斯（俄国人的古国之一）的王子因拒绝崇拜蒙古人的神像而被杀害

与欧洲其他国家的君王不同，俄国的沙皇可是真正拥有“神授君权”的人，对俄国百姓握有生杀大权。伊凡雷帝（也称为恐怖的伊凡），是与伊丽莎白女王同

伊凡雷帝向英国大使展示他的财富

期的沙皇。他下令处决的俄国人多达几十万，其理由也并非出于正义。然而，大多数人都接受这样的现实，认为凭着沙皇的权力，他想杀谁就杀谁，无论多少。难怪，那时候的俄国是欧洲最落后的国家，甚至很多贵族都是文盲，农民从属于封建地主，不能为自己的命运做主。而现代社会的发明和发现，只有极少数会从西欧传入俄国。

在英国快活王查理二世的统治时期结束后，俄国迎来了彼得大帝——自1682年到1725年，他的统治长达四十多年，并为这个国家带来了巨变。

彼得带着他的廷臣和贵族到俄国之外的地区游历学习，以便将西方国家的先进技术和知识引入俄国。他想学如何建造大型舰只，怎样修建道路，以及训练士兵的方法等，他对西方社会的一切都兴趣盎然。他第一次访问伦敦的时候，看到了一位牙医在工作。他对这个人的技艺完全着迷了，就拿自己的跟班练手，把这个不幸的家伙的牙给拔了。

回俄国的时候，他从英格兰和苏格兰带回了五百名专业人员，机械师、造船师、外科医生、建筑师，其中包括苏格兰人彼得·盖登，他的任务是负责训练那些野性难驯、纪律散漫的俄国士兵。他还从荷兰带回了钟表匠和印刷工。也就是说，彼得大帝回到俄国的时候，带来了一支外国人技术大军，由此俄国社会发生了翻天覆地的变化。

但是俄国人并不想有所改变，他们不想要更好的房子、船只和城市，也不想要医生和学校。因为彼得大帝试图改变俄国固有的生活方式，有几位贵族和朝臣甚至密谋暗杀他。彼得大帝的儿子阿列克谢也参与了这个阴谋。阴谋暴露之后，所有的参与者都被处以死刑。阿列克谢在监狱里就死掉了，否则也会像其他人一样被砍头。彼得是个冷酷无情的人。俄国必然要成为现代国家，那些试图阻挡这一进程的人都是他的敌

彼得大帝。法国人保罗·德拉罗什作

圣彼得堡城市图，1744 年绘

人，都将被处死。

彼得想在波罗的海边上建一座新城——圣彼得堡。此时，他同样冷酷无情。十五万农奴在士兵的驱赶下，在新址开始建造城市。没有足够的铁铲，他们只能徒手挖泥；没有足够的运输车，农奴们还是得用手搬砖运土。上千民工饥寒交迫而死，而新城市在十个月之内就建好了。

在俄国，彼得大帝逆众望而行，强行改革，终于使俄国步入现代国家的行列。他拥有斯图亚特家族一直梦想拥有却从未得到过的“神授君权”。彼得利用“神权”去推进发展，积极变革；而斯图亚特家族却总想阻挠革新。在西方的不列颠，人民与君主制斗争以图变法；在东方的俄国，沙皇彼得却强令子民接受改变。那么，在欧洲中部的德国和奥地利是什么样的情况呢？与西方和东方相比，德国的剧变历程更糟糕。

按理说，德国和奥地利是由一个皇帝统治的，但事实上，这个皇帝的权力非常小。每一个德国的王公贵族都有自己小小的领地，他们在自己的地盘上可以为所欲为，对皇帝的权威则疏于理会。所有的新教贵族组成了一个大联盟，而所有的天主教贵族也组成了一个大联盟，两者之间展开了一场近三十年的内战。皇帝斐迪南二世是天主教徒，也是天主教联盟的首领。

从 1618 年到 1648 年的三十年时间里，诸多军队纵横德国，战火不熄，城池尽毁，田园荒芜，处处有人趁火打劫。其他国家也跟着掺和，瑞典国王

三十年战争

带兵来维护新教徒，法国则派出人马支持天主教徒，这样只能加剧德国人民的灾难。曾经繁荣的地区化为焦土，往昔富裕的城镇变成废墟。

这场战争称为“三十年战争”。战争最终的结束完全是因为作战双方都精疲力竭，实在没有办法继续下去了。虽然战争结束了，新教徒和天主教徒还是不愿意和平共处，但他们勉强达成一个共识——如果德国某省的领主是新教徒，那么全省的人都应该信奉新教，信奉天主教的人可以离开本地区去一个由天主教徒亲王统治的省份，而原来住在那里的新教徒也已经被驱逐了。由此，德国北部地区逐渐转变为新教徒地区，而南部的巴伐利亚和当时属于德国的奥地利主要是天主教地区。

三十年战争，令德国上下都付出了惨重的代价，国土上的一切毁之殆尽。历经了一个多世纪的发展，德国才得以恢复过来。

17 世纪的人们目睹了英格兰和苏格兰之间的内战，还有欧洲其他地区的剧变，例如德国的三十年战争，以及彼得大帝引发的俄国变革。

17 胡格诺派

15世纪，人类进入了一个崭新的时代。莱昂纳多·达·芬奇研制飞行器；哥伦布和麦哲伦出发探索未知海域；哥白尼大胆地说出与世人常识相悖的事实——地球围绕着太阳在旋转。这是一个伟大的觉醒时代，随之而来的是人类对于自由的新认知。

人们不再盲目地迷信罗马教皇的权威。对于教会权威的反抗引发了宗教改革。德国有马丁·路德，法国有约翰·加尔文，瑞士有茨温利。他们是新教会的创建者，拥有成千上万的追随者。对他们而言，罗马教皇不再是至高无上的权威和领袖。

随后，反对教皇的权威很快就演变成针对国王的起义。在荷兰，人们对西班牙统治者菲利普二世的反抗，最终使他们赢得了自由；在英国，对“君权神授”的坚持，让查理一世付出了生命的代价；虽然，快活王查理二世复辟了王位，但他的继承者詹姆斯二世却在1688年的光荣革命中又一次失去

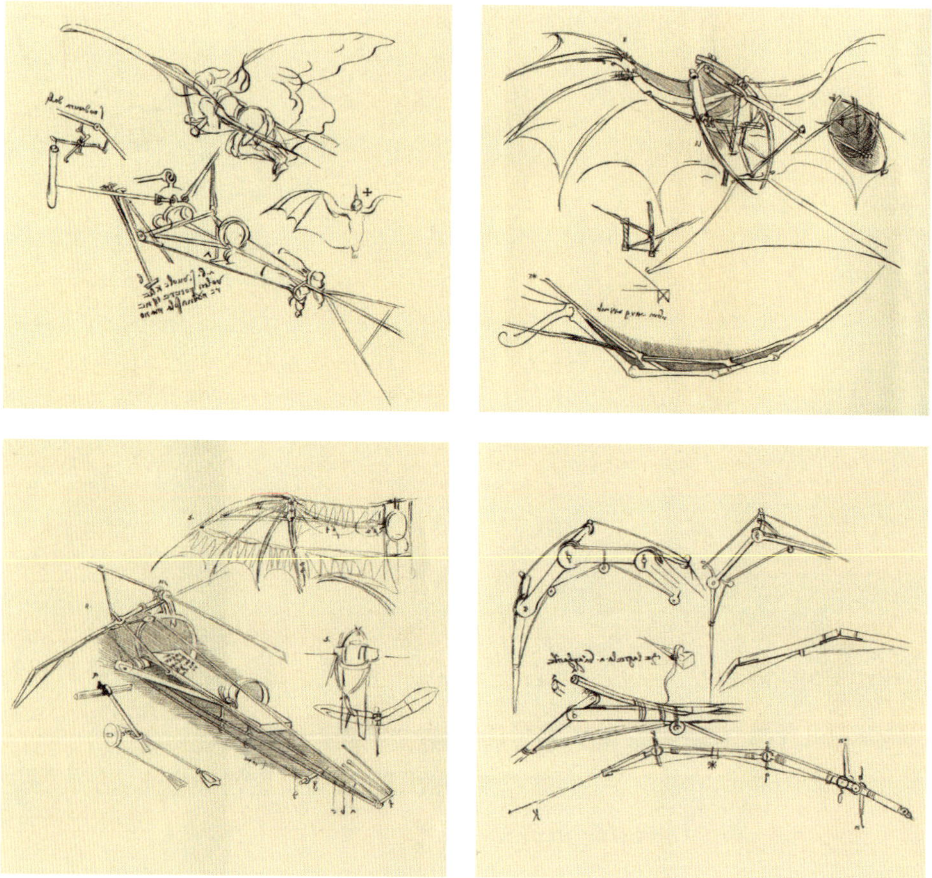

达·芬奇设计的飞行器草图

了王冠。英国人根本不会接受一位鼓吹“君权神授”的国王，那个时代已经过去了。因此，美王子查理重登王位的企图，从开始就注定会失败。在新的时代，新意识的觉醒使人们不会再跟从那些自以为是的国王了。

但是，无论在哪个地方，哪个时代，对于新生事物，总会有人欢欣鼓舞、全力拥护；也会有人忌之如仇、百般阻挠。

罗马教廷肯定不喜欢这些反权威的叛乱。在德国，马丁·路德有众多追

知识小贴士

亚历山大六世（1431—1503年），罗马教皇史上第216位教宗。他的统治期以谋杀、贪婪和淫乱闻名于天下，是历史上最为声名狼藉的教皇之一。

随者的拥戴和保护，否则罗马教廷真恨不得把他抓进宗教审判所，或者直接把他绑在火刑柱上烧死。但是在意大利，教廷的权力仍然强大无比，足以压制新的思想。

他们烧死了佛罗伦萨的萨伏纳洛拉修士，因为他竟然敢指责邪恶的亚历山大六世是“撒旦之子”。他们还烧死了乔尔丹诺·布鲁诺修士，因为他竟然敢说地球不过是太阳系中的一颗行星，围绕着太阳在运转。伽利略·伽利雷也曾宣称这一事实，但他只能被迫反悔，才免遭折磨和杀害。

在意大利，改革、发现和科学的新思想一律受到压制。在西班牙，也有愿意为教廷卖命的国王——菲利普二世，他为了维护罗马教廷，妄图用武力征服荷兰和英格兰，却以惨败告终。

现在，我们再看看欧洲大地上的另外一个国家，在那里，国王一样渴望拥有无上的权力，并用强权阻止社会进步的车轮，让时光倒流。在相当长的一段时间内，他们确实成功了。这样的情况持续了两百多年，才“寿终正寝”。而后继的国王则为先辈犯下的错误，承担了可怕的后果。这个国家就是法国。

萨伏纳洛拉修士

法国，曾经是查理曼大帝的国度，也是圣女贞德的家乡。几个世纪以来，

哥特式大教堂的内部

法国人一直是虔诚的罗马天主教徒，甘心听命于教皇。第一批响应教皇的号召，加入十字军与土耳其人作战的骑士就来自法国。拥有尖尖的拱顶和彩色玻璃的哥特式教堂，最早也是出现在法国。但是与其他国家相比，法国也是实施封建体系最严酷、最持久的国家。长久以来，法国的农民都是以农奴的身份活着，就像地里的树一样，可以跟着土地一起被买卖。在法国，骑士和贵族要绝对服从国王；没有《大宪章》来约束国王的行为，国王的意愿就是法律；在国王之上只有一个主子——罗马教皇。这就是当时的法国状况，这个国家的国王十分乐见这样的秩序能永远保持下去。

但改革的步伐是无法阻挡的。约翰·加尔文是一位从法国逃亡到瑞士的法国人，但他的教义却从日内瓦传播到了法国。成千上万的法国人成了新教徒，他们自称胡格诺派。胡格诺派遍及整个法国，甚至贵族和领主中也大有人在，法国国王似乎对此发展趋势无可奈何。事实上，法国的新教徒和天主教徒仿佛可以和平共处，但这一切只是表面现象。当时的法国国王查理九世是一个懦弱无能之辈，大权都掌握在他的母后——一位意大利公主凯瑟琳·德·梅第奇手中。

凯瑟琳·德·梅第奇决心摧毁法国的新教徒胡格诺派，但却不是通过公开宣战的方式。老谋深算的王后心里明白，公开对抗必然会导致两派教徒之间的武装冲突。这样一来，即使清洗了新教徒，国家也将因数年的内战而衰败不堪。基于此种考虑，凯瑟琳·德·梅第奇和她的谋臣准备在胡格诺派毫无防备的时候给予致命一击，彻底消灭他们。

于是，在极端保密的情况下，所有的天主教徒都接到了通知，在8月24日，将对胡格诺派教徒进行大清洗，而且每个天主教徒都有义务参与屠杀。令人奇怪的是，这样的通知居然没有人泄密。新教徒们没有听到任何风声，完全没有意识到即将降临的厄运。他们同往日一样跟天主教邻居们做着生意，聊着天，生活在平静地继续着。

屠杀日之前的数天，胡格诺派教徒住的房子正面都出现了记号，但是胡格诺派并没有发现，即使发现了，也没太在意。

1572年8月24日，后来被定作“圣巴托洛缪纪念日”。白天一切平静如常，夜幕降临之时，巴黎的皇宫里发出了一个信号，全副武装的士兵们开启了恐怖之夜。他们冲进有标识的新教徒家庭，见人就杀，无论男人、女人还是孩

与圆形拱顶相比，哥特式的尖肋拱顶不受高度和跨度的限制

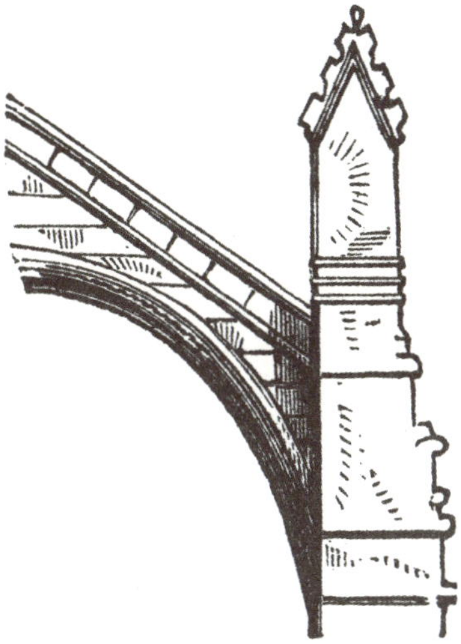

分担主墙压力的飞扶壁

圣巴托洛缪大屠杀

子。士兵的杀戮一开始，天主教的平民百姓也都拿起武器加入他们，对那些毫无防备的新教徒邻居痛下杀手。这是历史上最恶劣的屠杀事件。

大屠杀主要发生在巴黎，因为那里的胡格诺派人最多。但是在法国的其他地区，也发生了这样的惨剧。全法国大约共有三万新教徒在这天夜晚遇害。这次事件被称为“圣巴托洛缪大屠杀”。

此后，数千名法国胡格诺教徒逃亡到了英国。在那里，他们得到了善意的接待和救助。作为回报，胡格诺派难民也为英国带来了新的技术。

但是在法国，凯瑟琳·德·梅第奇成功获得了她想要的东西。凭借清洗新教徒的功劳，她得到了教皇的垂青。她同时也确保了在很长的一段时间内，法国人都不敢再挑战教皇或者国王的权威了。圣巴托洛缪大屠杀将新思想挡在了法国之外。然而，这只是暂时的。

18

太阳王

凯瑟琳·德·梅第奇实在是一个恶毒的妇人。很难想象什么样的灵魂可以如此冷酷，可以那么平静地策划一起针对数万无辜平民的大屠杀。但是，从另一个角度看，在凯瑟琳生活的那个时代，人们因为不同的信仰而杀戮是很寻常的事。在英国，甚至新教徒内部也会互相残杀，英格兰教会和公约派之间就是如此。整个欧洲在宗教改革之后都进入了恐怖的时期。凯瑟琳只是运用了更狡猾阴险的方式，她的所作所为不过是那个时代的缩影罢了。

想象一下，如果凯瑟琳因为圣巴托洛缪大屠杀的罪名被带到法庭之上，她会这样为自己辩护："多亏了一夜的流血，才让法国避免了数年内战。牺牲了几万人，我们拯救了更多的人。看看德国的三十年战争吧！看看英国的圆颅党和骑士党的内战吧！在德国和英国，有更多的人死去，有更多的人遭受苦难，而我们法国只是牺牲了几万人而已。而且，我维护了国王的统治。英

凯瑟琳·德·梅第奇

国的斯图亚特家族失去了王位；德国的皇帝得向贵族和领主们让步。只有在法国，国王的统治是牢固的，甚至变得更加强大！”

当然了，现实中的凯瑟琳不可能这么说，因为德国的三十年战争和英国的内战都是在她死后才发生的。但是，她可能真的预感到，旧有的秩序、国王和教皇的权威都有可能被推翻，内战不可避免。而圣巴托洛缪之夜的大屠杀大概是她螳臂当车的最后一搏吧。

事实的确如此。在之后的数个世纪里，英国的王权被粉碎扫清，法国的君主却王权在握，日渐强大。而英国和德国因内战耗尽国力的时候，法国仍旧保持着繁荣和昌盛。

英国的詹姆斯国王费尽心思，著书立作，鼓吹“君权神授”；而他的儿子查理一世执迷不悟，为此断送了性命。而此时在法国，却有一位国王，真正地拥有“神授权力”，可以说是绝对的权力。他就是路易十四。

在法国也有某种形式的议会，即所谓的“三级会议”。这个三级会议只有建议权，可以建议国王去做什么，或者规劝国王不要做什么，但对于国王究竟要做的事，议会是完全无法干涉的。路易十四曾说过一句十分经典的话，可以说是对这种状态最完美的阐释，后面你就知道了。

大概是在1660年，也就是查理一世在自己的皇宫前被砍头之后，又过了十一年。当时，路易十四才二十二岁，但已奢靡无度。他正想为自己再建造一座豪华而庞大的宫殿，但是国库没有那么多钱。于是，他下令要求三级会议提高税收。

向议会派出信使之后，路易十四就出去打猎了，这是他最喜欢的运动之一。等他打猎归来，听说三级会议的贵族们对加税的命令有疑虑，说法国人民的税率已经很高了，如果再提高税率，那老百姓的日子就太难过了。闻听此言，年轻气盛的路易十四不禁大怒。他连打猎的行头都没有脱掉，就跑到巴黎的议会大厦，手持马鞭，大步闯进了议会大厦。

1789年，路易十六在凡尔赛宫召开了最后一次三级会议。三级会议的参加者有教士、贵族和普通市民三个等级的代表。通常在国家遇到困难时，国王为寻求援助而召集会议，因此会议是不定期的。会议的主要职能之一是批准国王征收新税。百年战争时期，为了抵抗外敌，三级会议有权监督政府，后来王权加强，会议的权力被削弱当这位年轻的仅有二十二岁的陛下走进议会的时候，众位议员都起立向他致敬。而路易十四则非常轻蔑地看着他们，说："关于税收的事，有那么多废话可说吗？我要的是钱！"

其中一位议员说："尊敬的陛下，请恕臣等直言。我们一致认为花费巨资去建造新宫殿对国家不利。国家已经不堪重负了，再为此等不必要的奢华加税，国家将苦不堪言。我们也是为国家着想，再怎么说，国家的利益是第一位的，所以……"

"国家，国家，"路易十四狂怒地喊道，他用马鞭抽打着面前的桌子，"国家，国家，我就是国家！"说完，他就转身走了。而议会无可奈何，只能服从圣旨，提高税收。

"我就是国家！"（法语：L'état, c'est moi）这句话已经成为了历史名句，也是法国国王的最佳写照。他认为自己就像太阳一样，光芒普照，无处不在。假如有人谈论光，太阳就会说："你们说什么呢？我就是光，我就是光的祖宗。"同样的道理，路易十四也是这么想："我就是法国，我就是法国的太阳，我的荣耀就是法国的荣耀。"既然如此，他当然也希望他的臣民能称自己为太阳王（法语：le Roi Soleil）。

路易十四一贯认为，法国上下，一致要为一个目标努力，那就是为法王增光添耀！无论是田里耕耘的农奴、城里的贩夫走卒，还是做生意的商贾，他们的工作就是为了一个目标：提供大量金钱，来满足君王无休止的奢欲。

画家、雕刻家、建筑师们也只能有一项义务：围绕在路易十四的周围，将陛下的丰功伟绩在绘画、雕塑和建筑中彰显出来。

法国的贵族、骑士和领主们也只为一件事而活着：围绕在路易十四身边，时刻取悦他，讨好他，莫逆龙须。跟随在太阳王的周围，全心全意地服侍好国王陛下，是所有贵族阶层们的殊荣。同样，法国士兵也只能有一个义务：为太阳王而战！为他征服新的领土，以新的征服为法国国王带来更多的荣耀。

为此，路易十四不断地发动战争。他的军队入侵了荷兰——没有别的理由，就是为了国王的荣耀。但是荷兰人有一个强大的盟友——大海。他们再次打开了大坝，尽管因此可能导致数年内土地绝收，却从法国的侵略中解救了自己。

路易十四

路易十四开启的另一场战争是继承权争夺战。西班牙的国王驾崩时，没有继承人，王冠空落。于是，路易十四宣称自己是西班牙王位的继承人。

如果西班牙和法国成为一个国家，它就不仅仅是欧洲最强大的国家，还将把西班牙在南美洲的广大殖民地收入囊中；再加上法国在加拿大原有的辽阔殖民地，这将是一个巨无霸帝国。英国和荷兰均对此心有忌惮——毕竟路易十四是个野心勃勃的人，说不定什么时候，就会把他们也征服了。于是英国、荷兰和瑞典组成联合阵营，以阻止路易十四成为法国和西班牙的共同统治者。

继承权之战持续了十年之久。战争不仅摧毁了欧洲，也使美洲生灵涂炭。在美洲，英法两国的殖民地之间也发生了激烈的战斗。

这还不够，路易十四这位自称“最虔诚的天主教国王”竟然还召集奥斯曼土耳其的穆斯林军队为他作战。1683 年，奥斯曼土耳其军队来到了巴尔干半岛，入侵了奥地利，包围了维也纳。但是维也纳人英勇反击，最终击败了奥斯曼土耳其人。

战争以法国的失败告终，英国人从法国人手中抢走了加拿大的一大部分（虽然不是全部）。尽管路易十四获准可以任命他的孙子为西班牙国王，但条件是：西班牙和法国永远不能成为一个国家，由同一个人统治。

这场战争不仅仅付出了成千上万人的生命，也花费了大量的金钱。仅仅为了满足虚荣心，路易十四几乎彻底毁灭了法国。然而他依旧过着比其他国王更奢华的日子，他依然是太阳王，依然可以说：“国家，我就是国家！”

19
凡尔赛

因为想要一座新王宫，路易十四就直接命令三级会议提高税收，而且无视任何反对意见，用一句话堵住了所有人的嘴："我就是国家。"

路易十四在巴黎拥有一座庞大的宫殿，但这显然远远配不上太阳王——他还想在巴黎之外建造一座新的王宫，有广阔的花园环绕。好吧，他如愿以偿了，1682 年在巴黎郊外，凡尔赛宫落成了。

这真是一个令人赞叹不已的地方！今天，凡是去巴黎旅游的人，都不会错过参观它的机会。当年，在这座宏伟的宫殿里，除了国王本人，还住下了所有伺候他的贵族和仆人，总共有一万多人。每位贵族都有自己的房间，在凡尔赛宫里面还有许多宽敞的大厅，贵族们在此聚会，或者听国王演讲。墙上和天花板上都是法国著名画家的大作。纯银的巨型吊灯从天花板上垂下来，上面可以插数百只蜡烛，还有一些椅子也是由银子打造的。所有的家具——

凡尔赛宫。法国人皮埃尔·帕特尔画

桌子、橱柜和床等，都由工艺师精心打造，并镶嵌了黄金白银，堪称精美绝伦的工艺品。有一间非常著名的镜厅，置身其中，环顾四周，会让人永远望不到尽头。

宫殿外面的广阔空间一样令人难以忘怀。草坪不是四方形的就是三角形的，所有的路都是笔直的。路易十四和他的花匠们大概对自然也心怀征服之欲——即使是凡尔赛的树也不能自然生长，而是被修剪成规矩的图形——那些圆锥体或者金字塔形的树木，看起来就像几何书中的范本。直到今天，还是这个样子。

Chapter 1
反抗

凡尔赛宫的花园一望无际，雕塑和喷泉比比皆是。这些喷泉在路易十四时代是日夜不息的，而今天只有在重要的国家节日才会喷水。日夜不停地喷水，花费实在巨大，但对路易十四来说，花多少钱都无所谓。所以在他那个时代，喷泉是日夜喷水、常年无休的。

凡尔赛宫内的生活也如室外的草坪和树木一样严格和刻板：同级别的贵族相互如何问候，不同级别的领主和贵妇之间怎样致意，各个等级的贵族觐见国王的礼节，都有一定之规。甚至连走路、着装、玩牌这些事，也要照章办事。

规矩是只有法国最高级别的贵族，例如领主和公爵，才有资格做国王的仆人。没有贵族血统的普通仆人，根本不能接近国王。

让我们从早上开始，来看看国王的一天是怎样度过的。说起来，你也许不信，但“晨起”（法语：le lever）可是一件庄重的大事。早上八点钟国王醒来，一位公爵会给他拿来拖鞋，一位王子会递给他晨衣，两位贵族会呈上他的祈祷书。所有人退下，给国王几分钟的时间，独自做他的晨起祷告。

随后，几位贵族获准觐见国王。此时，理发师正在为国王剃胡子（只有理发师不是贵族）。剃好了胡子，这些贵族就退下去了，然后另一拨贵族进来服侍国王穿衣服。

只有国王的亲弟弟才有给他递衬衫的特权，一位比他级别低的贵族则给国王呈上马裤（一种裤脚只到膝盖的裤子）。随后，另外一位贵族将假发捧上来。两位贵族一人拉着一个袖子，伺候国王把外套穿上，另外两个人帮他把鞋子穿好，接着其他贵族为他拿来帽子、手套、手杖和手帕。

整个仪式是不是忘记洗漱了呀？非也。在那个时代，不管是国王还是贵族根本不洗漱，更别说泡澡了！他们用香水和香包来掩盖他们从不清洗的身体上散发出的臭味。

午餐时间，又是一堆领主和贵族来服侍国王和各位皇室成员进餐，每道菜都换不同的人。有一个贵族的职责最重要，他专门负责给国王递餐巾。那个时代，餐巾是餐桌上最常用的。因为，国王跟其他人一样，吃饭时除了一把餐刀，就是用手了。

路易十四陛下的菜单非常丰盛。中午时，他一般要喝四大盘汤，吃一整只野鸡或者鸭子、两大份火腿，然后是一盘羊肉、四五个煮鸡蛋，最后还有蛋糕和水果。

整个上午，也就是在晨起和午餐之间，是国王处理政务的时间。他与各位大臣会晤，口述圣旨，还会接见外国使节等。

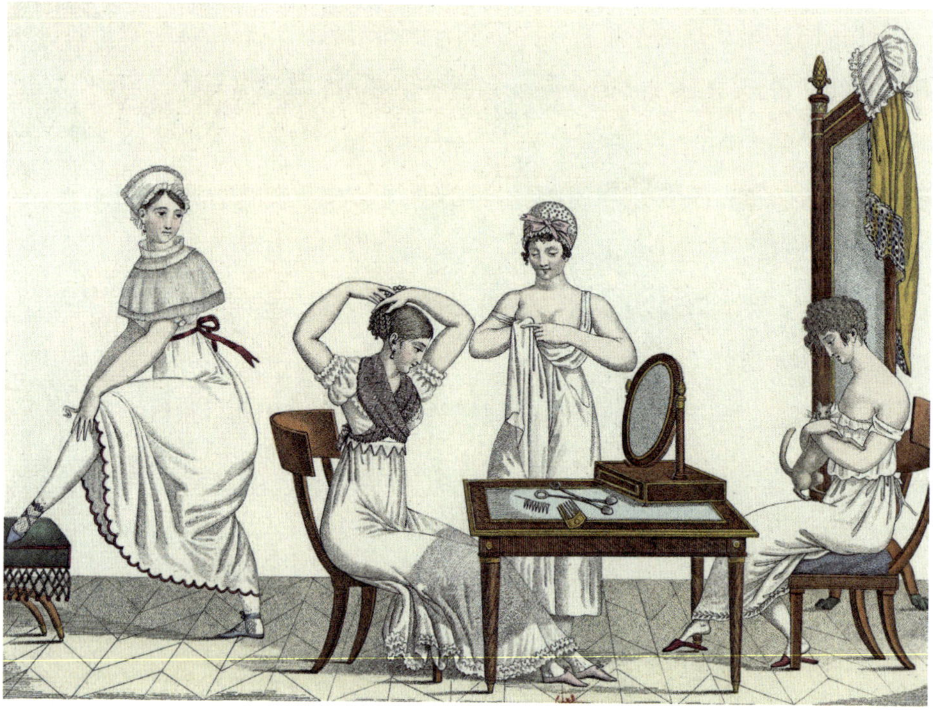

晨起的贵族妇女

但是，下午和晚上的时间是不能打搅的，这些要命的、头疼的国事一律不准提。下午专属于国王最喜欢的运动——打猎。晚间，国王又要从头到脚彻底换装。仪式跟早上的一样。所有的廷臣也需要换装，均穿着金丝银缎制成的华丽晚装。晚上的娱乐活动往往是舞会、赌博等，一直要持续到夜里一点才结束。然后，国王回房就寝。当然，睡前更衣还是得由一群亲信近臣服侍着。

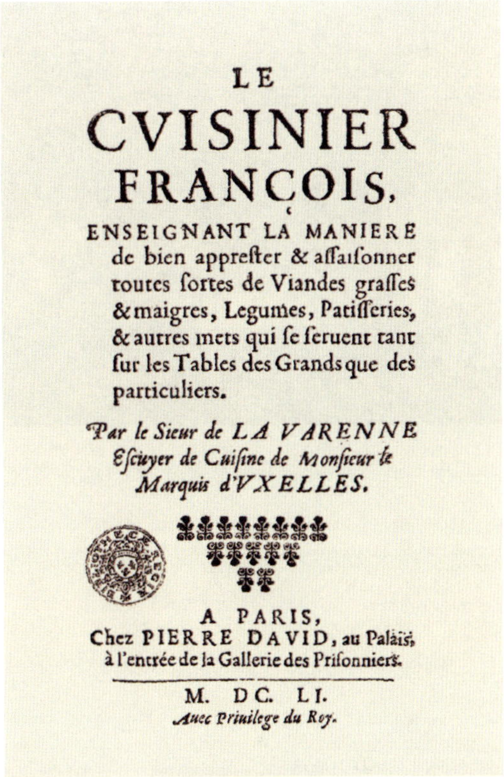
LE
CVISINIER
FRANÇOIS,
ENSEIGNANT LA MANIERE
de bien apprester & assaisonner
toutes sortes de Viandes grasses
& maigres, Legumes, Patisseries,
& autres mets qui se seruent tant
sur les Tables des Grands que des
particuliers.

Par le Sieur de LA VARENNE
Escuyer de Cuisine de Monsieur le
*Marquis d'*VXELLES.

A PARIS,
Chez PIERRE DAVID, au Palais,
à l'entrée de la Gallerie des Prisonniers.
M. DC. LI.
Auec Priuilege du Roy.

《烹饪革命》，17 世纪法国厨师拉·瓦莱纳编写的食谱，它首次将法国菜定义为一种高级料理。在此之前，厨师们喜欢用异域的香料掩盖食材的味道，拉·瓦莱纳则鼓励人们使用欧芹、洋葱、刺山柑等本土香料，并注重保留食材本身的天然风味。这本食谱一经推出，很快掀起了法国烹饪界的革命，也彻底改变了欧洲人对食物的看法

王公贵妇们的服装样式和裁剪都是随着国王的心血来潮或奇怪的念头而变化的。但不管这些廷臣穿成什么样子，很快就会成为各地的流行款式——先从凡尔赛宫开始，接着在巴黎，然后是法国，最后风靡全世界。如果有一天路易十四决定在他的袖口装饰蕾丝花边的话，不用几个月的时间，欧洲甚至美洲，所有的男人（只要他们能够负担得起）都会在袖口缝上蕾丝花边。

在宫中，数以千计的王公贵妇全身心地服侍国王，不着边际地奉承他，

路易十四邀请法国喜剧作家莫里哀一起享用晚餐

用尽一切手段，争先恐后地讨他欢心。

有一次，路易十四在一位贵族家做客小住，主人是奥丁公爵。国王环视自己住的华丽房间，随口说了一句，远处那片森林破坏了窗外的美景。第二天早上，国王再看窗外，整片森林都消失了！公爵的农夫们忙活了一整夜，把这些让国王陛下闹心的树或者移走，或者砍倒了。

想象一下，为了保证国王和整个皇室，乃至数千廷臣的奢靡生活，需要多么大的一笔开销！这些钱从哪来？当然是法国农民。他们可没有奢华的福气，只能住在脏兮兮的茅舍里，衣衫褴（lán）褛（lǚ），食不果腹。然而是他们的辛苦劳作，供养了国王和群臣，让他们可以有锦衣美食，住华府豪宅。

皇家收税官就是那些专门负责从老百姓那里搜刮钱财的人。他们来的时候都带着士兵，万一哪个农民没有钱交税，就让士兵把他们家的最后一头牛羊牵走，甚至连耕犁也不给留下。这样一来，这个农民第二年肯定还交不了税。犁都收走了，拿什么种地呢？但他们才不管这些呢，就算这个农民全家都饿死，他们也不在乎。农

知识小贴士

这则故事也有其他的说法——路易十四从卧室窗户望去，觉得有些空旷，随口说要是有个树林就好了。结果早上醒来，树林出现了。这是财务大臣福柯的杰作。

民也好，朝臣也罢，他们的存在都只是为了讨国王陛下开心而已。

因此在路易十四的统治下，国王和数千廷臣这一小部分人过着铺张奢靡的日子。但是，数百万普通人的生活却是极度贫困，每况愈下。

然而，人民要承担的不仅仅是凡尔赛宫无度的开销，还要为国王的好大喜功，肆意发动的战争埋单。用老百姓纳税的钱购买枪支弹药，支付军饷；让老百姓的儿子冲锋陷阵，血染沙场：这一切只为了路易十四的荣耀！

1685 年，路易十四在凡尔赛宫的镜厅，欢迎前来进行国事访问的热那亚总督

20
银行业

在路易十四时代，皇家的挥霍无度和奢侈得离谱的生活，与平民百姓的拮据窘迫，形成了鲜明对比。人们或许觉得，这段时期应该是法国历史上不足以称道的时代。但事实并非如此，因为在这个时代涌现了许多了不起的法国人，其中有杰出的画家、建筑师、诗人和剧作家。正如伊丽莎白一世时期的英国有着许多伟人——德雷克、拉雷、莎士比亚，一百多年后的路易十四王朝，也是法国先贤辈出的时代。

其中有一位就是喜剧作家莫里哀——他写的戏至今还在法国上演，就像英国仍在展演莎士比亚的戏剧一样。他有一出戏叫《无病呻吟》，讽刺了一个人整日幻想自己身患怪病，受尽折磨。在另一出戏《贵人迷》中，他调侃了一个醉心贵族生活，举手投足都要效仿贵族的普通人。至今，人们仍旧对这些喜剧津津乐道。

法国在绘画、文学和建筑领域人才济济，并非路易十四的功德，但他确

莫里哀。法国人皮埃尔·米格纳尔德绘

实为艺术的发展营造了环境——他供养这些艺术家，让他们发挥所长。当然，他的目的是给自己歌功颂德。

但对那些终年饥肠辘辘、可怜的农民来说，精巧的戏剧、精美的画作，乃至富丽堂皇的凡尔赛宫都没有什么意义。一天，一群饥渴难耐、衣衫褴褛的流浪者包围了凡尔赛宫。他们高喊："面包！面包！我们要面包！"而他们得到的只有皇宫卫兵的驱赶。人民并没有忘记国王是如何忽视他们，任由他们饱受贫困煎熬的。1715 年，路易十四去世。在出殡时，一路都伴随着巴黎流浪者的喧嚣咒骂。对于普通人来说，太阳王的死，是个天大的好消息。

路易十四的儿子和孙子都先他而去，所以在他死时，只好由年仅五岁的重孙继位。鉴于国王尚且年幼，于是皇家任命他的叔叔、奥尔良公爵菲利普为摄政王。摄政王以国王的名义暂时管理朝政，不是国王。摄政王菲利普长年出入于太阳王的朝廷，他除了对节日派对和娱乐活动感兴趣之外，什么也不多想。此时，唯一让他发愁的是，从哪儿弄来那么多的钱，供他自己和整个宫廷享受呢？

就在这个时候，一位叫约翰·劳的爱丁堡人来到了法国，他带来了一个新想法。

法国在北美地区有很多殖民地，除了加拿大的大片土地外，还有一片地区叫路易斯安那（是为了纪念太阳王而命名的）。约翰说，开发殖民地会给法国带来巨大的财富。但第一桶金必须要投入，要派人过去，还需要船、武器、各种装备等。等过一段时间，这些投入就会收到两倍或者三倍的回报。

首先要做的，当然不是加税，而是去借钱，向民间贷款，并做出允诺：如果现在借给政府一英镑，日后等殖民地繁荣了，就会得到两英镑，甚至三英镑的回报。

这似乎是个好主意，摄政王菲利普允准了。1716 年，约翰·劳在巴黎开设了一家银行。这家银行向公众发行纸质的债券，如果你购买一份，就得支付给银行一块金币。很快，令人难以置信的是，一份原价值一英镑的债券

这幅画描绘了法国探险家拉萨尔宣称法国拥有路易斯安那的场面。1682 年初，拉萨尔开始沿密西西比河顺流而下，同年 4 月他们到达墨西哥湾。在那里，拉萨尔宣称整个密西西比河流域均归法国所有，并以路易十四的名字命名这片领土

增值了，市值变成两英镑或三英镑，几年之后甚至可以获得十倍的偿还！今天人们购买某公司的“股份”，跟这个是一码事。如果你花一块钱买到一份股票，当然会希望公司能够赚大钱，然后你的股票价值会变成一块一、一块五，甚至五块了。这样的情况有时会发生，有时却不会。所以，这也是一种赌博。

1803 年，拿破仑以 1500 万美元的价格将路易斯安那地区卖给美国。这张邮票，是美国政府于 1904 发行的，用来纪念路易斯安那并入美国领土

在那个时代，这还是一件新事物，人们不免沉溺其中。约翰·劳自己也很真诚地相信这不是赌博，开发法国的殖民地一定会发大财。法国人民也是这么认为的。法国农民没有钱，但居住在法国城镇里的人们还是有一些钱的。成千上万的人带着积蓄，排队来买约翰·劳的银行债券。事实是，很快就有人开始倒卖银行债券了。某人如果花一块钱买了债券，一个月之后他就能以两块钱的价格把它卖出，因为买家总觉着还能以更高的价格把它卖出去！很多人倾囊而出，购买债券，都盼望一两年后变成百万富翁！

显而易见，这终将只是黄粱一梦。法国的殖民地并没有产出那么多利润，至少不能如人所愿在短期内使人暴富起来。只有少数很机灵的人，他们不想耽误得太久，就跑去对约翰·劳说：“这是我们购买的债券，我们想按照当初允诺的，拿回两倍或三倍的现金！”他们如愿以偿了。然而，银行的储备金只够满足最初那批人的取现要求，而后来的人就都拿不到现金了，甚至连他

约翰·劳

们最初投进去的资金都收不回来了。人们恐慌起来：每个人都想把手中的债券卖掉，而没有一个人愿意购买，于是债券成了废纸。

转眼间，数万人的存款就打了水漂。虽然约翰·劳自己也没挣到钱，但是他的这个想法没有奏效，自然会受到责怪。约翰·劳本人不得不逃离法国，1729 年他在意大利死于贫困。

但是渐渐的，以银行发行的纸币代替金币的做法流行起来。后来，所有的政府都采纳了纸质货币。到了我们这个时代，在流通的货币中已经看不到金币了。

法国人民将约翰·劳带来的灾难归罪于摄政王菲利普，所以对他没有什么好感。1723 年，正宗的王位继承人——太阳王的重孙，十三岁的路易十五开始亲政。此事令法国人备感欢欣。

他是一位英俊的年轻人，受到了前所未有的欢迎。人们称他为“宠儿”，并希望他能有所作为，遏止贫穷的泛滥。

但是，路易十五的成长历程是非常不幸的，身边的人对他无限宠溺，他在阿谀奉承的包围下长大。由此产生的后果是：个人的舒适和快乐成了他生活中唯一的原则。

Chapter 1

反抗

路易十五。法国人莫里斯·康坦·德·拉图尔作

他的私人教师不仅没有教他读书，反而是陪他玩牌——因为相对于读书来说，他更喜欢这项活动。等他长大了可以出去打猎的时候，就彻底不上课了。国王有什么必要去刻苦学习呢？加冕之后，路易十五陛下发现治理国家和上课一样枯燥无味，那就把这么辛苦的工作交给别人吧！

十五岁那一年他娶了一位波兰的公主，但后来他厌倦了妻子，迷上了一位贵妇人——蓬帕杜夫人。她既聪明又美丽，而且野心勃勃。她想要掌握实权统治法国，而懒惰、软弱的路易十五正好乐得放权于她。

到头来，国王的情妇蓬帕杜夫人成了法国真正的统治者。路易十五对她是有求必应——只要是她递上来的文件，他都会签字盖章。至于这些文件会在法国产生什么影响，或者给法国招致什么后果，他毫不在乎。他一心想着如何娱乐，变着法儿地搞节日派对。如果日子过得无聊，那该有多难受啊！

21 路易十五和腓特烈大帝

路易十五从小就备受宠溺——不需付出任何努力，一切得来都不费吹灰之力，这使他长大后变成了一无所长的懒汉。而他可是法国国王，一个拥有至高无上权力的人呀！慵懒的国王是无法肩负重任治理国家和为民解忧的。于是，路易十五把无上的王权拱手送给了自己衷情的女子——蓬帕杜夫人。你们看到了吧，一个国王的教育，特别是这种完全无效的教育，一定会影响整个国家的命运。

与路易十五同时期的另一位国王接受了与之完全相反的教育——非常严格和苛刻的教育。后来，这位国王被尊称为“大帝”，与亚历山大、查理曼、阿尔弗雷德这些伟大君主并驾齐驱。历史上，有如此殊荣的国王屈指可数。

这位国王就是普鲁士的腓特烈大帝。普鲁士本来是德国北部的一个小王国。按理说，普鲁士的国王要听命于德国皇帝。但当时德国的首都远在维也纳，这种君臣关系仅仅是理论上的——德意志帝国统领下的这些小王国：普

腓特烈大帝。瑞士画家安东格拉夫绘

鲁士、巴伐利亚、萨克森等都各自为政，并不忠于皇帝。甚至一言不合，就敢跟皇帝开战。

腓特烈大帝的父王是腓特烈·威廉国王。他作风强悍，十分鄙视法国宫廷的那一套：什么高雅的服饰，什么讲究的礼仪……腓特烈·威廉志不在此——他想要的是全世界最骁勇善战的军队。

腓特烈·威廉对军事训练做出了严格规定：士兵立正的时候要腰杆笔直，军团行进、举枪或转身要整齐划一，如机械般精准。通过这种方式训练出来的士兵，一旦对于命令的服从达到了机械化程度，在战斗中也会心无旁骛（wù），严守命令，即使牺牲生命也在所不惜。普鲁士的铁血战士就是在绝对服从军令的训练中练就的。

国王腓特烈·威廉对自己的儿子腓特烈也一视同仁，要求他做到绝对的服从和严守纪律。

然而，腓特烈并不情愿如此，年轻的腓特烈既不喜欢父亲的强悍作风，也对刻板的军规感到厌烦。他向往法国宫廷的华丽服装和优雅的举止。少年时，他受父王之命成为普鲁士军队的一名军官，而他却与另一名军官密谋，逃离普鲁士，投奔英国。

他们的计划暴露了，老国王绝不能容忍如此忤（wǔ）逆之举。试图帮助腓特烈逃亡的军官被处以死刑，而腓特烈只得眼睁睁地看着朋友面墙而立，一班士兵朝他开枪射击。

对于年轻的腓特烈来说，这是极其惨痛的教训。但此事也让他明白，他肩负着不可推卸的职责，而且也必须服从父王的意志。此后，他做了一名称职的军官，进而成为一名杰出的统帅。然而，亲眼看见好友被射杀也让他的心变硬了，成了一个冷酷无情的人。

多年之后的一次战役中，在加农炮的猛烈轰击下，腓特烈的士兵如收割后的麦穗一般，成片地倒下。钢铁的纪律敌不过炮火的威力，士兵们溃不成军。腓特烈朝他们狂吼道："你们这群狗！还想永生不死吗？！"所有人都被镇住了，转身再次向敌军发起进攻。

就这样，1740 年老国王腓特烈·威廉去世之后，腓特烈继承了父亲的一切。这位年轻的普鲁士国王与软弱惰怠、养尊处优的路易十五是截然不同的人，后者从未品尝过任何生活的艰辛。

显而易见，这两种教育方式都是有悖常理的——腓特烈饱受无情纪律的禁锢，而路易十五在宠溺娇惯下成了个废物。这两者之间的反差，正如清教徒和骑士党人一样，水火不能相容。腓特烈虽倍受尊崇，但人们对他敬而远之；路易十五讨人喜欢，却无法赢得尊重。

腓特烈一登上普鲁士的王位，就立刻掌管了军事大权。他觉得普鲁士面积太小了，于是打算好好利用这只铁血军队来扩张领土。时逢德国皇帝驾崩，由他的长女玛丽娅·特蕾莎继位，成为德国和奥地利的女皇。在腓特烈眼中，特蕾莎女皇不过是一介女流，抢她的土地，易如反掌。于是，腓特烈向女皇

玛丽娅·特蕾莎女王和她的孩子们

宣战了。

战争并不像腓特烈想象得那么容易，因为路易十五，更准确地说是蓬帕杜夫人，决定支持特蕾莎女皇。于是，法国参战了。另一方面，腓特烈这边得到了英国的支持。随后，俄国宣布加入特蕾莎的阵营。

1757 年的罗斯巴赫战役中，腓特烈大帝的军队在一个半小时内就摧毁了法国和奥地利联军

这样，战争的一方是英国和普鲁士，法国、俄国和奥地利则是另一方。整个欧洲再次笼罩在战争的腥风血雨之中。

这场战争不仅仅发生在欧洲大陆。英国和法国的战舰在深海海域频繁交火；两国在北美的殖民地也相互开战；甚至美洲原住民的各个部落也卷入了这场战争。这其实应该是一场世界大战了。

这也是一场漫长的战争，一打就是七年（1756—1763），史称“七年战争”。如同所有的战争一样残酷，七年战争不仅夺去了无数人的生命，而且耗资巨大。在所有参战国中，法国是最不堪重负的。然而，这一切都不会影响路易十五在凡尔赛宫整日欢宴作乐，过着悠哉游哉的快乐生活。国家政务有蓬帕杜夫人管着呢，战争嘛，就让将军们去操心吧。

而普鲁士的腓特烈国王却率部亲征，与部下一起经历战争的严酷和艰辛。凭借卓越的统帅才能和钢铁般的坚定意志，他率领这只小而精的普鲁士军队，战胜了人多势众的奥俄法三国联军。腓特烈赢得了七年战争。英国也是赢家，夺取了法国在加拿大仅剩的那部分殖民地。

法国现在真是雪上加霜啊。不仅赔上了加拿大，还在战斗中失去了数以千计的士兵，耗费了巨额的钱财，到头来却一无所获。

如果路易十五或者腓特烈所受的教育与先前不同的话，也许法国和普鲁士的命运就不是这样的了。

22
圣日尔曼伯爵

从法国的路易十五和普鲁士的腓特烈大帝这两个人的实例中，我们可以看到君王的成长教育会影响整个国家民族的命运。法国丧失了大片殖民地，变得前所未有的贫困；而普鲁士却成了德意志群雄的霸主。但是，把百万人的命运维系于一个人身上，由一人之软弱或坚强来决定众生贫富，并非是聪明恰当的选择。

在古埃及时代，人们的确认为，国王无论好坏都是上天派来的；在古罗马时代，人们还相信，元首是英明、软弱还是邪恶，都取决于神的安排；在中世纪早期，基督徒国王们依然被视作履行上帝意旨的工具。但是在新时代，一个由莱昂纳多·达·芬奇、哥伦布和马丁·路德开启的时代，人们不会再以敬畏之心仰视国王。从此，人们不再接受由一人决定数百万人的命运，即便这个人是国王。

国王的绝对权威将一去不复返。但是在那个时代，有人对此有更进一步

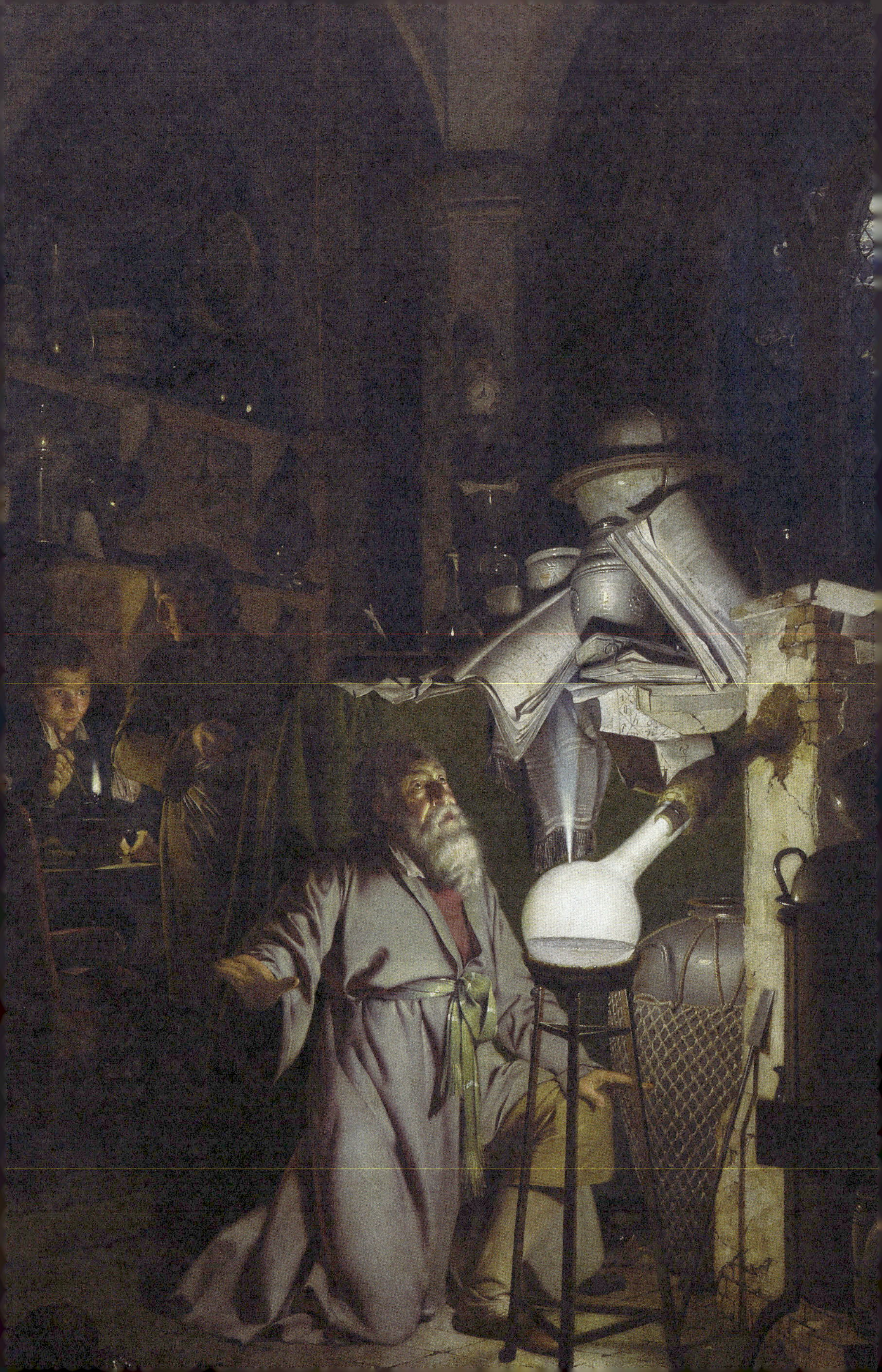

Chapter 1
反抗

左页：寻找点金石的炼金术士。英国人约瑟夫·莱特绘

的深刻思考——应该用暴动和流血的方式将其扫地出门，还是以和平的方式，迎接这个伟大的变革一步一步降临呢？

尽管大多数人对未来的担心基本上只是围绕着自己个人或是家庭生活，但仍然有些人会对欧洲乃至人类的未来有所思考，他们竭尽全力，试图平缓地推进变革的进程，避免由此导致巨大的苦难和流血牺牲。

中世纪的炼金师试图探寻点金石的秘密，他们认为这些石头可以将平常的金属变成金子，还可以治愈疾病或让人长生不老。后来出现了一些“真理炼金师”——那些被认为是真正无私奉献的人才有可能加入由“真理炼金师”组成的秘密兄弟会。这个组织的标志就是一个黑十字架，从中生长出红色的玫瑰。这个神秘的玫瑰十字秘密兄弟会组织看到了在欧洲，尤其是法国，即将到来的恐怖流血时期，他们打算出手，以避免这些极端事态出现。

在七年战争期间的 1760 年，一个奇怪的人出现在巴黎街头，他自称圣日尔曼伯爵。但是，正如他所说的这不是他的真名，从来没有人知道他究竟是谁，他的真名是什么。

圣日尔曼伯爵似乎是一位行事古怪的巨富。他那精工细作的衣服上缀满大颗的钻石和红宝石；他举办盛大的聚会和宴席，邀请上百人来参加——法国上下的贵族名媛都对此趋之若鹜。而他也是个奇怪的人，似乎有取之不尽、用之不竭的钱。但谁也说不清这些钱来自哪里，因为这个人没有生意或地产，也没有农庄和房屋。

更为奇特的是，这个怪人看起来也就五十岁左右的样子。而一位年老的女士在舞会上见到他后发誓说，她年轻时曾经在意大利见过这个人，那时他看上去就有五十多岁了，跟现在没什么两样。这位自称圣日尔曼伯爵的人简

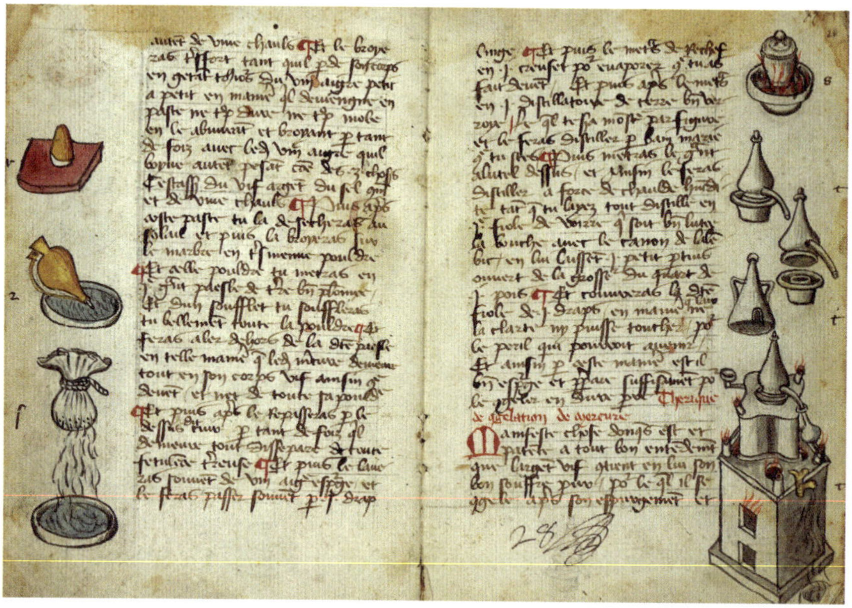

一份写有炼金过程的手稿

直就是一个谜。

难怪当路易十五国王听到关于他的传言也十分好奇。于是，圣日尔曼伯爵在凡尔赛宫受到了国王的召见。他举止高贵，聪明睿智，而且博古通今，无所不知——国王完全被他迷住了。

一天，路易国王给圣日尔曼伯爵看了一颗大钻石。很可惜，这么大的钻石并不贵重，因为它里面有黑色的杂质。圣日尔曼伯爵说："把钻石给我吧，几周后我还给您一颗没有杂质、没有黑点的钻石。"然后他做到了。没有人知道他是如何把钻石中的黑点去掉的，即使在今天，也没有人能做到这点。

显然，国王对圣日耳曼伯爵以礼相待，引起了蓬帕杜夫人和其他贵族的嫉妒和敌视——谁知道他是从哪里冒出来的，很可能也没有贵族血统，却深受国王的喜爱。

一天，圣日尔曼伯爵与国王独处时谈及法国。他说：“如果这场战争再持续几年的话，就会毁掉法国。遍地饥荒贫困的国土上，会发生革命和流血，甚至内战。陛下，您必须立刻停止与普鲁士之间的战争，才能使国家幸免于难！”

路易国王叹了口气，说：“蓬帕杜夫人和她的作战部部长都坚持继续这场战争，他们非常确信最终能获得胜利。而且，坦白说吧，我没有精力为此跟他们进行一场漫长的争论。我既然把政府这摊子事都交给她了，就不能随意更改。不管怎么说，他们让我省了不少麻烦。”

圣日尔曼伯爵继续说：“如果您不愿意公开违背蓬帕杜夫人的意愿，那么让我以您的名义，与普鲁士秘密和谈吧。一旦我能达成和平协议，蓬帕杜夫人和她的作战部部长就失去了目标，也许他们也会认识到这对各方都是个好事。”

国王半推半就地同意了，让圣日尔曼伯爵以他的名义秘密前往荷兰。荷兰是一个中立国家，圣日耳曼伯爵将在那里会见普

蓬帕杜夫人

玫瑰十字是兄弟会的标志

鲁士大使，双方共同洽谈法国和普鲁士之间的和平停战协议。

如果圣日尔曼伯爵的计划成功，法国历史，乃至整个欧洲的历史都有可能大不相同。但事情往往不会按照人的计划来发展。

蓬帕杜夫人和作战部部长派往荷兰的间谍汇报了圣日尔曼伯爵和普鲁士大使之间的秘密活动。蓬帕杜夫人直接找到路易国王，宣称自己已经知道国王在背后搞小动作，要求他对此有所解释。当路易十五国王说出了自己和圣日尔曼伯爵之间的秘密约定之后，她愤怒了："法兰西就要赢得这场战争了！根本没有必要跟普鲁士和平停战。法国绝对不能背叛盟友——俄国和奥地利。这个愚蠢的计划必须立刻停止。"

路易国王一如既往的软弱，他屈服了。信息传递到荷兰，圣日尔曼伯爵失去了法国国王的许可，没有权力再代表法国和普鲁士洽谈和平停战。会谈就此结束。这场战争又延续了四年，最终以法国的惨败结束。法国也因此陷入史无前例的贫困。

一如他当年突然现世，圣日尔曼伯爵一下子消失了。一年之后有人在伦敦见过他，然后他又销声匿迹了。没有人知道他去了哪里，又在何时何地离开人世。

他是来自玫瑰十字秘密兄弟会的使者，试图拯救法国于未来的苦难之中。但是一些人的嫉妒和狂妄，还有路易十五国王软弱的性格缺陷令他拯救法国的努力最终化为乌有。

23

卢梭、伏尔泰和贵族阶层

地理大发现开启了一个新的时代。在圣日尔曼伯爵的故事中，我们可以看到玫瑰十字秘密兄弟会试图引导新时代，使变革可以带来幸福而非混乱或灾难。但玫瑰十字秘密兄弟会没有士兵和权力，他们的想法不能靠强力执行，只能在有善意的地方才能发挥作用，所以圣日尔曼伯爵只能无功而返。

不过，玫瑰十字秘密兄弟会还可以用其他的方式去达成意愿，比如，为世界带来新思想。旧有的君权神授的观念注定要成为过去，只不过在某些国家会早点，在某些国家会晚点而已。如果旧有的思想消失了，新思想当然会随之而来。几个世纪以来，秘密兄弟会一直致力于给这个世界带来新思想。

有一位年轻的作家，他的名字叫让－雅克·卢梭（1712 — 1778），虽然他后来名扬世界，但在那时他还是个无名之辈。

当时，在巴黎的法兰西学院，汇集了法国最有学识的人。一次，学院发

让－雅克·卢梭肖像

法兰西学院和巴黎艺术桥。英国人托马斯·肖特·博伊斯作

起了一个征文比赛，主题为“文明之福”。参赛者要先描述生活在野蛮人的包围之下有多么悲惨，或者在上古时代自己的祖先可怜的穴居生活，然后再转而论述随着文明的进步，我们过上了更好的生活，因为我们有了住房、城市、各种发明，以及井然有序的政府管理。

当然了，法国的许多作家都期盼着能够参加这个征文比赛，不仅仅为了获得丰厚的奖金，更因为法兰西学院一等奖是一项极高的荣誉。让－雅克·卢梭也想写一篇参赛论文来赢得大奖，为此他冥思苦想该写什么，该如何写？他习惯于在漫长的散步中整理思绪。有一次他在散步的时候坐在路边的长凳上休息。这时，一个他之前从来没有遇到过的陌生人坐在了他的身边，两个人开始交谈起来。

在对话中卢梭告诉这个人，自己正在撰写主题为“文明之福”的论文。

Chapter 1

反抗

“好吧。”陌生人说，“我觉得，如果你从相反的角度去写，会更具有独创性。在你的论文里，你可以讲讲文明到来的过程中，人们的生活变得多么不自然，人造的痕迹比比皆是。人类的幸福并不来自文明的进步，而来源于与自然的和谐相处。人为的法令和规范，这些我们称之为文明的成果，难道可以与壮丽的山峦、绚烂的日出相媲美吗？如果你真正去了解所谓的野蛮人，会发现他们比那些所谓文明的国家里的人拥有更多的尊严、智慧和幸福。好好想想吧。”

说完这些话陌生人就走了，卢梭此后再也没有见过他。但是陌生人的话却如同一粒种子，在卢梭的思想深处扎了根。他根本没有去写关于“文明之福”的论文，但是他写了很多书，书中他盛赞那些未遭人类破坏的自然之美。

在卢梭之前，从未有人去写为了快乐而登山，或者享受林中漫步的惬意。而通过卢梭的著作，自然之美逐渐广为人知。

当然，卢梭也谈论政府。人需要国王吗？人必须服从国王吗？这符合自然规律吗？不，卢梭说，一个人的天赋权利不能被国王剥夺。所有的国王、皇室成员、贵族，以及一切特权阶层的存在都是违背自然的，而违背自然就意味着错误。

卢梭的著作越来越有名，法国有数以千计的人争相阅读他的书，很快就传播到欧洲其他国家，乃至美洲地区。这些书籍打开了人们的视野，他们开始对政府进行思考，而这种思考是前所未有的。

这一切都始于卢梭在散步时遇到的那个陌生人。这并非偶遇，那位陌生人应该是玫瑰十字秘密兄弟会成员，他们的使命是将人们引向新思想。

而卢梭并不是那个时代唯一的启迪人们思考的作家。法国的另一位时代伟人是伏尔泰（1694 — 1778）。伏尔泰智慧非凡，在书中他对法国的一切不平等现象、政府的各种谬误和贵族们的骄奢腐朽都做了辛辣的讽刺。

人们在读伏尔泰的著作时会情不自禁地大笑，笑的都是那些他们往日尊重的权威：国王陛下、贵族老爷，还有主教大人。人们笑了——在笑声中，他们对这些所谓权威的尊重也淡化了。不幸的是，伏尔泰在他的书中不仅仅嘲笑了腐朽的教会和缺德的牧师，顺带着连人们的宗教信仰也嘲笑了。通过读他的书，很多人对上帝产生了怀疑，甚至一些人开始与宗教为敌。

一如卢梭的著作，伏尔泰的著作在整个欧洲，尤其是法国，产生了空前的影响，使数以百万的人转变了思想。人们以另一个角度看待教会、国王和贵族。旧有的权威失去了光彩，新的光芒取而代之。人们开始在理性之光的照耀下审视他们的统治者。因此，这个时代称之为启蒙时代。在启蒙时代，人们讲求理性，凡事要问个为什么，国王及其朝臣贵胄生而为尊的日子从此一去不复返了。

让我们描绘一下那个时代的法国生活：

贵族阶层，或者叫特权阶层，包括公爵、侯爵、伯爵、男爵等，都过着轻松闲适的生活；在他们巨大的庄园里，有大量的农奴辛勤工作，好让主子们有钱过上够品位的生活。

你很难想象一个贵族会去做体力活或者经商。贵族可以成为国王的侍从，甚至是大臣，还有很多成为了军官。如果一个贵族去经营商店，或当了木匠，甚至当医生，都是有失尊贵的。无论如何，他们的庄园收入足以供他们开销，完全无须涉足这些行业。为了生活能更加甜蜜，所有的贵族都不用纳税。是平民百姓的税金让王室过上奢靡的生活，难怪这些王公贵妇们可以花大把的时间和金钱在穿衣打扮上了。

从 1700 年起，到往后的一段时间，贵族不再戴波浪式的假发，假发式样有了变化——先在脸颊两侧做出发卷，再在脑后扎成一条小辫，辫子上系一个大大的黑色蝴蝶结。

伏尔泰肖像。1778年2月，富兰克林拜访伏尔泰，并请他为自己的孙子本尼赐福，伏尔泰将手放在本尼的头上说："孩子，上帝和自由，记住这两个词。"

假发不再是自然的颜色，而是全部变成了白色。住宅里有专门的上粉室，在那里，仆人用香粉将主人的假发扑成白色。

那个时代，男士的服装十分艳丽，有蓝色的、黄褐色的，甚至还有粉红色的。脖领以及袖口处缀有上好的蕾丝花边，再配上一顶三角帽，一把长剑，这就是一个绅士的基本服饰了。

女士的穿戴更加讲究，头发高高地盘起，造型十分复杂。每天早上光是整理头发就要花费至少一个小时，还是在好几个仆人的帮助下才能弄好。她们的裙子都是巨大的，因为在裙子下面有一个膨起的裙撑，从胯部展开，形成一个宽宽的裙摆。

无论是绅士还是淑女，都以优雅的举止和风度为荣。男士没完没了地练习鞠躬礼，女士则不厌其烦地练习屈膝礼，好让自己的动作雍容美丽。

人们的一举一动都要经过训练。我们觉得很自然的说话、入坐或站立姿态，在他们看来可能是粗俗野蛮的。甚至连打喷嚏（后来也演变成一种风尚）

16 世纪以来，假发逐渐成为流行时尚，是有社会地位的人不可缺少的配饰。这些假发非常精致，除了用人的头发编制以外，也常用马毛、羊毛做材料。17 世纪男士的假发大都披散到肩部以下；到了 18 世纪，他们更喜欢用缎带绑起假发

擤（xǐng）鼻涕，也必须保持优雅。

尽管绅士们花费了大量心思在服装和举止上，他们却不是软弱可欺的，佩带的长剑也不仅仅是装饰而已。最细微的挑衅，无论是真实的还是想象中的，都会即刻引发一场决斗。

特权阶层的生活当然是非常幸福的，但对其他大部分人来说却并非如此。农奴的生活是悲惨的，他们什么权利都没有，甚至连离开领主的权利都没有。他们属于庄园，就像在其中生长的树木。他们住在低矮的土屋里，跟猪、羊、鸡住在一起。他们衣衫褴褛，根本没有机会接受教育。

然而，在特权阶层和悲惨的农奴之间还有一个中产阶级。这个中产阶级主要由自由职业者组成，他们试图改变这种腐朽而可耻的体制。

24

美国独立战争

我们已经了解了法国的三个阶级：贵族，他们拥有权力和特权，甚至可以不用纳税；农奴，他们没有任何权力和特权，生活贫穷，完全不受重视；在这两个阶级之间是中产阶级，或者资产阶级，他们主要生活在城镇地区，其中有手工艺者、木匠、裁缝、店主、商人、医生、律师等。

从另一个角度看，中产阶级十分向往贵族生活，尽管要承担很重的税收，他们毕竟也可以通过经商或手艺挣钱，而一旦有钱了，他们就会尽量模仿贵族的生活和举止。显然，他们是嫉妒贵族阶层的。

但是，中产阶级大多是受过教育的人。他们是卢梭和伏尔泰的主要读者群体，而通过读书，他们也能了解到整个法国社会体制是腐朽堕落的，甚至是愚蠢不合理的。在中产阶级和平民阶层中间，启蒙的思想逐渐变成了火药，只需一个火星来点燃，就能发出巨大的能量。

华盛顿穿越特拉华州。德国人伊曼纽尔·洛伊兹作

然而，第一次爆发却不是发生在法国，而是在遥远的北美。在那里，卢梭和伏尔泰的理论第一次被付诸实践。

在七年战争期间，英国站在普鲁士一边，与法国作战。英国在美洲的殖民地忠诚地组建了“老家”联盟，与法国在加拿大的殖民地部队作战。但是战后，英国殖民地兵团的忠心却没有获得相应的奖赏。

英国派往美洲的将军负责统帅各殖民地兵团，他们丝毫不掩饰对殖民地居民的歧视，直接称之为“殖民人”。有一位殖民地的军官，名字叫乔治·华盛顿，他勇敢善战，在战斗中积累了丰富的作战经验。他曾经想成为一名职业军人，但来自英国的同行对他，还有其他殖民地居民充满歧视，所以他在七年战争结束后离开了军队。退伍之后，乔治·华盛顿就在弗吉尼亚经营他的一个大农场。

但是，英国人对于殖民地居民的歧视也表现在其他领域。七年战争耗资巨大，致使国库空虚，所以英王乔治三世和英国政府决定增加税收，他们认为这是填充国库的唯一方式。

在英国工作、生活的人们为新的税收政策纳税理所应当，毕竟这是他们选举出来的议会，他们选举出来的政府觉得加税是不得已的措施。但在美洲的殖民地居民可不是这么想的。在伦敦的议会中没有美洲殖民地的代表，没有人能替他们说话，倾听他们的苦衷。于是他们申诉说，没有代表就不能加税。这个意思是说："如果我们在政府中没有说话的权利，那么我们就不会响应政府的号召纳税。"

美洲居民派出了他们中间最聪明的人去英国申诉他们应有的权利，他的名字叫本杰明·富兰克林。富兰克林出生于一个贫困的家庭，他所有的知识大多是自学

本杰明·富兰克林从天空中取电。英国人本杰明·韦斯特作

的。他读一本书的时候，会先读前面几页，然后合上书默写能记住的内容，再看看是否落下了什么内容。通过这种方式，他成为了著名的作家，并深得美洲同胞们的敬重。他对科学一样抱有十分浓厚的兴趣，进行了有关电的试验，并且发明了避雷针。美洲居民就是派了这样的一个人前往伦敦替他们说话。但不管是乔治三世，还是英国政府中的成员，都没有什么耐心倾听美洲的情况，于是富兰克林只能两手空空地回到了美洲。

富兰克林回来后不久就发生了一些事件，激化了殖民地和英国之间的矛盾。

殖民地居民大多数是英格兰和苏格兰人的后裔，都有着喝茶的习惯。所以当英国政府征收茶叶税的时候（又一次根本没有征求殖民地人民的意见），美洲人真的生气了。茶叶税虽然并不多，但这是个原则性的问题！

英国政府想让殖民地居民明白，如果政府觉得有必要他们就必须纳税，不管他们同意与否都得执行。美洲殖民地居民却想让英国政府了解，没有征得他们的同意，他们一个子儿都不会交。这对双方来说都是原则性的问题。

于是，1773 年的某一天，三艘满载茶叶的船只抵达北美的波士顿港。但是在卸货之前，一伙年轻人乔装成印第安人，偷偷溜上了船，把所有的茶叶都扔进了大海。美国人称此事件为“波士顿倾茶事件”。这不是一个简单的恶作剧，而是一场引发了战争的“恶作剧”。

英国政府派出军队进驻美洲，试图胁迫殖民地居民屈服，却适得其反。这个举动激励了殖民地人民为了自己的权利，奋起反抗。

殖民地居民在费城召开了大会，也可以说是国民大会，宣扬了卢梭天赋人权的理念。作为回应，英国政府派出了更多的军队。但现在美洲殖民地居民也开始武装起来，并且在马萨诸塞州的莱克星顿小城打响了第一枪。这场战斗是如此令人振奋，因为“英国正规军”被打败了！

战事迅速蔓延，美洲殖民地居民推选华盛顿作为总司令率领他们作战，

波士顿倾茶事件。版画，美国人纳撒尼尔·柯里尔作

毕竟他已经在之前的战斗中证明了他的勇敢和谋略。

同样都是说英语的人民之间互相杀戮，这实在是令人伤感。后来还有其他国家也加入了作战双方的阵营。德国军队来到美洲与英国人并肩作战，而来自法国的志愿军在一位贵族——拉法耶特的带领下支持美洲当地居民。

随着战争的发展，美洲本土居民决定，他们不再向伦敦政府要求公平待遇，而是应该完全独立，在美洲组建自己的政府。

1776 年 7 月 4 日，在费城参加会议的代表宣布，北美洲的英属殖民地

独立宣言。美国人约翰·特朗布尔绘

独立自治，美利坚合众国成立了。从此，7 月 4 日成为美国的一个国家节日——独立日，以庆祝《独立宣言》的发布。这是一个崭新的国家，不需要国王，不需要贵族；在这片土地上，所有人都有着平等的权利。他们相信天赋人权，并将自由选举出自己的政府和总统。

通过美国的《独立宣言》，我们可以看到启蒙运动的思想，卢梭和伏尔泰的理念首次得以付诸实践。

乔治三世和英国政府极不情愿失去美洲殖民地，他们继续着打击“殖民地人”的战争。但是，乔治·华盛顿将军把那些不专业的殖民地民兵训练成了新生的战斗力，可以打败训练有素的英国正规军；而拉法耶特领导下的法国志愿军一样能英勇作战。英国人无法战胜这些为了自由而战斗的人。

另外，在英国有相当数量的人，包括一些政府成员，对于美洲居民的抵抗充满同情。大多数英国人对于一场针对殖民地的战争提不起兴致，因为那里主要还是英国人的后裔，而且其中很多人在英国还有亲戚。于是，美国独立战争在进行了八年之后结束了。1783 年，双方缔结了和平协议，本杰明·富兰克林在和平协议上签了字。协议中，英国承认它的前殖民地从此作为一个完全独立的自治国度。华盛顿当选为新国家的第一任总统，新国家全名叫美利坚合众国。

关于人权的理念在美国独立战争中获得了第一次胜利。

25
路易十六和三级会议

在古代的时候，人们大多要听命于某位国王或者贵族，甚至连十字军也由贵族骑士或者国王带领。圣女贞德也许是第一位带领军队改变历史进程的平民领袖。然而在新时代，中产阶级中涌现出了许多伟大的人物：莱昂纳多·达·芬奇、哥伦布、伽利略。但是中产阶级不仅仅限于画家、航海家、科学家，他们还能培养国会议员和军队将领，先是英国的克伦威尔，再是一个多世纪之后美国的华盛顿和富兰克林。我们可以看出，一个由中产阶级或平民阶层创造历史的时代到来了。美国的独立战争就是平民阶层的胜利，是中产阶级拿起武器，为自己应有的权利奋勇作战的成功案例。

1774年，美国的独立战争正打得如火如荼，法国的路易十五国王驾崩了（蓬帕杜夫人在此之前已经去世）。法国人对于这位虚度一生的国王毫不挂怀——他从未担负起治理国家的责任。路易十五的儿子早逝，所以由他的孙子——年仅十九岁的路易十六即位为法国国王。

Chapter 1
反抗

1785 年，路易十六命拉帕鲁兹伯爵率领星盘号和罗盘号巡航舰在太平洋进行科学考察。国王还特意叮嘱拉帕鲁兹要宽厚仁慈，避免与考察地的百姓发生流血冲突

年轻的路易十六既不像伟大的太阳王路易十四那样雄心万丈，也不像路易十五那样耽于享乐，他是个相当不错的人，认真对待自己作为法国国王所肩负的职责。但是当时的法国已经深陷泥潭，除非一位天才式的国王横空出世，才能挽救法国于危难之际。路易十六显然不是个天才，他甚至算不上聪明。他唯一擅长的就是他的乐趣所在：做一名锁匠。他在凡尔赛宫里开辟出一个小作坊，一有空闲就钻进去，幸福地挥动铁锤制作铁锁。可惜的是，他这种“雅好”对于解决法国的困境没有任何帮助。

而他可爱的妻子也没办法帮到法国。王后玛丽·安托瓦内特是奥地利公主

玛丽·安托瓦内特与玫瑰

玛丽娅·特蕾莎的女儿。她美丽动人，热衷于服装、舞会，就是不太聪明。玛丽·安托瓦内特也有一个嗜好——在宫廷的各种仪式典礼和繁文缛节的间歇，享受一点点“自然”的生活。还有什么比这个更惬意的呢？你看，这时候卢梭的“自然”生活方式成了一种时髦，即使在贵族中间也是如此。

因此，王后命人在凡尔赛宫宽广的园林中建造了一座带牛棚的小农场，她和她的侍女们可以打扮成村姑的样子，到小农场唱着乡村小调给奶牛挤奶，过一下想象中的乡村生活。

可怜的玛丽·安托瓦内特根本不了解法国农民的真实生活——辛苦劳作，食不果腹，衣衫褴褛。她的游戏在农民们看来是在以他们的痛苦和贫困取乐，而这位迟钝的王后对此毫无察觉。

有这样一个故事（我不知道是不是真的），有一天，有人禀告玛丽·安托瓦内特农民们没有面包吃，所以发起了暴动。她很惊诧，说：“如果他们没有面包，为什么不吃蛋糕呢？”

Chapter 1
反抗

法国当时就处在如此昏庸无用的国王和王后的统治之下。

七年战争已经令法国资源殆尽，可以说是元气大伤。然后，法国又支持美国与英军作战，同样也耗资巨大，战后没有得到任何报偿。

劳动阶级，包括农民和中产阶层的赋税一再加重，已经到了无以复加的程度。而那些富有的贵族和主教们拥有巨大的财产却不用纳税。从中世纪起，教会和贵族就享受免税待遇。现在到了贵族和教会也要为国家税收做出贡献的时候，他们显然不愿意放弃自古就有的免税特权。

1788 年，法国的粮食严重歉收，紧接着是一个漫长而寒冷的冬季。反常的气候令法国陷入了一场前所未有的大饥荒。要解救成千上万的饥民，唯一办法就是从其他国家购买粮食。但是要买数千吨的粮食，钱从哪来？国库空虚，根本无力承担这笔巨款。

在此危急关头，路易十六本可以或本应该下令，让教会和贵族们纳税，但他没有采取这种激进的措施，而是召开了一次全体的国会：三级会议。第一等级是教会的主教，贵族们是第二等级，中产阶级是第三等级。所有三个阶层都派出代表参加了 1789 年在凡尔赛宫召开的大会。

路易十六希望通过这次大会，使三级会议的各方共同协商，找到出路，以便能解决法国人民当前所经历的饥荒困境。但唯一的答案只能是主教和贵族阶层放弃特权并且纳税——而这恰恰是他们最不想做的事情。会议期间有太多的争吵和辩论，但是最终一项协议也没有达成。

接下来发生的事情出人意料。第三等级的代言人们宣称，他们代表了全国 95% 的人口，是国家真正的代表，因此他们就是法国的议会，要为法国制定新的法律。

当然他们没用“议会”这个词，用的是“国民会议”，其实是一个意思。第三等级的代表直截了当地宣布，他们将不再征求国王、主教和贵族们的意见，要重新制定法律制度。

由平民组建政府，制定法律？路易十六可没料到在法国会发生这等事情。他下令解散三级会议，让议员们都回家。主教和贵族议员们都听从了命令，但代表平民阶层的第三等级议员们拒绝离开，他们说："我们是代表人民的意愿来到这里的，除非你的士兵用刺刀把我们赶走，否则我们绝不离开。"

换作其他的国王，大概就派兵镇压了，但路易十六没有。终其一生，他都尽量避免流血事件。他没有派出士兵，于是国民会议继续召开，完全无视他的命令。

与此同时，在离凡尔赛宫不远的巴黎，民众群情激昂。在广场上，在街

攻占巴士底狱

道上，时常有演讲者发表演说，鼓动数以千计的群众：如果国王派军队镇压议会，请大家勇敢地站出来，坚决支持自己的民意代表！

接着，突然间谣言四起，说国王已经派出士兵逮捕议会代表了！可以十分肯定的是，这些谣言就是那些试图以革命手段反对国王的人故意散布的。而这些谣言令狂热的人们陷入愤怒，变成一群大呼小叫的乌合之众。在一个公共广场上，一个叫卡米尔·德穆兰的年轻人跳上一张桌子，往天上开了一枪，高喊："拿起武器！市民们，为自由而战！"

如同风卷大浪，巴黎街头的人们蜂拥聚集，他们冲进枪械作坊，偷走了肉铺的刀，还洗劫了阿森纳，这里是法军的武器库。

显而易见，这群陷入疯狂、愤怒咆哮着的民众是被一些目的明确的人利用了。他们知道自己要的是什么，并且知道如何利用暴乱。这群武装起来的人们，潮水般涌向巴黎东部的一座巨大的监狱堡垒——巴士底狱。

负责看守巴士底狱的军官不想发生流血冲突。他提出可以打开大门，交出巴士底狱，但前提是保证他和他的士兵可以安全离开。他的要求得到了保证，但大门一开，民众们立即涌入城堡，无情地杀死了军官和他的士兵。然后，民众们欣喜若狂地释放了他们在巴士底狱中发现的七名罪犯。其中五个人是小偷，一个是疯子，还有一位先生，只有他声称自己是毫无缘由地被关进了监狱。

攻陷巴士底狱发生在 1789 年 7 月 14 日，它拉开了法国大革命的序幕。至今，这一天还是法国的国庆节。

26

自由、平等、博爱

法国大革命始于攻占巴士底狱，即一群陷入疯狂的民众，因为毫无依据的谣言，无端攻占了一座古老的要塞城堡。攻占巴士底狱是这场革命爆发的导火索，火药其实是卢梭和伏尔泰的思想。年复一年，他们的思想在人们中间传播开来，越来越多的法国人开始意识到君主制和贵族的统治是一个骗局，是旧时代的残余，毫无用处，应该被彻底清除。即使在贵族阶层，也有很多人对此颇为认同——他们也向往一个没有特权的新世界。

多年来，在法国形成了诸多致力于革命的秘密组织。这些秘密组织的成员既有出身名门的贵族，也有平民百姓、律师、医生和记者，他们走在了一起，共同谋划铲除所有虚伪的东西，包括王室、贵族体制和教会。他们还在秘密集会上发言说，随着清除国王和贵族的统治，新的秩序必将到来。

在他们讨论未来时，有三个词一次又一次被提及，这三个词将带来一个新的秩序，不仅仅适用于法国，还应该适用于全人类。首先使用这三个词的人是

Chapter 1
反抗

来自玫瑰十字秘密兄弟会的无名信使，这三个词是：自由、平等、博爱。

这三个词的含义如下：在宗教信仰、科学和艺术中，存在绝对的自由。在这三个领域中，每一个人都可以拥有自己的见解，以及用语言和文字来表达个人观点的自由。

人类不能过与世隔绝的生活，他们必然要在一起，互相联系，所以一定会有法律来规范共同的日常生活。但是这些法律必须是面向所有人的，不能对富人用一套法律，对穷人用另一套；也不能对聪明人用特殊的法律，对不太聪明的人又用另一套。法律面前，人人平等。

此外，我们还要工作。在工作中我们必须要互相支持，科学家在实验室里工作，离不开农民在地里耕种粮食，两者又都需要铁匠为他们制作工具。最终，没有一个人能脱离其他人独立存在，这时候就需要博爱，或者友爱。

我们的思想必须是自由的。在法律面前，我们要平等。而在工作中，友爱也是必须的。不管我们是否能够意识到，但事实就是我们需要他人，一如他人需要我们。

但是这三个概念：自由、平等和博爱，一定不能放错位置。一个资质一般的画家无法跟莱昂纳多·达·芬奇相提并论。另外，比如音乐，我对音乐的见解，没有必要因为要友爱他人而改变，甚至附和他们。自由、平等、博爱要各安其位，如果张冠李戴就会带来混乱。

这就是这三个理念原本的含义——在推翻旧有的王权之后，要依据这三个方面建立一个新的秩序。但随着时间的流逝，这三个词的本来意义已经被忘记了。然而那些法国大革命的谋划者，当他们聚集在一起谈论自由、平等和博爱时，丝毫没有顾及到这三点所属的领域。

就是这样的一群革命者，以虚假的传言在1789年7月14日鼓动狂热的群众，攻陷了巴士底狱，拉开了法国大革命的序幕。

就是这样的一群革命者宣言说，全世界的人类和所有的国家，都不应该再由国王或者贵族来统治，要以自由、平等和博爱来管理国家。

这三个词意义非凡，对广大民众来说，宛若干涸的大地喜遇甘霖。他们一说到这三个词就欢呼雀跃；他们将这三个词写在旗帜之上。但是没有一个人去认真思考三个词的真实含义，更别说它们在生活中的位置如何了。因此，法国大革命充满希望地开始了，但过程却实在艰辛而痛苦。

国民会议现在全部是平民大众的代表了，他们都无视路易十六，自行颁布了新的法律。新法律仍然承认国王的存在，但他只能做人民的公仆，没人再去理会他的个人意愿。

按照新的法律，教会和贵族阶级从此与城市平民和农民一样都要纳税。法律还规定，每一个人都有自由去宣讲或撰写自己所相信的真理。

国民会议制定的这些法律就是著名的《人权宣言》，在巴黎、在法国、在全世界热爱自由的民众

《人权宣言》写于1789年，宣称“人人生而自由，权利平等”。它以卢梭的理论和美国《独立宣言》为基础，旨在倡导法国大革命前被独裁君主政治所摧毁的自由

1789 年 10 月，妇女进军凡尔赛宫

之间都产生了巨大影响。

而在国民会议的议员们制定出这些明智而公正的法律之前，巴黎暴徒——那些受到唆使和煽动的民众，开始搜捕那些因旧时代的所作所为而受到憎恨的人：曾经虐待仆人的贵族、曾经态度恶劣的收税官等。一旦抓住这些人，就会把他们吊死在街道两边的路灯柱上。

在农村地区，成群结队的农民烧毁了贵族的房屋和城堡，杀死了贵族全家，甚至杀死那些依旧效忠于主人的仆人。

那些能够逃命的贵族是幸运的。他们乔装打扮成平民逃到了意大利、德国和英国。路易十六的许多廷臣都逃亡了，包括他的两位兄弟。

然而，无论是国民会议颁布的睿智的法律条文，还是农奴们的暴动，都无助于解决食物短缺的问题。在这个决定性的 1789 年 10 月，巴黎人陷入了饥荒。谣言再次把罪责归咎于国王。贫民区饥饿的暴民手持长矛大刀，一路游行走到了凡尔赛宫。白天他们只是在宫殿之外呐喊尖叫，一等夜幕降临，

17 世纪的杜伊勒里宫

他们就冲进了皇宫。王后玛丽·安托瓦内特刚好及时逃离了房间，侵入者冲了进去，以为她还在床上，随即用弯刀把她的床砍成了两半。

最终，暴民还是被守卫皇宫的国家卫队赶了出去。这支军队类似于警察，受命于拉法耶特，他是美国独立战争中的英雄，非常受人爱戴。

但是暴民们还是不肯离去，他们要求国王和整个王室成员跟他们到巴黎去，亲眼看看老百姓受的什么苦。

为了避免流血，国王同意了。于是，他和妻子还有孩子上了一辆马车，在一群暴民的簇拥下离开了凡尔赛宫。此后，他们再也没能回来。

游行的队伍在途中遇到了运送面粉去巴黎的车，这令饥民们十分兴奋，他们大声喊着说："我们把面包师和他的老婆都带回巴黎！"

路易十六回到了巴黎的旧宫殿——惨淡的杜伊勒里宫。自从路易十四建造了凡尔赛宫之后，这里就一直荒弃着。过了几天，国民会议也从凡尔赛迁到了巴黎。

法国大革命的后续事件都发生在巴黎。

27
杜伊勒里宫

当国民大会，即法国的议会搬到了巴黎，它就分裂为两派：一派是共和党人，希望法国能成为共和国，就像美利坚合众国一样，不再需要国王或女王；另外一派认为，法国最好还是保留国王，但他只能服务于人民的意愿，或多或少与英国的情况类似。

只要许多议员想在法国实行君主立宪制，国王就是安全的。只有一件事会威胁到国王的生命安全，那就是他试图逃离法国。

一些逃亡到德国和奥地利的法国贵族正忙于组建一支小规模军队，想要打回法国，但这并不构成任何威胁。然而，奥地利的皇帝利奥波德二世，作为玛丽·安托瓦内特的哥哥，他也在召集军队进攻法国，以便搭救他的妹妹。普鲁士国王腓特烈·威廉二世也在召集部队，准备入侵法国。法国发生的一切已经严重影响到了其他国家的王权和贵族的统治，他们想在法国大革命的思想传播到他们国家之前就将其扼杀。强大的敌人已经虎视眈眈，如果路易十六试图逃亡并加入到法国敌人的阵营，就会被视为一个叛国贼，这意味着他作为一个法国人，却要站在奥地利和普鲁士一方反对自己的人民。

那些支持法国君主立宪制的议员们警告国王，千万别试图叛逃，一旦他出逃不成被抓住，不仅性命不保，也会成为那些曾经支持他的议员的敌人。

路易十六显然不是个聪明人。虽然有人反复告诫路易十六千万不要逃跑，但他并没有接受这个明智的建议。当身边仅存的旧臣告诉他，已经为他全家安排了出逃，他同意了。

于是，在 1791 年 7 月 20 日的半夜，路易十六一家偷偷溜出了杜伊勒里宫，钻进了一辆由六匹马拉着的马车。经过一整夜的奔波，第二天，马车已经穿过法国，离边界越来越近。

中午时分，马车途经一个小村庄，有位名叫德洛内的青年看到了马车内的乘客。数年之前，他曾经在巴黎当过兵，见过国王路易十六。此刻，他认出马车里的乘客正是国王本人。他立刻上马，从树林中抄小路，赶到了下一个村子。那里的村长立即行动起来，用农场的运输车将道路封堵，拦下了国王的马车。马车一停下，立刻被手持干草叉的农民团团围住，皇室一行只能下车，束手就擒。等政府军赶来，他们又踏上了返回巴黎的悲哀旅途。

这次失败的逃亡表明法国人民不再爱戴国王。随着出逃事件的传播，法国人开始敌视国王，将他视作一个叛国贼——国王竟然想加入法国敌人的阵营。

一天，将近两万的暴民受到煽动者的挑唆群情激愤，陷入了疯狂，他们冲进了巴黎杜伊勒里宫的花园。花园里的卫兵不知所措，忘记了驱赶他们，任由这些暴民穿过花园冲入了皇宫。

皇宫里的士兵可不一样，暴民们现在遇到的是国王的亲兵卫队，都是精心挑选过的瑞士雇佣兵，这些人都曾经立下神圣的誓言要保护王室。瑞士卫

攻打杜伊勒里宫。让·杜普莱西斯·贝尔托绘

队拔出了宝剑，准备与入侵者作战，但就在这个时候，国王出现了，他说："放下剑，在法国人面前，我没有什么可害怕的。"

面对如此镇静的国王，暴徒们震惊了，感到十分不自在。他们都戴着红色的帽子，这是狂热的共和党人的象征。其中一名暴徒将帽子递给了国王，国王拿过来戴在了头上。这些人开始欢呼，他们请求王后和王子也能戴上这顶"自由之帽"，等要求得到满足，他们离开了皇宫，并且规劝外面的暴民都回家去。国王的镇静和尊严制止了一场卫兵和暴民之间的冲突。

法国军队的一位年轻军官和他的朋友一起旁观了这场闹剧，在暴民冲入王宫花园的时候，他对他的朋友说："你知道吗，只用一发炮弹就能让这些人滚蛋！"这位年轻军官的名字叫拿破仑·波拿巴。日后他将成为法国的皇帝，一位从来不会像路易十六这样担心流血冲突的皇帝。

戴着“自由之帽”的路易十六

暴民对王宫的冲击极大震惊了法国之外的人，对待国王可以用这样的方式吗？

一位普鲁士王子——不伦瑞克公爵，被彻底激怒了，他警告法国说：“如果再有针对国王和王后的任何暴力行为，奥地利和普鲁士的军队将横扫法国，让法国人为他们羞辱王室的行为付出血的代价。”如果尊贵的公爵以为他的警告会吓倒法国人民，他真是大错特错了。所有的法国人，甚至包括那些对国王和王后比较友好的人士，都觉得这一警告有辱法国的荣誉。外国人真以为法国会惧怕他们吗？无论是对普鲁士还是对奥地利，只有一种方式表明法国毫无畏惧——那就是对他们宣战！

于是，法国根本没有给奥地利和普鲁士任何入侵的机会，反而先向他们宣战了。

Chapter 1
反抗

对于在巴黎的暴民来说，国王和王后才应该对爆发战争负责，毕竟那些敌人是他们的朋友。例如奥地利的皇帝、普鲁士的国王，还有不伦瑞克公爵，正是这些人将战争强加于法国。

暴民又一次冲入杜伊勒里宫，高喊着要让国王和王后血债血偿。这一次，国王及时得到通知，他和家人在王宫里已经不安全了，暴民们将毫不留情地杀死他们。但是能去哪里呢？这些暴徒唯一不会冒犯的地方就是国民会议了——毕竟是法国人民的会议呀！于是王室成员秘密地前往国民会议寻求庇护。

忠诚的瑞士守卫们并不知道国王和王后已经离开了。当暴民叫喊着冲入王宫花园的时候，瑞士守卫开枪射击，阻止了暴民继续前进。

已经栖身于国民会议的国王获悉，他的护卫竟然对法国人民射击，他非常震惊，立刻派人送信给瑞士护卫队，要求停止战斗。

瑞士士兵曾经发誓要效忠于国王，他们恪守诺言，停止了射击，收起了宝剑。但是对于暴民来说，这似乎是再次攻击的信号，结果他们冲进了王宫，杀死了所有的瑞士卫兵。这些士兵死于自己的诺言，他们根本没有进行抵抗。入侵者踩着他们的尸体冲进了王宫，洗劫了王宫，喝光了

从 15 世纪起，瑞士各地政府开始大规模养兵，供诸国雇佣，从而造就了名震欧洲的瑞士雇佣兵，如今梵蒂冈教皇的“保镖”便是来自瑞士的卫兵

逮捕路易十六及其家人。英国人托马斯·福尔肯·马歇尔作

在壁橱里找到的美酒。

如果国王和王后认为在国民会议可以获得安全庇护，那就太天真了。在国民会议，国王的敌人共和党人占了上风。他们通过了一项法律，宣布废除君主制，法国成为一个共和国，然后逮捕了所有的王室成员，把他们关押在一个阴冷潮湿的监狱里。这所监狱叫“圣殿”，因为曾经它是一座属于圣殿骑士团的城堡。

曾经，有一位法国国王结束了圣殿骑士的辉煌；现在，圣殿骑士的城堡看着最后一位法国国王没落。

知识小贴士

圣殿骑士团，全名“基督和所罗门圣殿的贫苦骑士团”，是中世纪天主教的军事组织，乃著名的三大骑士团之一。其成员称为“圣殿骑士”，特征是在白色长袍上绘有红色十字，他们是十字军中最具战斗力的人。1312年法王菲利普四世施压解散了该组织。

28
丹东、罗伯斯庇尔和马拉

1792 年，面对不伦瑞克公爵的战争威胁，法国人对普鲁士和奥地利抢先宣战。但是普鲁士和奥地利为此已经长期备战，他们有八万名正规军，再加上两万名法国逃亡贵族和他们的追随者组成的军队，他们急切地想杀回法国，夺回自己失去的财富和特权。这支庞大的联军攻入了法国，领导者就是法国大革命的强烈反对者——不伦瑞克公爵。

而最先宣战的法国其实根本没有准备好，只有一小部分训练有素的军官和士兵，根本不能指望他们能阻止联军向法国内地的推进。

此时的法国，大军压境，俨然一派未战先负的局面，而那些草率宣战的国民会议议员现在都吓得发抖了。在这危急时刻，一位议员勇敢地站了出来，拯救了法国，他的名字叫乔治·雅克·丹东。

丹东是一位伟大的演说家，他的演说感人至深。他激动人心的演讲首先鼓舞了其他议员，令他们重新激起了法国人的荣誉感。然后，丹东号召法国

乔治·雅克·丹东

人志愿参战，为了伟大的理想，为了自由、平等和博爱作战。成千上万的法国人响应了他的号召，加入了为法国、为理想而战的行列。

一天夜晚，在靠近德国边界的斯特拉斯堡，一群法国军官在酒馆聚会。远处可以听见普鲁士人的枪声，他们即将跟敌人决一死战，但没有人胆怯焦虑，大家反而十分兴奋。他们互相打趣，时而大笑，时而畅饮。

其中一位名为鲁热·德·利尔的军官非常喜欢音乐，并且曾经写过几个曲子。这时，一位朋友对他说："我们听过你写的美妙曲子，关于春天，关于爱情，但今晚我们希望听到进行曲，一首专为那些与叛国贼作战的战士所写的歌，为自由而战的歌。"

鲁热·德·利尔想了一下，回答说："是的，在我脑海里涌出了这样的曲子和歌词。请原谅，我要离开聚会一阵儿……回房间，看看能不能把它写出来！"

黑夜沉沉，烛光摇曳，远处传来枪炮声。几个小时过去了，鲁热一直在房间里创作。他先在小提琴上试奏几个小节，然后再记录下来。早上太阳升起的时候，他的歌曲也已经写好。他为朋友们演唱此曲，大家报以暴风雨般的欢呼。是的，这就是他们想要的战歌。第二天，这些军官就带着他们的军团唱着战歌，奔赴前线了。

这首歌是在斯特拉斯堡创作的，然而一周之后，在距此约 800 千米之遥的马赛城，一家当地报纸全文刊登了这首歌的歌词和曲谱。马赛地区参加战斗的志愿军非常喜欢这首歌，所以他们将其作为他们的进行曲。

来自马赛的志愿军奔赴巴黎，当他们抵达这座城市的时候，巴黎人民第一次听到了这首歌，也非常喜欢它，称之为“马赛之歌”，这就是《马赛曲》的由来。后来，由鲁热·德·利尔作词谱曲的《马赛曲》就成了法国的国歌，直到今天。

这首歌激励着法国的志愿军——他们未曾接受过正规训练，却要去面对欧洲最精良的正规军。这首歌让他们无所畏惧，充满勇气，去迎战外国入侵者。

普鲁士和奥地利的士兵将这些未经训练、装备简陋的志愿军称为“乌合之众”。然而，志愿军竟然唱着歌走向战场，冲进枪林弹雨，还攻下了普军严守的阵地。当法国人整团阵亡时，新的军团马上会重新集结准备死战。这种情形真是前所未有的，令普鲁士和奥地利那些久经沙场、冷酷无情的士兵们震惊不已。

普鲁士士兵和奥地利士兵都不是懦夫，但是他们参加战斗大多是出于服从军令，而不是为了理想或信仰而战。而这些不曾经过训练的法国青年——他们年纪轻轻，有些才十五六岁——却拥有强大而坚定的信仰。他们英勇战斗不仅仅为了法国，也为了那个启迪全人类的理想——自由、平等、博爱，这就是法国志愿军的精神。最终证明，坚定信念的力量比训练有素的普奥联军更加强大。

入侵者抵达了瓦尔密，这里离巴黎只有 200 千米。但就是在瓦尔密，装备简陋的法国新兵军团重创了训练有素的不伦瑞克公爵军团，入侵者只得放

瓦尔密战役。法国人贺拉斯·韦尔内作

弃阵地，仓惶撤回了德国。1792 年的瓦尔密战役可以说是历史上最著名的战役之一，可以与温泉关战役、黑斯廷斯战役相提并论。这场战役的胜利向全世界表明，法国大革命的精神是不可能被武力征服的。

1792 年法国迎来了《马赛曲》的诞生，迎来了瓦尔密战役的胜利，入侵者被打败了。但是，同样是在这一年，也发生了许多以自由、平等和博爱的名义而犯下的可悲和可怕的事。

当普鲁士和奥地利的军队逼近巴黎的时候，国民会议中那些狂热的共和党人认为所有滞留在法国的贵族都是一种潜在威胁，他们可能会偷偷摸摸地通敌叛国，于是下令处死他们。短短四天时间里，有两千多名无辜的人被逮捕和枪杀。

其中一位议员约瑟夫·吉约丹医生觉得绞杀和用斧头砍死这些贵族的方式不够人道。于是他发明了一种简单又高效的装置。他用一个小模型向议员们展示了这个发明：在两根柱子之间有一个沉重锋利的铡刀，铡刀由绳索控制，用它砍头比斧头更快、更准。

吉约丹医生说："这个装置甚至可以在你还没有感觉到的时候就把你的头砍下来。"议员们听了大多笑起来，却没料到他们自己将会亲身去验证吉约丹医生的话是否正确。这个装置就以吉约丹名字的含义被命名为"断头台"，并自此在法国成为处决罪犯的主要工具。

1792 年，是辉煌和耻辱共存的一年——瓦尔密战役的辉煌胜利和谋杀贵族的耻辱共有。而 1793 年，这一年只能称作疯狂的一年。

易怒、狂热的共和党人占据了国民会议的领导位置，自称为"雅各宾党人"。因为他们的总部所在地曾经是圣雅各教堂的大厅。但是你们将看到，雅各宾党人，这些狂热的共和党人对于教堂、宗教和圣人毫无敬意。

这些狂热的共和党人有三位领袖，其中一位就是丹东，即以他卓越的口才鼓舞起法国人的爱国热情和荣誉感，战胜了外国入侵者的演讲者。丹东是一个名副其实的巨人，他又高又胖，声如雷鸣。如果你们看到他泛着红光的大脸庞和圆滚滚的大肚

恐怖的断头台。在恐怖统治期间有 18000 人到 4 万人被处决，这幅英国漫画讽刺了法国大革命的过度血腥

子，就立刻会知道这是个对生活、佳肴和美酒都充满热情的人。如果丹东活在 150 年前的英格兰，倒是会在骑士党中如鱼得水呢。

雅各宾党人的第二位领导者是马克西米连·罗伯斯庇尔。他跟丹东可以说截然不同，是一个矮小、干瘦的人，脸色惨白甚至有些发绿。他说话的声音就像磨锉刀一样干涩，但他的头脑可以说是全法国最狡诈的。这个脸色苍白、聪明的小个子不像丹东那么贪嘴。除了水，他什么都不喝，吃饭也极其简朴，而且吃得很少。罗伯斯庇尔可以成为一个优秀的清教徒，但是只能是那种完全没有任何情感的清教徒。终其一生，罗伯斯庇尔没有爱过什么人，更别说能有什么爱好。

雅各宾党人的第三位首领是让-保尔·马拉。他是一个具有天赋，却一点也不诚实的记者。马拉是最早发现报纸拥有民众影响力的人之一。报纸可以无中生有，编造出民众的观点，而且大众有时候根本分辨不清，所谓“自己的观点”其实不过是报纸灌输进他们头脑的。马拉办的报纸叫《人民之友》，在巴黎暴动群众之间非常受欢迎。人们全盘接受着马拉印制的各种谎言，把这些充满歪曲和夸大其辞的文字，当作福音书的真理。

罗伯斯庇尔

这三个人：丹东、罗伯斯庇尔和马拉，作为雅各宾党人的领袖，在疯狂的 1793 年，法国的命运就握在他们手中。

29 恐怖统治

丹东、罗伯斯庇尔和马拉，这三位雅各宾党人的领袖在那个充满疯狂的1793年掌握着法国的命运。这三个人，每一个都可以说是对大革命伟大信念的一种讽刺和扭曲。丹东以他的雄辩术玩弄着大众对自由的热情；罗伯斯庇尔利用，或者说滥用人们对平等的渴望达到自己的目的；马拉和他的《人民之友》，貌似是为了增进人民之间的友爱和团结，实际却激发了他们残忍的一面。

对“自由、平等、博爱”扭曲的第一步表现在对国王路易十六的处置上。丹东、罗伯斯庇尔和马拉以叛国罪的名义宣判国王死刑。而在国民会议的表决中，这项判决是以387票同意，334票反对通过的，仅获得53票的多数。

1793年1月21日，15000士兵在街道两旁排列整齐，一辆两轮车载着国王驶向一个大广场，在那里，断头台已经准备就绪。巴黎人倾城而出，围观国王的死刑，窗户前甚至房顶上都挤满了人。

作为国王，路易十六的头脑可能过于简单了，但他确实不缺少勇气。直到最后一刻，他都保持着平静和无畏。他庄重地走上断头台的木质台阶，在俯身于断头台之前，他想对法国人说最后几句话，但是一如英国处死查理一世的时候，士兵们敲打着鼓，掩盖了他的声音。

国王只好跪下来，将自己的头放在了铡刀之下。铡刀落下，他的头落在了一个篮子里。刽子手举起国王的头颅，高喊："共和国万岁！"人们回应："共和国万岁！"人们把他们的红帽子扔向了天空，围绕着断头台且歌且舞，唱的是一首新的流行歌曲，叫《会过去的》！

路易十六并不是一个坏国王，但由于前任国王路易十四和路易十五的自负和愚蠢，让他付出了生命的代价。当然还有凯瑟琳·德·梅第奇，她竟然妄想能用圣巴托洛缪夜的大屠杀这类方式，能够永远地保护住王权。

1793 年 1 月，路易十六被处决。同年 10 月，王后玛丽·安托瓦内特遭到同样的命运。当年仅 37 岁的她走上断头台时，满头的金发已经全部变得雪白。

他们的儿子被送给一个雅各宾派的鞋匠抚养，他虐待这个孩子，不仅经常让他挨饿，还常常毒打他。在熬过两年非人的生活之后，这个可怜的孩子也死了。

在处死国王和王后的这一年，丹东、罗伯斯庇尔和马拉把持的国民会议通过了一部又一部的法律，所有的法令只能用"疯狂"两个字来形容。

一条法令废除了公历，将起始年从基督出生的公元元年改为法兰西共和国的建立年，即 1792 年。也就是说，1792 年成了第一年，1793 年成了第二年，以此类推。这还不够，他们又将一年分成 10 个月，每个月 36 天，一年不再是 12 个月了。

他们还废除了所有的宗教信仰。教堂和修道院都被洗劫一空，关门大吉。

1793 年，路易十六走上断头台，查尔斯绘

人们不应信仰基督教，而应该崇尚“真理”。在巴黎的一个盛大的仪式上，一位美丽的女演员身着罗马式的服装，以“真理女神”之名现于众人面前。那一天天气阴冷，可怜的“女神”第二天就生病得了肺炎。

男爵、公爵和领主等所有的头衔都被废除了，甚至连“先生”和“女士”之类的礼貌用语都不能说。人们之间相互称呼为“公民”或者“女公民”。

为了彻底清除对王权的记忆，之前所有国王和王后的遗体都被从坟墓里挖出，扔到生石灰里彻底销毁。甚至连扑克牌都得改变，国王、王后和骑士变成了自由女神、平等女神和博爱女神。

国王的处决和这一系列愚蠢的法令，震惊了法国之外的世界。英国、奥地利、西班牙和意大利都对法国宣战。甚至在法国内部，也有整个省份或城市，如里昂、土伦等，掀起了针对巴黎狂热者的武装反抗。

法国现在可以说是内外交困，外有强敌，内有叛乱。在这样绝望的困境下，作为领袖的丹东、罗伯斯庇尔和马拉决定首先要肃清法国内部的敌人。马拉在他的报纸上写道："在法国内部隐藏着 20 万内奸，他们必将死亡。20 万颗头颅落地将最终拯救共和国。"

在诺曼底省的一个小镇康恩，一位年轻的女孩夏洛特·科黛每天都读马拉的报纸。她是一个彻头彻尾的共和派，她对自由、平等和博爱的理念深信不疑，但她认为将 20 万法国同胞宣判死刑是不对的、是邪恶的。她感觉这个叫马拉的男人是一个嗜血的怪物，绝不能让"它"扭曲法国人的思想。

这位年轻漂亮的女孩本可以在诺曼底小镇过着幸福的生活，此时她却有了一个可怕的想法：她要为了法国的安宁刺杀这个魔鬼马拉。这是她的使命所在。

夏洛特·科黛精心策划了她的行动。众所周知，她是一名热诚的共和派，因此马拉对她的来信毫不怀疑。她在信中说她发现了一个反对政府的阴谋，准备去巴黎面呈这些邪恶的阴谋分子的名单。寄出这封信后，夏洛特·科黛就出发去了巴黎。

此时的马拉正罹（lí）患皮肤病，全身都是奇痒难忍的红色斑点，只有浸泡在热水中才能有所缓解。那个时代还没有浴室，所以马拉在卧室里弄了个小浴缸，只够他能坐在里面。他经常在这个小小的浴缸里坐上几个小时，甚至就坐在里面写他的报纸文章。

当夏洛特·科黛抵达马拉的住所时，看门的人不让她进去，告诉她说马拉正在洗澡。但是这个女孩说："告诉他，夏洛特·科黛来了。情况紧急，法国正处于危难关头！"

夏洛特·科黛刺杀马拉

当马拉听说是夏洛特时，想起了她写的那封信，就说："好吧，如果她不介意看到我正坐在浴缸里，就让她进来吧！"

当她进门后，马拉透过层层水雾看着她，然后他说："好吧，让我来看看你发现的那些叛国者的名单。"

夏洛特·科黛开始口述一份名单，而马拉则把它记录下来。这时，她从衣服下面抽出一把利刃，冲上前去，猛地将刀刺进了马拉的胸膛。马拉的惨叫声引来了外面的人，他们抓住了夏洛特·科黛，并把她关进了监狱。

在审讯席上，她说："我杀死了马拉。因为他这样的人才是自由的真正敌人。"然后，她平静地走向了断头台。

刺杀马拉的案件激怒了另外两位雅各宾派的领导者丹东和罗伯斯庇尔，并让他们惊恐不已。丹东近乎咆哮地宣称："处死所有的贵族！处死不忠的共和派！只要说一个词有违共和，就得处死！”而罗伯斯庇尔则用他那单调、刺耳的声音发表了两个多小时的演讲，主要内容是如何做一名好市民。最后，他宣读了一份长达数百人的名单，说所有这些人都不是合格的公民，为此他非常遗憾地宣判他们死刑！

1793年到1794年这段时间被称为“恐怖统治”时期，在此时期，马拉的遗愿变成了现实，数十万人被砍头。

首先是那些还待在法国的贵族，即使他们是共和派，甚至是雅各宾党人，此时也在劫难逃。他们生来就带有贵族的头衔，这一点就足够判处他们死刑了。

然后是那些对国王的遭遇有所同情或者惋惜的人，他们一样被判处死刑。真可谓，一言之误就要命丧黄泉。

一个士兵酒醉之后大喊：“无论是共和制还是君主制，法国都是一个伟大的国家！”于是，他立刻被捕，人头落地。

接着就轮到那些对处决路易十六投过反对票的议员了。尽管他们曾经忠于共和国，但是同情国王就死有余辜。这些人一边唱着《马赛曲》一边赴死。

还有那些牧师、修道士和修女，他们所在的教堂和修道院都遭关闭，他们也被当作共和国的敌人送上了断头台。

这个时候，丹东，那个伟大的丹东，连他自己都厌倦了血腥的杀戮，他请求议员们不要再处决更多人了。但罗伯斯庇尔正等着他这样做呢！罗伯斯庇尔乘机控告丹东和他的朋友是叛国者。于是，丹东也被宣判死刑，上了断头台。

现在好了，清教徒罗伯斯庇尔成了法国的主人！他是平等忠实的信徒，认为一个人比别人聪明的话就是有害于平等本义的。所以那些优秀的法国人必须被处死，包括一位世界闻名的法国科学家拉瓦锡。最后，连他的朋友和

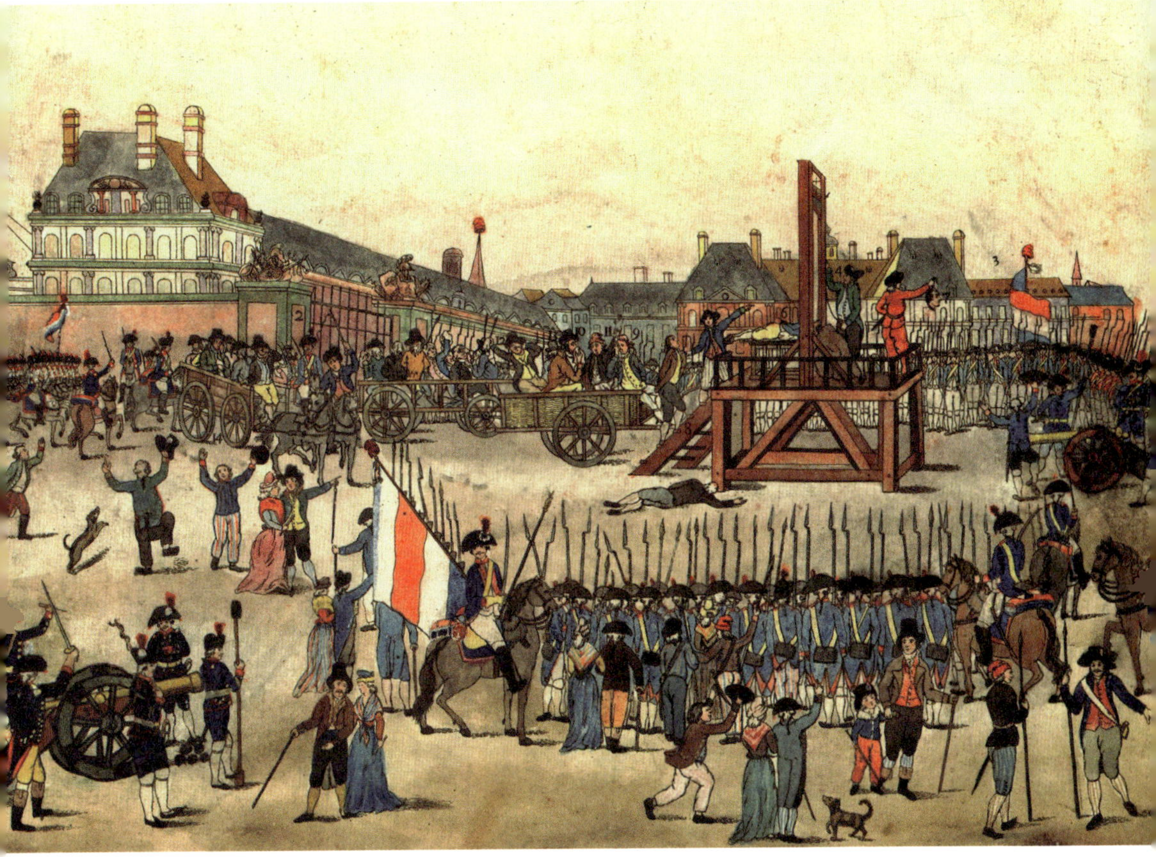

罗伯斯庇尔被处决

追随者都开始担心自己的生死了。于是他们乘其不备，突然逮捕了罗伯斯庇尔，并宣判他犯有叛国罪。1794 年，在罗伯斯庇尔被送往断头台的途中，人们对他不停地咒骂和吐痰。伴随着罗伯斯庇尔之死，“恐怖统治”结束了。一群温和派接管了法国政府，被称为“督政府”。

30
拿破仑

罗伯斯庇尔当然是一个冷酷无情的家伙，但他完全忠实于自己的信仰，并毫不动摇地以他疯狂的方式为法国“造福”。他深信自己作为法国公仆，已经做到完全奉献于国家利益。然而那些推翻他的人，那个名叫保罗·巴拉斯的律师及其朋党，却没有这样无私的情怀。他们只是出于对自己性命的担忧，而结束了“恐怖统治”，而一旦他们掌握了政权，成立了督政府，就开始利用职权发家致富。

在督政府看来，目前局势相当稳定。法国军队平息了发生在各省份，以及里昂和土伦的叛乱，数千名叛乱者被处死，督政府不必担心在这些省份还会发生新叛乱。在巴黎，他们处死了罗伯斯庇尔和其他一些狂热的雅各宾党人。从这个角度看，他们也无须忧心。而国外的那些敌对势力，比如英国、意大利、奥地利这些国家，对于瓦尔密战役的失利还心有余悸，不敢轻易再起战端入侵法国。

Chapter 1
反抗

二十三岁的拿破仑

对于巴拉斯这伙人来说，一切都进展顺利，正好借此大好机会聚敛财富。但世事难料，1795 年的农业收成很差，紧跟着又是一个漫长严寒的冬天；食物供应不足，面粉的价格飙（biāo）升，穷人们买不起面包。于是，巴黎人民重操旧事，又发起了暴动。

但督政府显然不能容忍在巴黎发生任何骚乱。于是巴拉斯一伙想起了一位年轻的将军，他已经展示了平息处理骚乱的卓越能力，就是他率领法军粉碎了土伦的叛乱。于是巴拉斯委派这位大有前途的军官率军驱散在巴黎的暴徒，这位年轻将军的名字叫拿破仑·波拿巴。

波拿巴将军以他的方式为巴黎带来了和平与秩序。他的军队在夜晚进驻巴黎，在杜伊勒里宫的花园周围部署了四十门大炮。

第二天一大早，暴乱分子出动了。他们从贫困的巴黎郊区涌入市中心，聚集在杜伊勒里宫的花园内，并且高喊着口号："面包，面包，给我们面包！"当人群高喊口号、渐渐靠近士兵的时候，波拿巴将军大声警告那些走在前面的人。然而，他们还以大笑——谁敢向巴黎人开火？无论如何，他们才不会受这个小矮个的摆布，只管继续向前。当他们再往前靠近的时候，波拿巴命令："开火！"大炮齐发，拥挤的人群大片倒下，只一次齐射就让数百人当场毙命，其他人作鸟兽散。

波拿巴将军就是当年那个目睹暴民洗劫杜伊勒里宫的年轻军官。那个时候他曾对战友说过：一发炮弹就能把他们轰走！他说到做到。就这样，他为巴黎带回了秩序。

巴拉斯和他的朋友们对波拿巴将军非常感激，但也不想让这位冷酷无情且野心勃勃的年轻将军留在巴黎，甚至不想他在法国待着，所以就任命他为法军在意大利军团的司令。在意大利，波拿巴展现出了卓越的军事才能，首次令他跻身于历史名将之列。

拿破仑·波拿巴出生于地中海的科西嘉岛。科西嘉人实际上算是意大利人，他们的方言应该是意大利语的一支，但是法国从意大利手中购买了科西嘉岛，于是科西嘉岛成了法国的领土。拿破仑生于1769年，当时还是路易十五和蓬帕杜夫人掌管着法国。波拿巴家族是一个大家庭，拿破仑有四个兄弟和三个姐妹。他的父亲是一名律师，当法国科西嘉岛的总督给他的一个儿子提供奖学金时，他高兴得无以言表。这个儿子可以在军事学院免费接受教育，在那里受训的所有男孩都将有机会成为法国军队的军官。八个孩子中，至少一个人的教育不用发愁了，这位父亲大

多山的科西嘉岛，是法国最大的海岛，岛上的阿雅克修城正是拿破仑的出生地

概会感到如释重负吧！于是年轻的拿破仑被送进了一所寄宿学校——法国皇家陆军学校。

拿破仑的父亲卡洛·波拿巴

最初，拿破仑在这所学校里过得并不舒心。其他学员都嘲笑他说的意大利式法语，没有人愿意跟他交朋友。但是这个柔弱的科西嘉男孩看起来也不需要什么朋友，他似乎十分享受独自思考的空间。随着时间的流逝，其他男孩也学会了尊重他。下雪天的时候，男孩们喜欢分成两队打雪仗，这个科西嘉男孩最后总是被拥为首领，甚至比他年纪大的男孩也接受他的领导，而他的队伍总是能打赢。

军校毕业后，拿破仑成了法军的一名中尉。然而即便他当上了军官，还是没有什么亲近的朋友。其他军官都来自贵族或者富裕的家庭，在军饷之外还有大量的金钱可以享用，他却只有少得可怜的军饷，所以其他年轻的贵族们大多看不起这个小小的中尉，毕竟他来自与他们不同的阶级。但是，拿破仑·波拿巴阅读了大量启蒙思想的书籍，他读了那些关于天赋人权的书籍，他接触到自由、平等和博爱这些伟大的理念。他梦想这个时代的到来，人可以凭借自己的才华而非出身来决定职业生涯。他对自己的能力相当自信，坚信自己注定是为伟大的事业而生的。

当大革命来临之后，波拿巴中尉对于路易十六的不幸遭遇并无兴趣，对于像丹东、罗伯斯庇尔和马拉这些人控制的共和国政府也没有什么兴趣，因为他认为这些人实际上是在歪曲自由、平等和博爱的理念。但是，至少共和国政府消灭了旧有的特权阶层才给了他升迁的机会，而这样的晋升在旧有的体制下是不可能的。因此，波拿巴忠诚地为共和国政府服务，还镇压了土伦的叛乱。

拿破仑的妻子约瑟芬·博阿尔内

作为奖励，他连连升级，当巴拉斯命令他前往巴黎平叛的时候，他已经是将军了。对于波拿巴将军来说，这将是他向伟大荣耀更上一层楼的台阶，所以他毫不犹豫地用大炮镇压了骚乱。为此他被提拔为法国在意大利作战部队的总司令。

就在这个时候，拿破仑结婚了。他娶了一位非常迷人的寡妇，名叫约瑟芬·博阿尔内。拿破仑告别妻子时说：“有我的宝剑护佑，我将前途远大！”

1795年，法国与英国、普

鲁士、奥地利、西班牙、意大利都处于战争状态，它能有什么机会打败所有的敌人呢？在这位来自科西嘉岛的拿破仑·波拿巴出现之前，这完全是不可能的。

在阿克拉的拿破仑。法国人安托万－让·格罗斯绘

法国在意大利的军队装备简陋，士兵衣衫褴褛，士气低落。但波拿巴将军一到，整个军队士气大振。他们首先打败了意大利的军队，然后又与进驻意大利的一支奥地利大军对垒。这场与奥军的战役发生在1796年的11月，地点靠近意大利北部的一个小村落阿克拉。

奥地利军队驻扎在阿尔波河的对岸，法军要想与之作战必须经过一座桥。但是奥军已经在桥边架设了大炮，一旦法军靠近，他们就会受到奥军炮火的压制。

法军冲锋了三次，都在奥军猛烈的炮火中连死带伤，败下阵来。关键时刻，波拿巴将军亲自举起了法军军旗，高喊道："跟我上！"他冲上大桥，忠实的士兵们紧随其后。他们冲到桥中间的时候，奥军炮火越发猛烈了，于是，法军士兵开始后撤。混乱中，波拿巴从桥上摔了下去，陷进了桥下泥泞的沼泽中，奥地利的士兵跑过去要活捉他。法军士兵看到后，都喊了起来："冲啊！保护将军！"就这样，他们就冲过了大桥，赶走了奥地利人，在天黑之前，取得了决定性的胜利！

波拿巴将军在短时间内就拿下了整个意大利。在巴黎，人们迎接他凯旋，已然忘记了杜伊勒里宫的炮声。他成了受人爱戴的英雄！

31
埃及

拿破仑·波拿巴个子不高，又矮又壮，他的士兵们都亲切地称呼他为“我们的小下士”。但是这个矮小、强壮的男人却有着钢铁般的意志和异常充沛的精力，在他面前，仿佛所有的高个子都变矮了。

这个矮个子确实是个精神上的巨人。首先，他是一个工作巨人——他可以同时口述五封信件。在一生之中的大多数时候，他一天的睡眠时间最多不超过 3 个小时。战役的谋划和准备，整个军团的部署，与军官们的商讨，视察部队等，这些仅是他工作的一部分。当他征服一个地区后便为此地区制定制度和法律。所有的规章制度和法律条文都彰显出法国大革命的精神：公正平等，人人机会均等。

他不仅仅是日常工作上的巨人，在筹划未来领域上同样也是个巨人。他的伟大梦想，他的雄心壮志，是想让所有的欧洲国家统一成为一个国家。几百年来，欧洲这几十个国家争吵不休，战争频频，他想把它们全都灭掉，变

小个子的拿破仑

成一个国家。但是，没有哪个国家自愿合并，那么就得由他亲自来动手了。

同样，他在与人交往中，也如巨人般令人印象深刻。他略显苍白的脸上闪烁着一双魅力十足的黑眼睛。如果他生气地看着你，你会觉得像被闪电击中一样；如果他用赞许的眼光看着你，你会立刻欢喜得飘飘欲仙。

他的部下，从最底层的列兵到高级军官，不仅仅是爱戴他，简直就是崇拜他。对他们来说，拿破仑就是神一般的存在。他们可以为他上刀山，下火海，他们觉得能为他效劳，是他们的福气——无论行军打仗，还是牺牲生命，都义无反顾。

有一次，他给一个团下达命令，务必横渡一条大河抵达对岸。很多人跳进河中，被湍急的水流卷走了。但是这些溺水而亡的人们在最后一刻还在高声喊着："拿破仑万岁！"这听上去简直令人不可思议。

Chapter 1
反抗

对于他的士兵来说，他是个超自然的存在，简直就是超人。人们在他面前，总是会觉得有一种非人类的力量占据和操纵了这具身体。而这股力量既不是引导谦卑的圣女贞德的神圣力量，也不是驱使恶魔般的罗伯斯庇尔的邪恶力量。它更像一种自然的力量，像雷电交加的暴风雨，像横扫一切的飓风。无论如何，它都不是一种普通人可以拥有的力量。

拿破仑将军在意大利北部出其不意的获胜，令法国的敌人震惊不已。奥地利迅速求和，普鲁士和西班牙紧随其后。只有一个国家不为所动坚持战斗，那就是大不列颠王国。但战斗也只是局限于海上舰队之间的斗争，对于法国本土来说算不上威胁。

拿破仑军队进入柏林。查尔斯梅尼尔绘

在法国人看来，拿破仑·波拿巴将军一举为法国带来了和平与荣耀。他也成了受人爱戴的大英雄。

波拿巴将军大受欢迎，这让督政官巴拉斯和他的同僚忧心忡忡。拿破仑深得民心，又受士兵拥戴，他还野心勃勃，说不定还想主宰法国呢。而此时拿破仑却亲自找上门来，提出了一项令他们十分开怀的计划，这个计划足以令拿破仑在很长一段时间里远离法国。

当时，英国人已经在亚洲建立了最大的殖民地，面积辽阔的印度次大陆都被置于英国人的统治之下。虽然法国没有足够的舰队在海上攻击印度，但印度也是可以通过陆路抵达的。亚历山大大帝不就是这么做的吗？

波拿巴将军的计划是这样的：首先他会征服埃及，然后继续前进，征服土耳其和波斯，之后，就可以挥师印度，将它从英国人手中夺走。

这项野心勃勃的计划过于疯狂，即便是拥有坦克和飞机的现代军队都未必能完成如此重任。但是督政府居然同意了，就因为这项计划可以把这个危险分子从法国支开，让他走得远远的。

拿破仑远征埃及，安托万·让·格罗斯绘

1798 年，拿破仑率领一支庞大的舰队从土伦出海，远征埃及。舰队总共运输了四万法国将士，跟随大军出征的还有一支由科学家、画家、考古学家组成的小队伍，他们希望能在东方发现有价值的东西。

这次异想天开的远征至少成就了一项伟大的发现，这是毋庸置疑的事实。在此之前的很长一段时间，世界上已经没有人能阅读古埃及的象形文字了，关于如何理解这些图画意义的知识已经完全消失了。但是，在这次远征中，法国的学者在埃及发现了一尊石碑，即著名的罗塞塔石碑，上面同时用希腊文字、埃及象形文字及当时通用的草书体记录了国王和王后的名字。由于发现了这块石碑，人们得以破译所有古埃及文本。这块石碑现今收藏于伦敦的大英博物馆。

罗塞塔石碑上的文字。1799年，法国人在埃及的港口城镇罗塞塔发现了一块石碑，上面镌刻了三段文字，分别使用古埃及圣书体文字、古埃及世俗体文字和古希腊文书写。三种文字相对照，让失传的古埃及文字最终被破译

但这个重要的发现是远征很久之后的事，而最初的时候，载满法国士兵的舰队差点都到不了埃及。因为一支巨大的英国舰队游弋在地中海监视着法国，随时准备将法军将士送到海底去。这支英军舰队由霍雷肖·纳尔逊统领，他是最著名的不列颠海战英雄。

然而这一次，拿破仑和他的舰队真的非常幸运，他们巧妙地绕过了英国舰队的地封锁。英国人根本没有发现法国舰队，法军没有遇到任何抵抗，就在离亚历山大城不远的地方安全登陆埃及海岸。

那个时候的埃及还不是一个独立的国家，而是在土耳其人的统治之下，是奥斯曼帝国的一部分。面对突如其来的入侵，土耳其人彻底惊呆了。于是，拿破仑的军队不仅安全登陆，还不费吹灰之力地占领了亚历山大城。接着，

拿破仑从亚历山大开始急行军，挥师直奔埃及的首都开罗。

他们抵达了靠近开罗的吉萨。在那里，他们看到了金字塔和狮身人面像，也发现了迅速逼近的土耳其大军。这是决定埃及命运的战斗。战斗打响之前，拿破仑向将士们演说，他说：“法国的战士们！我们将在金字塔前进行一场战斗，四千年历史的古老遗迹将俯视着你们。让我们无愧于这伟大的机遇！”结果，这场金字塔之战以法军大捷而告终。

这场胜利之后，拿破仑命令舰队的船只驻扎在阿布基尔湾，而他率军继续追击土耳其人。但是，在他们进军的时候，纳尔逊麾下的英国舰队终于发现了法国战船。纳尔逊率舰队挥师阿布基尔港，经过一整夜的激战，历时十八个小时，将法国舰队全部击沉。这场战斗发生在 1798 年 8 月 1 日到 2 日，历史上称为尼罗河河口海战。

当舰队被击沉的消息传到拿破仑那里的时候，他认识到没有强大的海军支持，他的伟大计划注定是失败的。他需要供给，需要兵源，而现在没有军舰，他什么都得不到。于是，他扔下军队，乘坐仅剩的一只小船驶向法国。他又一次幸运地躲过了英国舰队，安全回到了法国。

那些可怜的士兵们留在埃及与英军作战，后来都战败成了俘虏，最终被遣送回了法国。拿破仑效仿亚历山大大帝的雄心大计让英国人给搅乱了，纳尔逊使这个计划彻底泡汤。罗塞塔石碑虽然是法国人发现的，但最终成了英国人的战利品。这就是为什么这块石碑不在巴黎而是在伦敦的缘故。

你也许会以为远征的失败会令法国人不再追捧拿破仑了，而事实远非如此。人们热烈欢迎他的归来，仿佛他已经征服了印度。人们十分乐意见到他，因为在他离开期间，奥地利人又一次向法国宣战，法国在战争中严重受挫。拿破仑·波拿巴是唯一可以转败为胜的人。

32

皇帝拿破仑和特拉法尔加

拿破仑从埃及回到法国受到人们的热烈欢迎。一方面是因为大众寄希望于他，可以从奥地利军队的手中拯救法国。当然还有另外一个原因，就是督政府的那些人——巴拉斯和他的朋友们，从来都不受民众欢迎，他们的政策就是利用执政的权力为自己捞取好处而已。很多法国人公开说，法国迟早要成为拿破仑的天下，这些只顾塞满自己钱包的人是没有前途的。另外，法国军队的士兵们也非常崇拜拿破仑，而鄙视这些督政官。

拿破仑自己对于公众意见是十分敏锐的，他对于事情朝着有利于他的方向发展非常乐见，他可不是一个浪费机会的人。1799 年 11 月的一天，法国民意代表的会议正在进行中，他大踏步走了进去，告诉代表们督政府已然下台，而他将以第一执政官的名义掌管政府。在罗马共和国时期，古罗马人曾经使用过这个头衔。

代表们表示强烈反对，他们大声抗议，称他是一个独裁者。拿破仑转身走出了议事大厅，外面有一个团的士兵在听候他的差遣。“把这些乌合之众都赶走！”他说。士兵们高喊着“拿破仑万岁”冲了进去，几分钟之后大厅就被清空了。法国有了新的政府领导人——第一执政官拿破仑·波拿巴。

新执政的第一件要务是要处理来自奥地利的威胁。自从阿克莱战役之后，拿破仑征服了意大利。但是，当他离开法国奔赴埃及的时候，奥地利人重新占领了意大利北部地区，所以他得再一次把他们赶走。然而当时是一月份，正值深冬季节，没有一位将军会想要率领军队穿越寒冰和大雪，至少奥地利人是这么想的，他们认为拿破仑只有在春天来临之后才能发起攻击。

拿破仑显然不是这么想的。他想起曾经有一位伟大的将领率军翻越了阿尔卑斯山脉，从北部入侵了意大利，他就是汉尼拔。拿破仑准备效仿汉尼拔，虽然他没有大象，但是一样可以在深冬季节率军穿越阿尔卑斯山。

1799 年 12 月，在卢森堡国务院委员会上，拿破仑宣布他以第一执政官的名义掌管政府

军队必须将重型加农炮拖上陡峭的山坡。士兵们用巨大的松木制成了大雪橇，然后把所有的枪都堆放在雪橇之上，拉着雪橇穿越厚厚的积雪。某些地方甚至没有路，他们只能紧贴着山崖，行进在狭窄的峭壁上，一旦失足，就有可能丧命。尽管举步

维艰，士兵们还是拉着这些雪橇缓缓前进着。每当他们感到精疲力竭、快要不行的时候，只要看到他们的将军，就会焕发出新的勇气和力量。

最终他们抵达了圣伯纳德山口的最高处，这里有著名的圣伯纳德修道院。那些修士看到突然出现在眼前的一支大军，都惊讶坏了。通常，在这条山路上很难会看到一个旅人。

汉尼拔越过阿尔卑斯山脉。汉尼拔（公元前 247—前 183）是北非古国迦太基著名军事家，公元前 218 年，他率领约十万名将士和三十七头战象穿越阿尔卑斯山，向罗马军队发起攻击。最后只有大约一半的人走出山区。尽管人象困顿，但汉尼拔善于鼓舞士气，加上利用奇袭以寡击众，最终打败了罗马军队

下山的路途同样危险。必须想方设法防止载满枪支的雪橇滑下的速度过快，否则必将前面的士兵碾死。

不管怎么说他们成功了。他们穿越了阿尔卑斯山，杀入了意大利北部。奥地利人在震惊之余节节败退，最终在 1800 年的马伦哥会战之后投降求和。不仅仅是奥地利人，连英国人都与法国讲和了。想象一下吧，巴黎成了欢庆的海洋。不，整个法国都陷入了狂欢！第一执政官拿破仑·波拿巴创造了真正的奇迹，任何赞美都不为过，他就是法国的常胜英雄！

拿破仑翻越阿尔卑斯山。保罗·德拉罗什绘

Chapter 1
反抗

现在的拿破仑，对于人生的目标更高了。既然他可以得到王冠，为什么还要满足于“第一执政”这个称号呢？但是区区一个国王也不是他想要的，他要像查理曼大帝那样称帝。他经常将那些伟大的历史人物作为自己的榜样，先是亚历山大、汉尼拔，现在是查理曼。

盛大而辉煌的一天终于来临，科西嘉律师的儿子拿破仑·波拿巴，与他的妻子约瑟芬一起加冕为法兰西的皇帝和皇后。就连教皇也得从罗马赶过来，但他只能将皇冠递给拿破仑，而拿破仑本人才是那个将皇冠戴在自己和他妻子头上的人。这表明，他不是像查理曼那样受封于教皇，而是受封于自己。就这样，拿破仑·波拿巴成了皇帝拿破仑。他明白是法国大革命为他开启了成功之门，将他推上巅峰的是自己的能力和法国大革命，而不是由于教皇的保佑赐福。

拿破仑成为法国皇帝仅仅是一个开始，他说：“在欧洲由统一政府领导之前，没有和平可言。”毋庸置疑，这个政府只能是在他领导下的政府。

1804年12月2日，拿破仑在巴黎为自己举行盛大的加冕典礼

这也就难怪其他欧洲国家为此忧心忡忡了。那个时候欧洲的三大强权，英国、奥地利和俄国，达成了联盟协议：他们其中的任何一个国家受到拿破仑的攻击，其他两个国家都要前来援助。

拿破仑肯定不喜欢这样的联盟，他对英国尤其反感。说起英国来，他总是轻蔑地称之为“小商贩之国”。他天生是一名战士，当然会鄙视商人。但就是这些“小商贩”在埃及破坏了他的计划，现在竟然还组成一个反法联盟来反对他，早该教训教训他们了！

他打算入侵英国。法国军队已经在海峡沿线开始集结，而英国人民已经做好了法军随时入侵的准备。不过，拿破仑显然没那么愚蠢。英国的海军会击沉其入侵舰队，令法军葬身于大海。在消灭英国海军之前，他不会贸然出击。

因此，拿破仑命令海军上将维尔纳夫率舰将英国舰队赶出英吉利海峡，在公海彻底消灭它们。

法国海军完成了命令的前一部分，然后就是法国舰队和英国舰队在海峡之外的西班牙海域的恶战，也就是著名的特拉法尔加大海战。

英国舰队的指挥官依旧是纳尔逊海军上将。奇怪的是，这位伟大的水手居然晕船，每次出海都是如此。而且他之前还在海战中损失了右眼和右臂。但就是这位单眼独臂还晕船的人拯救了不列颠，使其免遭入侵。

1805 年 10 月 21 日，纳尔逊站在他的旗舰“胜利号”的甲板上，注视着逐渐接近的法国舰队。他一声令下，“胜利号”的桅杆上升起了信号旗。这是英国历史上一则著名的信号：英格兰期盼人人忠于职守。当所有水手们看到信号旗时，每只舰船上都传来了热烈的欢呼。

两支舰队逐渐靠近，枪炮齐鸣。“胜利号”率先杀入敌阵，法军连连向纳尔逊的旗舰开火。但是“胜利号”还是逼近了一艘法军战舰。这时，从法国战舰的桅杆最高处忽然打出了一记冷枪，打中了纳尔逊的肩膀，令他跌倒在地。纳尔逊叫来“胜利号”的舰长哈迪，对他悄声说：“这次他们打中我了，哈迪。”但是，躺在甲板上的纳尔逊用手绢将伤口掩住，不想让水手们看到他已经受了致命伤。

一个小时之后，纳尔逊还在坚持着，他最终听到了他的水手们的欢呼。

特拉法尔加海战。1805 年 10 月，英法舰队在西班牙的特拉法尔加附近的海面上决战，战斗五个小时后，法国海军精锐尽丧，从此一蹶不振，拿破仑被迫放弃进攻英国本土的计划。而英国海上霸主的地位得以巩固

哈迪舰长屈身向他致敬：“击沉法国军舰十艘，十五艘投降，他们彻底完了！”“感谢上帝，”纳尔逊说，“我尽了自己的职责。”说完他就死了。

特拉法尔加海战是继与无敌舰队交战之后，不列颠历史上最重要的海战，它从入侵者手中拯救了不列颠。由于拿破仑自己的舰队被彻底摧毁，英国海军依旧掌控着英吉利海峡的制海权，他不得不放弃了入侵英国的计划。在阿布基尔和特拉法尔加的两次海战，都是这个叫纳尔逊的人粉碎了拿破仑的计划。

33

奥斯特利茨，威灵顿，俄国 1812

拿破仑渴望一个“统一的欧洲”，这种想法在那个时代太超前了。而且，他还试图用武力统一欧洲，将其置于他个人的统治之下。结果，这个原本不错的想法却带来了战争、痛苦和流血。

拿破仑政府入侵英国的计划破产了，他败给了英勇的纳尔逊海军上将。但在陆战中，他击败了奥地利和俄国两国强敌。

在奥斯特利茨战役中，俄奥联军在数量上远远超过了法军，但拿破仑却自信稳操胜券。在战役打响的清晨，他对将军们说：“看，这升起的红日，它将亲眼见证我的伟大胜利。”此言果然不假，俄奥联军在 1805 年的奥斯特利茨战役中一败涂地。

在这场惨败之后，奥地利人放弃了抵抗。于是整个欧洲大陆能反抗拿破仑的国家可能只剩下俄国了，但即便是俄国，也无力干涉拿破仑的计划。意识到这一点之后，拿破仑就开始按照自己的想法来划分欧洲大陆。

奥斯特利茨战役中的拿破仑

他将意大利北部地区（原来是奥匈帝国的领土）归于自己的治下，自封为“意大利国王”。在意大利南部，他击败了一个王国——那不勒斯王国，先是由他的兄长，后由他的一位将军缪拉担任国王。

他把瑞典赐给了另外一位将军——贝尔纳多特。正如所有动荡时代都有可能发生奇迹一样，厨师出身的贝尔纳多特当上了瑞典国王。现在的瑞典国王就是曾效力于拿破仑麾下的贝尔纳多特将军的后代。

除了将军们，拿破仑还有诸位兄弟要封赏。他把一位弟弟封为荷兰国王，统治荷兰；接着又把德国的一部分分出来，成立了威斯特伐利亚王国，封给另一位弟弟；他的兄长则被任命为西班牙国王。

因此，这时候的拿破仑达到了他权力的巅峰，对于自己的将军们和兄弟们都非常照顾。他的老母亲莱蒂齐娅·波拿巴，住进了巴黎的一处豪华奢侈的宫殿里，但是这个科西嘉的老妇人总是满腹牢骚，不停地嘟囔着："我怀疑这样的情况能持续多久。"

拿破仑没有这样的顾虑，他要让这个局面永远保持下去。此时，他最关心的事情是要有一个儿子，这样他的帝国才能后继有人。很不幸，他的妻子皇后约瑟芬没有为他生下一个孩子，她似乎根本无法怀孕。于是拿破仑和她离婚了，他必须得有一个儿子才行。那么谁可以做他的妻子呢？他最终选定一位来自于欧洲最高贵血统的公主——奥地利皇帝的女儿。无论是皇帝还是公主本人，都无法拒绝这个欧洲最有权势的人。拿破仑曾经见证过另外一位奥地利公主玛丽·安托瓦内特走向断头台，而此时他娶了奥地利皇帝的女儿玛丽·路易丝。一年之后，1811 年，拿破仑的儿子诞生了，这个孩子还在摇篮里的时候就被赐予"罗马国王"的称号。拿破仑确信，他的儿子肯定会继承一个可以与古代罗马帝国相媲美的伟大帝国。

实际上，就是在这一时期，帝国的根基已经出现了裂缝，其中之一就是西班牙。拿破仑任命他的一位兄弟为西班牙国王，并且派遣法国军队入驻西班牙以确保他的王位。但是西班牙人根本不接受外来的统治者，他们组成了战斗小分队，自称为"游击队员"（源于西班牙语 guerra，战斗的意思）。这些游击队员四处伏击，时而这里，时而那里，总有法国士兵被杀。有一些游击队员被法国人抓住枪毙了，但总是有更多的人继续战斗。

英国人的介入令局势更加复杂，这些"小商贩"运送一支军队，途经葡萄牙进军西班牙。统帅英军的是威灵顿公爵，历史上一位著名的战将，他被手下称为"铁公爵"。威灵顿的军队虽不足以把法国人赶出西班牙，但是可以令法军疲于应付，无法安宁，这样西班牙就永远不会是拿破仑的安全领地。

如果有足够的时间的话，拿破仑最终是可以搞定威灵顿和西班牙游击队的。但是他没有这样的机会，因为有一个更加强大的敌人——俄国正伺机待

威灵顿将军，19世纪军事、政治领导人物之一，一生总共参与了六十场战役，他终生担任英国陆军总司令

动。拿破仑知道俄国人正准备对其宣战，他决定先发制人，在俄军尚未准备好的时候入侵俄国。

俄国是一个幅员辽阔的国家。为了征服俄国，拿破仑需要一支前所未有的大军。不仅仅有法国人的军队，还要有普鲁士人、意大利人和奥地利人组成的军团加入，这样组成了一支庞大的军队，拿破仑称之为“La Grande Armée”（大军）。拿破仑想率领这样的军队征服俄国。

1812年，“La Grande Armée”（大军）总共集结了五十万名士兵，是那个时代能够看到的最庞大的军队。大军准备就绪，拿破仑挥师侵入俄国，兴冲冲地想与俄军交战。但是很可惜，俄国人根本不给他这个机会。俄国军队不断地后撤后撤，同时还烧毁了粮仓，破坏了田野和村庄，他们把自己的城市付之一炬。拿破仑的大军到达时，所见不是废墟，就是燃烧着的村落，还有颗粒无收的农田。放眼望去，除了“焦土”，一无所有。拿破仑那个时候还没意识到，俄国人正是靠“焦土政策”最终打败了他。

1812年的整个夏天和秋天，拿破仑的大军横扫俄国的广阔大地，而俄国人除了撤退之外根本没有像样的战斗，但是他们留给敌人的也是除了焦土之

拿破仑四路大军入侵俄国

外一无所有。

1812 年的 9 月，拿破仑和他的军队抵达了莫斯科。此时，莫斯科也成了一座废弃的城市，整个城市只有空荡荡的房子，无人的街道空阔而沉寂。这倒正合拿破仑之意，毕竟空荡荡的房子可以为他的军队提供良好的住处，让他们躲避俄国冬季的严寒。

但是，还没等军队进驻，整个城市就着起了大火。这都是俄国人自己放的。法军逮捕了数百名俄国人，将他们就地正法。但这根本不能阻止四处升起的烈火，于是莫斯科在火焰中化为废墟。

拿破仑脸色阴沉，注视着翻滚的浓烟烈焰。现在已经是十月了，俄国寒冬即将来临，而五十万人的庇护所、后备补给却还没有着落。现在，唯有撤退才是出路，必须立刻离开这个该诅咒的国家！

莫斯科大撤退是一场灾难。天气越来越冷，食物越来越匮乏，士兵们日渐虚弱。

遮天蔽日的大雪漫天飞舞，狂风呼号，严寒刺骨，薄薄的军衣根本无法御寒。大军在齐膝深的大雪里蹒跚着，饥寒交迫，精疲力竭。很多人跌倒在大雪里，再也没能够起来。士兵们扔下了枪支，遗弃了大炮。

这时俄国人来了。哥萨克骑兵是俄军中骁勇善战的部队，他们猛冲过来杀死那些跌倒掉队的人，然后又消失得无影无踪。于是，大军撤退的沿途尸横遍野，但很快，冰冷的白雪就将他们掩盖了。

拿破仑对于挣扎中的军队弃之不顾，靠不断换马，疲惫奔波，才将将逃脱俄国人的手掌，回到了巴黎。而这时候他的大部队还挣扎在逃亡的路上，期望从严寒、迷雾、饥饿，还有俄国人的冷枪下生还。最终，大军只回来了少数人马，几十万人埋骨于俄国的大雪中。

灾难性的莫斯科大撤退，开启了拿破仑时代的衰落。长久以来伴随他的好运气现在也离开了。

34
厄尔巴，滑铁卢

拿破仑在俄国惨败之后，那些过去屈从于他的国家现在又开始反戈一击了。普鲁士和奥地利站在获胜的俄国一边，共同反对拿破仑。他们为拿破仑提供了一个体面的和平协议，他可以保留法国皇帝的荣耀，但必须放弃其他领土和权力。但这不符合拿破仑的风格，他要的必须全部拥有，否则不如不要。

最终在德国城市莱比锡附近爆发了“民族会战”。此战役中，法国面对的是俄国、普鲁士和奥地利的联军。那是在1813年，战役持续了三天。这一次，拿破仑的将星没有升起，他战败了。他撤退回法国，最终被迫投降。

胜利的盟军强迫拿破仑退位，放弃法国王位。但他们也不想让法国重归共和国体制，所以在英国流亡的路易十六的弟弟被召回法国，推上了王位，号称路易十八（路易十七是路易十六的儿子，那个被鞋匠折磨致死的可怜男孩）。

Chapter 1
反抗

拿破仑保留了“皇帝”的称号，可是他的领土只局限在小小的厄尔巴岛上。在前往小岛的路上，他险些被暗杀

最终，拿破仑被流放到地中海的一个小岛上。此岛名为厄尔巴，正好在意大利和科西嘉岛之间。

作为拿破仑战争的后遗症，很多国家的边界都发生了变化，要想恢复过去的版图可不那么容易。因此，他们在维也纳召开了一个会议，所有的欧洲国家都出席了会议，并共同声明要公正、和平地解决领土纠纷。

整整一年时间，维也纳会议的代表们啥事也没做，除了没完没了的争吵和拉锯似的谈判。但是，他们的讨论被一个突如其来的消息打乱了——拿破仑从厄尔巴岛逃了出来，并且在法国登陆了。

法国的新国王命令军队去追捕他，抓住之后就地正法。而拿破仑只是很平静地走到军队的士兵前面，高声道：“有谁想枪杀自己的皇帝？来吧，我就

这幅漫画讽刺了参与维也纳会议（1814年召开）的各国代表的丑恶嘴脸。来自奥地利、普鲁士、英国、俄国等国的代表，重划了拿破仑之后欧洲的政治版图，意欲通过恢复旧王朝秩序打击自由主义势力

在这！”他的魔力又一次发挥了作用。士兵们高呼着：“皇帝万岁！”再次投入他的麾下。

随着他们的继续前进，不断有兵团加入。那些曾经跟着拿破仑在埃及火热的沙漠中行军的人，那些曾经跟着他穿越了圣伯纳德山口皑（ái）皑白雪的人，那些曾经与他一起为与意大利、德国和奥地利战役的胜利而欢呼的人，他们都来了，都愿意再次为他战斗，哪怕为他牺牲也在所不惜。这似乎令人太不可思议了，对这些士兵来说，拿破仑正如同天神一般。

拿破仑的这次新冒险恰好持续了整整一百天。那些在维也纳会议上互相攻击和争吵的国家立刻团结了起来，达成了协议，以便对付共同的敌人。

那位号称“铁公爵”的威灵顿公爵，曾经在西班牙率领英国军队痛击法军。这次，他将率军从比利时进攻拿破仑，而另一支普鲁士军队在布吕歇尔将军的带领下从德国出发协同英军作战。

拿破仑决定在普鲁士人到来之前先打败威灵顿，他在滑铁卢（此地现在归属于比利时）向英军发起了攻击。

接连数小时，法军一波又一波狂扫英军的战斗方阵，但威灵顿军团坚守着阵地。法军的进攻越来越猛烈，威灵顿开始担心自己的人还能坚持多久。

就在这个关键时刻，普鲁士人赶到了。

借助于普鲁士军队这支生力军，英军发起了反击，法军的战斗精神彻底溃败了。

只有拿破仑的“老近卫军”还在坚持战斗，他们已经陷入了敌人的重重包围，但是拒绝投降。他们自豪地说：“近卫军誓死不降！”他们持续战斗，直到最后一个人牺牲。

这就是著名的滑铁卢战役，发生在1815年6月18日。这也是拿破仑战争时期的最后一战。

战斗失败之后，拿破仑逃到了一个港口，但是最终向一艘英军战舰的舰

滑铁卢战役

长投降了。这艘战舰名为柏勒洛丰号。现在，拿破仑成了英国政府的阶下囚，被流放到圣赫勒拿岛，一个位于南大西洋的小岛——正好在非洲大陆和南美洲之间。在这里，他无法像在厄尔巴岛那样轻易逃跑了。

拿破仑在圣赫勒拿岛上又生活了大概六年的时间。他经常踏着急促的步调出去走走（他从来不能忍受慢步行走），或者久久地凝视大海。也许是想起了另外一个海岛——他的故乡，科西嘉岛。在流放的这段时间里，他主要是在撰写回忆录，讲述他一生的故事。

拿破仑尽力想把欧洲统一为一个大帝国，虽然他失败了，却已经将法国大革命的理念传播到了欧洲的每一个国家，这一点不知他是否意识到了。在此之前，那些欧洲国家，比如在普鲁士、奥地利和俄国，仍旧处在国王或者皇帝的无上权威统治之下，仍旧充斥着享受特权的贵族阶层。但是随着法国军队的进入，法国大革命的理念也渗透到这些国家。在这些被征服的地区，拿破仑传播的法律比之前古老的法律更加公平合理。

整个欧洲大陆的人民都不愿意回到拿破仑统治之前的状态，不想再顺从原来的统治者和贵族老爷。他们要求有一种新的社会秩序，可以充分体现自由、平等和博爱。

所以，拿破仑虽然是以称帝的举动结束了法国大革命，实则也真正将法国大革命的精神传遍了整个欧洲。

然而，让我们回顾一下那些为了传播这些思想而引发的流血冲突。从大革命时期的恐怖统治，到拿破仑战争的各次战役，就不免会想到那个奇怪的人——圣日尔曼伯爵。如果当初路易十五听从了他的建议，变革就不会这样的激烈和充满暴力，可能会有平稳的过渡，根本没有必要去承受那么多的苦难。

Chapter 2

19 世纪和 20 世纪

35
三元社会

身体的这个“体”字显然不仅可以指示人的身体，还可以有别的含义。比如在法律界，这个字经常被用来指示其他意思。一群人如果一起行动，或者共同负责，则这伙人就是一个“体”，也就是我们说的社会体。

我们所有人，不管是男人、女人，还是孩子，无论富人还是穷人，都是我们国家社会体的一部分，或许还属于一个更大的社会体。

类似于英国，或者德国、法国这样的社会体内，有各种各样的行业领域：农民生产食物，工人制造机器，作家著书，演员演戏，还有政府部门制定法律等。

但是演员或者画家的工作与农场主的工作是如此不同，有必要将不同的工作性质加以区分。

有一类工作是从不同角度来满足我们的物质需求，例如食物、衣服、

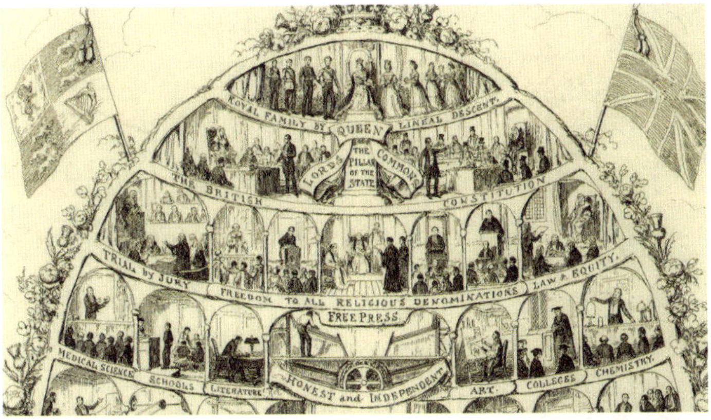

这张漫画反映了英国等级森严的阶级划分

1851 年英国伦敦举办了万国博览会，展示各国技术和商品，五个多月的时间，展出作品超过 13000 件，吸引了 600 多万参观者的到访

家具、汽车等；另外一类工作则是来满足我们的精神需求，例如书籍、戏剧、电影、绘画，还有学校、教堂、寺庙等。所以，一部分工作的目的是满足我们的物欲，工厂和农场生产的产品在商店里出售，铁路和公路运输系统将货物从一个地方运到另外一个地方，所有的这些工作不过是为了提供我们身体所需的一切，这就是经济（在英文中，economy 一词来源于希腊文 oikonomos，是管家或房屋经理的意思）。

另外一类工作，发生在中小学校和大学里，画家的工作室里，音乐厅或

1865 年，学生的课本，埃文斯绘制

者剧院中，教堂的戒坛之上，或者在报纸和书籍里，所有的这些工作都是为了思想，为了精神，它们被称为文化。

此外，还有另外一类工作。政府制定法律，然后就需要警察确保法律的落实，还有法官和律师，以及陆军、海军和空军，所有这些组成了社会体的第三部分。整个第三部分都听命于政府，政府是通过政党选举产生的，所以它代表了政治（英文 politics 来源于希腊文 politeia，就是公民权）。

不管人们做什么工作，他都属于这三者之一——经济、文化和政治。

就像人的肉体具有三元性，社会体也有文化、政治和经济这三元性。我们可以这样类比，文化就是人的大脑（大脑也不产生任何物质产品），经济就是四肢，而政治相当于韵律系统。

在五百或六百年前的欧洲，所有我刚讲的“文化”都牢牢地控制在教会手中。主教和牧师们决定在学校里要教什么样的课程，什么样的戏剧可以上演，什么样的书籍可以出版。所有与之不符的都是异端邪说，当事人都将饱受酷刑折磨，或者死在行刑柱上。文化完全掌握在教会手中。

另外两个部分，政治和经济都掌握在独裁的国王手中。国王制定法律，由他的士兵负责落实。国王决定土地的所有权，想给谁就给谁，因此也控制了食物的生产。

但自文艺复兴之后，随着现代社会的到来，这三个方面发生了巨大的变化，人们不再愿意盲目地跟从教会或者国王。当然了，不经过斗争，教会和国王也不会愿意放弃固有的权力，于是就爆发了那些宗教战争、英国内战、光荣革命和美国独立战争等。

在法国，教会和国王对于权力的把持时间要比在不列颠长很多，所以导致了法国大革命的那些恐怖事件。

在法国大革命期间，第一次喊出了“自由、平等、博爱”的口号，人们似乎对此已经期盼很久了。他们高兴地为之呐喊、高歌，甚至将其书写在旗子上，铭刻在硬币、武器和雕塑之上。不仅仅是在法国，全世界的人都相信，有了这三个词，这三种理想，一个崭新的全人类的幸福时代就要来临了。

但是，这些理想尽管非常美好，可是那些高喊口号的人们并没有考虑该如何去实现。结果就是社会大乱和断头台屠杀，最后以拿破仑的独裁告终。

自由、平等、博爱这三个词，只有分别应用于相对应的社会体时才会有意义。自由归属于文化，平等要放在政治和法律领域，博爱则属于经济领域。法国大革命期间，人们对此不理解导致了严重的后果：罗伯斯庇尔将伟大的科学家拉瓦锡送上了断头台，仅仅因为他是一位卓越不凡的科学

1789年7月14日，法国民众攻占巴士底监狱，克劳德绘制

家，远远超出其他人，而这违背了平等的原则。马拉号召人们互相友爱团结，而目的是为了去杀死贵族。这简直就是胡闹。即使是法国大革命之后，甚至是在拿破仑之后，这三种思想认识还是和炸药一样，如果人们错误地使用了它们，就会产生动荡和流血。

在法国大革命期间，所有的喧嚣和斗争纷纷纭纭之时，有另外一场巨变正在发生。这场巨变的脚步是如此之安静，以至于那个时代竟然无人意识到，这实在是一场比法国大革命，还有拿破仑所有的战役都重要的变化。这场悄无声息的革命彻底改变了人类的生活方式，带来了巨大的祝福，也带来了可怕的痛苦。

同样，鲜少有人注意到这场静悄悄的革命使人们对自由、平等和博爱这三种理想的需求，比之前更加迫切，更加必不可少。

36

工业革命的开始

1764 年，一场悄无声息的革命在英格兰的兰开夏郡拉开了序幕，这就是工业革命。当时，羊毛和棉纺布料的织造已经成为兰开夏郡一项巨大的产业。然而，当时并没有什么工厂，也没有冒着黑烟的烟囱，只有一些小镇和村庄，因为布料织造的两大部分工作纺纱和织布，都是在人们自己的家中完成的。

通常，在一家人中，由父亲在织布机前操纵梭子来回穿梭织布，而妻子和孩子们则用纺车来纺出纱线。他们要踩动踏板来转动大的轮子，然后带动小的轮子，随着小轮子的飞快转动，细细的羊毛条就被拧成了一根线。

在兰开夏郡一个叫布莱克本的小村庄里，有一个纺织工人名叫詹姆斯·哈格里夫斯。据说 1764 年的一天，他的妻子正在纺线，他不小心把转动的纺车碰倒在地。他的妻子珍妮对他说：“你怎么这么笨呀！”但他没有回应，反而眼睛直勾勾地看着地上还在转动的轮子。

工业革命以前，人们这样织布

“你发什么神经呢？”珍妮问道。

“你看，”哈格里夫斯回答说，“它这么躺倒了转，我忽然想，如果能改进一下这个设备，把它变成像现在这样的水平装置，一个人或许可以用这个大轮子同时转动好几个纺锤呢，甚至是八个！唯一要解决的问题就是要让这个轮子能利用传输带同时转动几个纺锤。”

这就是哈格里夫斯看到他妻子的纺车倒在地上之后想到的点子：通过传输带，用一个轮子就可以转动好几个纺锤。也就是说，只要转动一个轮子，一个人就可以同时纺出好几根纱线。

这时候，哈格里夫斯一家很穷，自家也没有织布机。哈格里夫斯和其他几位跟他一样贫穷的织工都是在为一位皮尔先生打工，他有很多台织布机在一间大棚屋里。所以，当珍妮纺好了纱线，还不能直接给她丈夫，而是先卖给皮尔先生，由他再分配给织布工。于是你们可以想象得出，织布工仅仅只能获得低微的工钱，他们的收入要远远低于那些自己有织布机的人，因为那些人可以出售自己所织的布匹。哈格里夫斯没有自己的织布机，他这个贫穷的织布工能想到的就是：如果珍妮可以利用一个轮子同时纺出八根纱线来，她就能比平时多纺出八倍的纱线量，这就意味着会给家里带来八倍的收入。

于是，哈格里夫斯找了几样木工工具，开始改装珍妮的纺车，以便它能同时纺出八根纱。在他改装和实验的过程中，他意识到要对这事保密。如果其他妇女也能同时纺出八倍的纱，那么纱线的产量大增，销售价格自然就会下降。最终结果就会是，他们比以前生产了更多的纱线，但是还是会像以前一样贫穷。因此，哈格里夫斯决定对他的发明保密。

哈格里夫斯改造了珍妮的纺车，并且最终成功地生产出比以前多八倍的纱线。每个星期，珍妮都卖给皮尔先生大量的纱线，这让所有人都感到震惊。这个女人怎么可能用一台纺车就纺出这么多纱线呢？村里的其他妇女是不可能放过珍妮的。在一个小村子里，谁对谁都知根知底，而且人们可以随时去别人家里串门。在这样一个小村落里，想保密是很困难的。何况，也许珍

珍妮纺纱机

妮对于自己丈夫的聪明才智也十分自豪呢，所以一不小心就说漏嘴了。总之，珍妮纺车的秘密很快传遍了全村：一台装置，通过传输带可以运转好几个纺锤。村里所有的妇女都要求自己的丈夫也为她们做一台“珍妮纺纱机”。这是她们给这种新纺车起的名字。

很快，这个消息从布莱克本传到了兰开夏郡的其他地区：詹姆斯·哈格里夫斯制造了一台机器，可以同时纺出八根纱线，却只需要一个纺纱工。

人们互相说道：“如果任其发展，这项邪恶的发明就会令很多老实的纺织工人丢了营生！”

如果一个纺纱工现在可以完成之前八个人的工作量，其他七个人就必然会失业。他们又靠什么谋生呢？这才是兰开夏郡的纺纱工和织布工最担忧的事情。没准，很快就会有人发明出一台机器，让一个织布工人可以织出之前二十个人织的布。要真是那样的话，数千人都会失业的。

这事不能任其发展！必须禁止制造这些恶魔机器。于是兰开夏郡的纺织工人们组织起来，游行示威，队伍浩浩荡荡地开向哈格里夫斯家所在的布莱克本村。队伍有几百人，领头的人还言辞激烈地声称：“这劳什子机器跟我们全家老小抢面包！我们只能等着活活饿死了！”追随者们接着发出了愤怒的吼声。

哈格里夫斯和妻子珍妮很机灵，他们离开了自家的小房子，躲在了一个朋友的家里。否则，落在这些暴徒的手中，他们不会有什么好果子吃。这些愤怒的人冲进了哈格里夫斯的家里，砸开了大门，将他家里的所有家具和珍妮纺纱机都砸了个粉碎。这还不够，他们将皮尔先生的机棚里的织布机也砸坏了。直到砸坏了所有能砸的东西，这些愤怒的纺织工人才离开了布莱克本。

这是历史上第一次人与机器之间的冲突，但并不是最后一次。此后反复地上演了因为机器的出现导致有人失业，而失业的人们愤怒地将机器砸碎的事件。当然，这些举动都是徒劳的。最终，总是机器得以继续生产，而有技术的技工不断失业。

在这场暴乱之后，哈格里夫斯觉得兰开夏郡太不安全了，他和妻子逃到了英格兰的另一个地区诺丁汉郡。现在他做了他之前就该做的事情，为他的发明申请专利。有了专利，任何人要复制他的珍妮纺纱机都得给他付费。哈格里夫斯虽然申请到了专利，却没有从自己的发明中得到什么利益。因为他的珍妮纺纱机结构简单，很容易被仿造，而大批的仿造者都不支付他费用。

于是，哈格里夫斯直到去世还是一如既往的贫困。同时，其他人却因此发了大财。在不列颠，一个新的阶层出现了，那就是制造商。他们都是有钱可以投资制造机器的人，他们甚至制造了可以同时运转二十个纺锤的珍妮纺纱机。

另外一个来自兰开夏郡的发明家理查德·阿克赖特改进了珍妮机。他非常精明，想出了不使用人工而是用水力来运转纺纱机。几个世纪以来，面粉磨坊都是利用水力来磨谷物，现在阿克赖特利用水力来推动纺纱机。现在，连那些来转动纺纱机的工人都显得多余了。这些利用水

理查德·阿克赖特肖像

1775 年理查德·阿克赖特的水力纺纱机

力生产的地方叫作“坊”——棉织坊或者毛织坊，因为它们像面粉磨坊一样工作。有动力机器的时代来临了。

当阿克赖特在兰开夏郡建造了一个这样的棉织坊之后，纺织工人们又起来抗议了，他们冲进了工坊砸毁了设施。但是阿克赖特又跑到英格兰的其他地方，建造了好几个棉织坊。新的机器站稳了脚跟，工业革命已经是大势所趋，阿克赖特也成了大富翁。

想想也挺怪的，所有这一切都发端于 1764 年，在布莱克本村，詹姆斯·哈格里夫斯忽然碰倒了他妻子的纺纱机。

37
蒸汽动力的到来

哈格里夫斯和阿克赖特引发了工业革命的两项发明。哈格里夫斯的发明仍是人们手工操作的机器，只是更加快速，他的发明提高了生产率。

阿克赖特利用水力的发明又向前迈进了一步——它代替的不仅仅是人类的某种技能，而是利用自然之力取代了人力的强度和能量。

让我们来看看，在不同年代，人类是如何学会借用自然之力服务自己的。这是很有趣的！起初我们只能靠自己的体力去工作，但与一些动物相比，这种力量实在很小。于是，人类开始驯服一些动物为自己工作，比如马、牛、驴等。然后是风力和水力——用风力来驱动航船的风帆和磨坊的风车；水力主要用于磨坊。这样的时代其实持续了很长一段时间，并没有什么太大的改变。

莱昂纳多·达·芬奇曾经想过从另外一个角度使用水力，即利用水蒸气

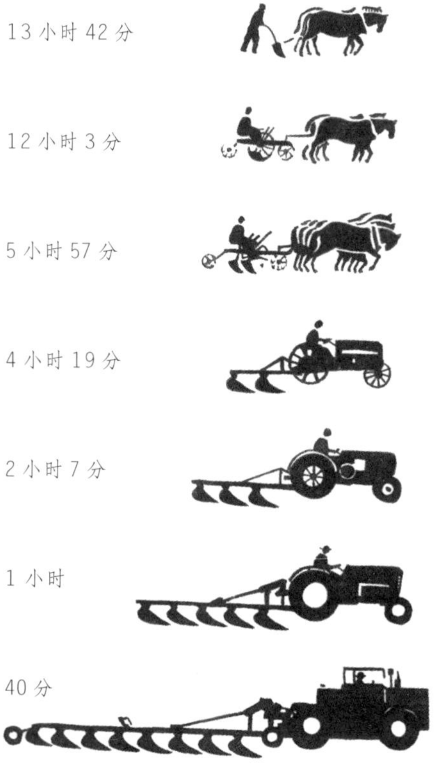

随着机械化程度提高，两亩半土地上需要的劳动力和时间越来越少

的动力。他观察到，如果把水加热，蒸气扩张的力量是相当大的，足以推动机器的轮子。他在笔记中写道，这种蒸汽的动力有可能推动船只跨越海洋。不幸的是，这个想法只是沉睡在他的笔记本里。

两百多年之后，大约在 1650 年，一个名叫德康的法国人，看到贫苦的船夫要在无风的情况下奋力摇船。出于悲悯之心，他前去觐见法国首相黎塞留，提议用蒸汽代替人力驱动船只。首相很反感这种用蒸汽动力代替人力的想法，一怒之下，把这个可怜的发明家关进了监狱，让他在那里了却残生。

又过了五十多年，1705 年前后，在英格兰，纽可门发明了一种新的蒸汽机。这个机器是由煤炭将水加热后产生的蒸气推动的，主要用于矿井排水。虽然这个水泵消耗很多燃料，效率却很低，但也让工业革命向前迈出了巨大的一步。

有个叫詹姆斯·瓦特的苏格兰人改进了这个水泵的设计，并因此为世界带

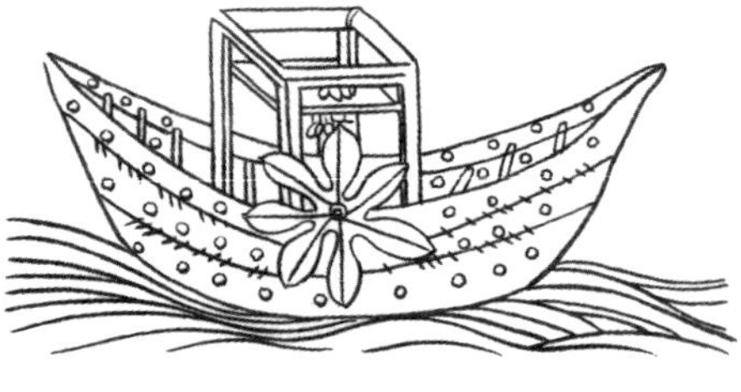

达·芬奇笔记中的蒸汽动力船

来了新的力量之源。他出生于格里诺克，生活在格拉斯哥，虽没有受过什么高等教育，但心灵手巧，因此当上了格拉斯哥大学的科学仪器制造工。

在大学里，有一台用于煤矿抽水的蒸汽动力排水泵模型，这个模型跟矿井里真正使用的水泵一样，有很多设计上的缺陷和小毛病，常常无法顺利运转。有一天，格拉斯哥大学的物理学教授对这个模型失去了耐心，就把它交给了瓦特，说：“你看，你能做科学仪器，能不能看看这台装置？重新设计下，让它毫无故障地流畅运转起来，可以吗？”

这一年是 1764 年。在瓦特开始琢磨这台水泵模型的时候，哈格里夫斯则开始鼓捣他妻子的纺织机。

但瓦特面临的困难显然要比哈格里夫斯大很多。瓦特用了很多年（直到 1769 年）才成功改良了设计。新的蒸汽机运转流畅，同时效率也提高了，就是说，做同样的工作，用的煤却比以前少得多。这项设计可称为第一台真正实际应用的蒸汽发动机。

并非如人们常说的那样，是瓦特发明了蒸汽机。蒸汽机其实早就有了，瓦特只是改良了它的设计。瓦特认识到，他的设计不仅仅是一个升级版的水泵，更是一个可以驱

瓦特肖像

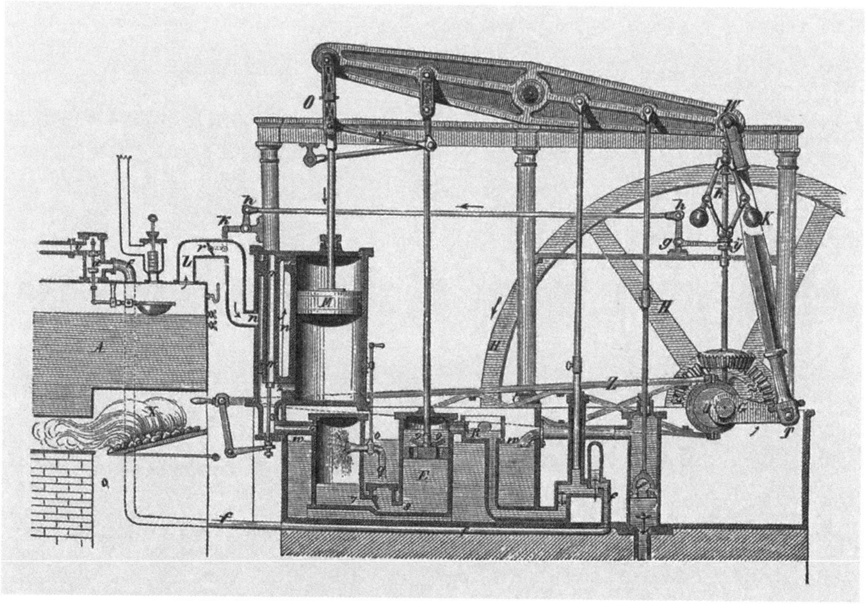

1848年，瓦特在德国的弗莱贝格设计了可以驱动各种机器的蒸汽机

动各种机器的蒸汽动力设备。

于是他去了伦敦，希望能找到一个合作伙伴。接着，他又辗转去了伯明翰，在那儿遇到了一个工程师马修·博尔顿。两个人合伙成立了一个发动机公司——博尔顿和瓦特公司，这家公司以制造蒸汽发动机闻名于世。

织造坊和制棉厂的老板是最早对这种新的蒸汽发动机感兴趣，并且大量购买的人。

阿克赖特的想法是利用水力，也就是河流或者溪水的动力，来驱动纺织机。其缺陷在于：第一，织造坊只能建在河流或者溪水边上；第二，河水水位的变化导致水的动力不是很均衡。有很多年，遇上夏季干旱，机器就只得停工。

但是如果有了一台以煤炭为燃料的蒸汽发动机，工厂可以建设在煤矿附近的任何地方，而且可以全天候开工。

于是，迅速发展的纺织工业用蒸汽动力取代了水力。这些工厂还叫棉织坊，但已经不是建在河边的那种“坊”了。凭借煤炭蒸汽机的帮助，它们四处开花。

在此之前，煤炭主要是用于家庭供暖，现在却变成了一种能源——蒸汽机的动力。这就是瓦特带来的巨大变化。很快，蒸汽动力将会带来另外一个伟大的变化。

38
火车头

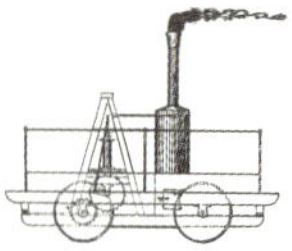

詹姆斯 · 瓦特与工程师马修 · 博尔顿合作成立了世界著名的蒸汽发动机制造公司——博尔顿和瓦特公司。蒸汽发动机使棉纺工业发生了革命性的变化，棉纺厂陆续从原来使用水力改为使用蒸汽动力。随着越来越多的棉纺厂的建立，蒸汽机的需求量剧增，于是博尔顿和瓦特公

50 英镑的纸币背面印着马修 · 博尔顿（左）和詹姆斯 · 瓦特（右）的肖像

司蓬勃发展起来。

博尔顿和瓦特公司还为矿井改装水泵，这些改良过的水泵销量也非常好。发动机厂卖给客户一台蒸汽机这样的大机器，可不是一桩简单的买卖。他们要派一两名工程师随同前往，以确保机器的正确安装，直至正常运转。通常制造公司会雇用年轻工程师来完成这项工作。

博尔顿和瓦特公司有这样一位年轻工程师，名字叫威廉·默多克，他是苏格兰人，充满着创造性的想法。在他应聘博尔顿和瓦特公司的时候，是博尔顿先生亲自面试的他。在谈话过程中，默多克多少有点紧张，他用手摆弄着自己的帽子，帽子就从手上掉到了地上，发出了硬物碰地的声音，这听起来可不像一顶普通的帽子。原来，这是一顶木头帽子，是这位手头拮据又生性节俭的苏格兰小伙子自己在车床上做出来的。老博尔顿对此赞叹不已，立刻雇用了默多克。

一次，年轻的默多克被派往康沃尔，去为一个锡矿安装几个水泵。这项工作需要几个星期，在此期间，默多克就住在一个康沃尔人的村庄里。在空余时间，他想到一个新点子：如果蒸汽机不是像以往那样安装在地上，而是装在机器轮子上，它能带动轮子，让整台机器自动前进吗？于是他就地做了模型试验来证实自己的想法。默多克找到一个解决方案，就是把蒸汽机的“活塞”（上下运动的那个部分）用铁杆与轮子连接在一起。他先是在纸上设计出草图，然后制作了一台完整装置的小模型，大小刚好适于检验出它是否能利用煤炭蒸汽正常工作。

但是，他不想在这个小村庄里试验他的小模型，毕竟康沃尔的农民当时还处于比较蒙昧的状态，他可不想吓坏他们。为此，他特地等到夜里，到一个人迹罕至的小巷子里去做试验。但是，有一天晚上，这个小模型机车失控了，喷着黑烟和火星，咔哒咔哒跑出了小巷子。就在这个时候，村里的牧师正好走到这个巷子口。当他看到一个黑乎乎的东西忽然冲向他，还喷着黑烟和火星时，他吓得大喊了一声：“恶魔来了！”然后就落荒而逃。在接下来的几个星期，村里人都在议论这件事。

不管怎么说，这个小模型是可以跑起来的。于是，默多克回到了公司，也就是博尔顿和瓦特公司。他向老瓦特演示了模型，希望获得许可来做进一步的试验，造出蒸汽动力驱动的机车。

你们真该听听老瓦特是怎么说的。他说如果令人尊敬的博尔顿和瓦特公司的工程师研究这样荒谬的课题，简直就是浪费时间。真是太可耻了！于是，此事无果而终。实际上，年轻的默多克制造了不列颠的第一个火车头，但是因为老瓦特没有预见到它的广泛应用，试验不了了之。早于此事二十多年前，巴黎的一位法国人也曾为自己造了一辆蒸汽动力车，但它在街道上翻车了，试验就此告终。

理查德·特里维希克肖像

因为受到瓦特的打击，默多克放弃了制造蒸汽动力机车，但是另外一个人却把这个想法推进了一步。他是一个康沃尔人，名叫理查德·特里维希克。

特里维希克设计制造了第一台大型蒸汽机车。在一座铁矿场，它在轨道上行驶，用于牵拉矿车。在有蒸汽机车之前，矿场里都是靠马拉车厢运送矿石的。矿工们对机车的出现非常生气，因为马车夫显然会因此失去工作。于是，为了避免发生暴力冲突，第一条火车轨道只能被迫弃用。

特里维希克做了另一个尝试，让蒸汽机车派上用场。他去了伦敦，在那里搞了个“欢乐环游”活动——就是让蒸汽机车在一条圆形的轨道上转圈，游人只要付一先令就可以乘坐机车。但是当时的机车运行时速只有 8 千米，没什么吸引力。特里维希克的投机亏了本，最终只好放弃。他离开了伦敦，去了南美洲。

让蒸汽机车发扬光大的人是乔治·史蒂芬孙。人们经常说他是蒸汽机车的发明者，事实上他跟瓦特一样，并非发明者而是改良者。史蒂芬孙改进了蒸汽机车的设计，使之不再像一个玩具，而是真正的火车头。

1825 年，史蒂芬孙主持建造了第一条铁路，从斯托克

理查德·特里维希克设计的蒸汽机车

发明家、工程师史蒂芬孙

从利物浦到曼彻斯特的铁路

顿到达林顿，绵延 30 千米。那时候的机车行驶时，总得有一个人骑着马跑在火车头前面，以确保铁轨是安全无障碍的。由此，你可以料想当时的火车速度了吧。

这一次，又是棉纺厂的老板们对这种新机器产生了兴趣。当时，将整包的原棉从利物浦港运到曼彻斯特的唯一方式是通过运河上的驳船。这速度实在是太慢了，几乎与将棉花从美洲运到利物浦的时间一样长。

最初，史蒂芬孙建造了一条从利物浦到曼彻斯特的铁路，主要是用于运输棉花，这条铁路在 1830 年建成。而那辆著名的，也是唯一的火车头被称为“火箭号”，时速可以达到 50 千米，是当时最快的有轮车辆。

开始的时候，铁路主要是用于运输货物，比如棉花，很快就增加了乘客车厢。一等车厢的座位上铺有垫子，还有车顶；二等车厢只有木制座位而没有车顶；三等车厢既没座位也没车顶。想想吧，如果下雨天待在没车顶的车厢里将是什么样子？同时还有浓浓的烟雾笼罩着乘客。

从利物浦到曼彻斯特的铁路获得了成功，足以证明蒸汽动力的机车可以同时运输货物和乘客，既便宜又快捷，可以说是前所未有的。

这套邮票的发行是为了纪念 1830 年人类建造了第一条商业铁路，这一年第一次有了列车时刻表和火车票

铁路开始遍及全国，它改变了几个世纪以来人们的生活方式。以前人们乘马车旅行的时候，从爱丁堡到伦敦需要大概两个星期的时间，而且旅费高昂。但是随着铁路的到来，将近 600 千米的旅行只用一天就搞定了。人们可以既快捷又便宜地来往于不同地方，而那些从来没有离开过自己城镇的人，现在花钱不多就可以涉足很远的地方了。

很快，莱昂纳多·达·芬奇的梦想也变成了现实——蒸汽动力的轮船代替了帆船。

起初，仍然有很多人反对史蒂芬孙的发明。例如，当德国巴伐利亚准备建造第一条铁路的时候，政府征询医生委员会的意见。这些学识渊博的专家们给出的结论是，在 50 千米的高速行驶过程中，人类的神经系统可能会受

世界上最大的蒸汽船，在1841年3月从纽约到利物浦的途中撞上冰山，沉没海底

到伤害。如果政府决意要建造这样一条铁路，应该在铁路两边都遮挡上木牌，避免人们看到快速飞驰而过的风景而感到眼晕。

只是四五代人的时间，工业革命就带来了蒸汽发动机和机车的发明，从而彻底改变了人们的生活方式。

39
普罗阶级

在工业革命时期，不列颠的农业和农耕方式都发生了巨大的变化。

大多数土地都属于贵族或者领主，农民称呼他们为“乡绅”或“地主”。地主老爷们并不会亲自下地干活，土地都交给那些“佃（diàn）户”使用——他们出售土地上的产品，然后支付租金给地主们。

这些土地往往会被分成三大块，其中两块用来种植粮食，一块用来种牧草，要么干脆任杂草丛生。为什么要这么做呢？因为在一块土地上如果每一年都播种小麦，这块地很快就会变得贫瘠，甚至绝产。因此佃户会在一块地上连续两年种植小麦，到第三年休耕，让土地获得恢复。所以，这三片地轮换，每块地都是两年生产谷物，一年用来休息。

在种植谷物的两大片土地中，每个佃户都耕种自己的那一小条耕地，而第三块地是大家共用的，用来放牧各家的牲畜，比如奶牛、山羊和绵羊。

但这种情况发生了变化。地主们想利用第三块地来种植芜菁和三叶

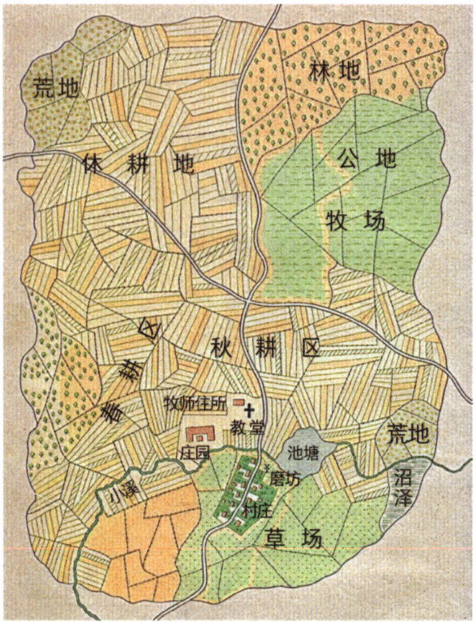

这是一位来自英国庄园主的种植计划，详细地分为春耕区、秋耕区、草场、休耕地、闲置荒地等

草——这些植物是从欧洲大陆引进到英国的，可以让土地肥沃，为土地补充被小麦大量吸收的硝酸盐等营养。

这样一来，可怜的佃户们可受不了了。毕竟耕种和照顾第三块地需要更多的劳作，他们干不了这么多事，也没有余钱来雇用帮工，而且没有休耕地，他们就没办法养牲畜了。于是，成千上万的贫农丢了营生，被迫离开土地。古老的农业方式走到了尽头——只有一些比较富裕的佃户留了下来，他们还占用了那些荒废的土地，让自己的耕地变得更大了。

成千上万的贫困家庭都来到了城市，渴望在这里能找到赖以为生的工作。

棉纺厂越来越多，整个世界都在购买英国生产的棉布——毕竟工厂制造保证了质量，还更便宜。于是，钱像流水一样涌入英国，而工厂老板又用赚来的钱建造更多的工厂。

棉纺厂建得越多，需要的工人和机器就越多。于是机器制造厂和工程公司兴旺发达起来，员工也不断增多。而那些用铁矿炼造钢铁的铸造厂也必须随之增加人手，提高产量。

在工业革命之前，以1750年为例，英国人口大约四分之三都居住在乡村，只有四分之一居住在城市里。因此，那个时候的英国可以说是一个农业国家。一百年之后，到了1850年，工业化的城市吸收了绝大部分人口，英国成了一个工业国家。

机器的使用令大量的资金涌入英国，也给几十万乃至几百万人带来了工作机会。但是，我们也得注意到工人的生存条件，这就让我们看到了工业革命丑陋的一面，在哈格里夫斯发明珍妮纺纱机之前，织布工人和纺纱工人还能住在自家乡下的房子里。虽然贫穷，但至少生活简单健康，乡下的空气也干净清新。每一个纺织工人都可以自己做主，什么时候开始工作，什么时候结束工作。

在工厂劳动的英国女工

然而，这个巨大变化使一切都不一样了。为了让蒸汽发动机推动机器运转，就必须得烧煤，一烧煤就会有烟。棉纺厂越建越多，占地越来越广，大

英国的大规模机械化工厂

量的烟囱喷出滚滚浓烟，把大片的天空都变成了灰色。棉纺厂就像一座被煤烟和棉尘笼罩，一年到头都暗无天日的坟墓。

每当新的棉纺厂建立，就会需要几百名工人，而这些工人就会住在棉纺厂附近。于是，建筑商或者厂主有时候会在棉纺厂附近购置土地，然后建造一排排的房子，安排工人入住。他们总是希望住进去的人尽可能得多，这样一来，每个人的空间也被压缩到最小。

因为没有房屋建造相关的法律规定，建筑商想怎么盖就怎么盖，于是丑陋的城镇就这么建起来了，这些拥挤过度的工人居住区很快就成了贫民窟。

从此，在英国绿油油的山岗之上，飘荡着一朵朵永远不会消失的黑云。在这黑云之下，耸立着一排排极其丑陋的建筑物，令这个世界晦暗无光。

这些房子大多没有通风设施，也没有供水系统和厕所。在整条街道的一端只有一个水泵，为整个街区的人提供用水。在街道另一端是一间棚子，地上挖个大坑，这就是厕所了，供整个街区的人使用。这一排排房屋之间的空地被用来做垃圾场，成堆的垃圾都倾倒在这里。

在这些房子里，每一个小房间，包括阁楼，平均住着十个人。在这样的环境下，成群地生活着衣衫褴褛的妇女和脏兮兮的孩子。他们根本没有任何机会接受教育和文化。

在那个时候，这个脏兮兮的工人群体有了一个新名称——“普罗阶级”，就是“无产者”的意思。住在贫民窟之外的另一个阶级认为，对于普罗阶级来说，最好让他们在工厂永无休止地工作，一旦有了更多的空闲，他们就会变坏。

在贫民窟中间兀然矗立着被煤烟熏得黑乎乎的厂房，工人们每天得在浓烟中摸索着步行去上班。

在工厂里，燃煤炉带来的热浪，卷裹着棉花的飞絮进入人们的嗓子里，令他们咳嗽不止。在这样的空气中，男人、女人，还有孩子（最小的只有五

为了节省成本，工厂雇用大批童工

岁），一周要工作六天。每天从早上 5 点到晚上 8 点，整整 15 个小时，中午只有半个小时的休息时间。

一整天，咳嗽声、机器的咔咔声此起彼伏。如果小孩不能把吸入嗓子里的棉纤维咳嗽出来，大人就给他喝一杯芥末水，孩子会呛得呕吐起来，这样他就把棉纤维吐出来了。

工厂里根本没有座椅，因为不用休息。监工四处游走，拿着手杖，如果发现谁在工作中偷懒或者犯错，无论是男人、女人或者孩子，他都会毫不留情地抽打下去。

那么这些“普罗阶级”的工作会获得什么样的回报呢？平均工资是非常微薄的。

工厂的正常运转，需要从煤矿里运出更多的煤炭，而煤矿的工作条件比工厂更差。

在煤矿里，挖煤是男人的事情，但是其他工作是让幼小的孩子去做的。小孩在地下的矿井通道里拉矿车，许多通道都非常低矮，所以这些孩子只能手脚并用地爬行，拉着沉重的矿车前进。

每天，他们在太阳升起之前就开始工作，一直工作到天黑，因此，只有在周日的时候，他们才能看到太阳。他们没有任何保护措施，直接呼吸弥漫着煤尘的空气，而且超强度地工作，因此这些孩子的寿命都不长。成千上万的童工年少夭折，活下来的人也大多带着残疾。

这就是工业革命带给不列颠的影响：那些拥有棉纺厂和煤矿的人发家致富，兴旺发达。他们为自己建造的大宅子里，不仅有宽敞的花园，还有成群的仆人：管家、脚夫、厨师和侍女等。他们觉得普罗大众理所应当过那种非人的生活，就像罗马人对待奴隶的态度一样。

1800 年，英国的棉布产量是 27000 吨；到了 1820 年，增长到 70000 吨。金钱如潮水般涌来，不过只涌进了工厂主的钱包里。

40
自由和经济

在英国，我们看到一边是棉纺厂老板积累了大量的财富，而另一边是棉纺工人过着令人难以想象的非人生活；一边是矿场主尽享富贵奢华，一边是年幼的孩子在矿井里匍匐爬行。企业家都在享受着前所未有的荣华，同时却有几十万的人类同胞，男人、女人和儿童，过着非人的生活。在当代英国，对狗或者对罪犯，都不允许如此对待。如果你脑海中对资产阶级和无产阶级的生活有了一个大致的图像，你必然会产生疑问："这些大老板难道毫无怜悯同情之心吗？他们对那些可怜的无产者不觉得愧疚吗？富人对穷人的痛苦没有丝毫感觉吗？"

实际上，大多数富人不是恶魔，也并非铁石心肠，他们确实也为穷人的境遇感到伤心和遗憾，但他们认为这种悲剧，无产阶级的贫穷和悲惨遭遇是不可避免的，是他们命中注定，无法改变的。

有钱人，比如曼彻斯特棉纺厂的老板，相信所有的事情都要建立在"自

1878年，威斯敏斯特救济院

由”的基础之上。他们认为商人要有买卖的自由，也就是说要以最便宜的价格买入，以最高的价格卖出。顾客也有买和不买的自由。如果商人要价太高，顾客完全可以不从他这里买。所以，在商人和顾客之间一定会达成双方都能接受的价格。这就叫作“市场的自由竞争”。让市场能够“自由竞争”，那么所有的商品都会处于合适的价格。所以商人坚信，在商业领域中，也就是买卖过程中，应该是完全自由的，否则就没生意可做了。

现在我们转而分析工人阶级，也就是无产阶级。棉纺厂主会这样说：“无产阶级也有一些东西是可以卖的，即他们的劳动，也就是他们生命中的一些时间和体力。除此之外，除了生命和体力，无产阶级没有其他可以出售的东西。就像我们出售棉花产品给顾客一样，无产阶级出售他们的劳动给我们，他们有自由以最高的价格出售他们的劳动。”

如果棉纺厂主不能把自己的棉织品卖出高价，就只好低价出售。工人如果找不到高工资的工作，那他也得接受比较低的工资。这就是所谓的市场自由竞争。

所有的东西都是有价的，都可以出售。汽车、房子、苹果、衣服等，这些都被称为商品。在古罗马时代，奴隶一样可以被买卖，他们也是某种“商品”。但是所有的棉纺厂主、煤矿主和机器制造商又都反对奴隶制，反对将人类当作“商品”来买卖。但是他们却由衷地相信一个人的劳动（人的生命的一部分，健康和体力）是一种商品。那么，既然其他商品能在市场的自由竞争中找到合适的价格，“劳动”一定也可以在此原则下找到本身的价格。

在商业领域，你买东西自然会尽量地压低价格，如果两家商店有同样的商品，你自然会在价格便宜的那家购买。那么工厂主压低价格买“劳动”似乎也是有道理的。毕竟，如果工人接受不了，他们完全有自由去选择报酬高的买主（当然，他们在哪儿也找不到更高的报酬）。

原来，隐藏于贫民的苦痛之后，这悲惨世界的根源，竟然是对“自由”的绝对信仰，对商业和经济的完全放任。

在法国大革命中，我们已经看到错放了自由、平等和博爱的严重后果，它带来了巨大的混乱和断头台上的屠杀。

现在，我们也看到在工业革命时代，把“自由”带入商业和经济领域之后，也导致了人们难言的苦难。这正如法国大革命一样，都是因为人们把“自由”错放了位置。

商人和棉纺厂主并不都是冷酷无情的鬼怪，他们只是忠实地相信自由。很不幸，他们把自由放错了位置。因此，他们也相信无产阶级的苦痛是无法避免的，如果你试图去改变它，就侵犯了“自由”。

很奇怪的是，居然有一个牧师著书立说来证明这一理论。英国教会的托马斯·罗伯特·马尔萨斯写了一本书，书中说人类永远不可能有足够的食物，所以必然会有些地方出现饥荒。他还说，人类永远不可能有足够的衣服和房屋，所以肯定有些人要穿不上衣服，有些要十几二十人挤在一个房间里。当然，还有不可能有足够多的钱，所以有些人必然得是穷人。

托马斯·罗伯特·马尔萨斯肖像

这位“上帝的仆人”进而说道，自古以来世界就是如此，总是有过多的人口，却没有充足的食物、衣服、住房和金钱，这就是他所谓的“人口过剩”理论。这一理论认为，多余的人口命中注定要在悲惨中度日和离世。这是某种自然法则，也就是上帝的法则。以慈善或捐赠去帮助“这些饥饿的过剩人群”，就是在干涉上帝的法则，是错误的。在自然法则之下，他们注定要饥寒交迫，而那些幸运的人有责任和义务让其他人受苦受穷。马尔萨斯如是说。

现在好了，英国的富人阶层有了一个发言人证明他们是对的，依照自然法则，工人阶级活该生活在悲惨之中。

然而，并不是所有的富人都会掉进这种美丽的陷阱，不是所有的商人都把“自由”放置在经济生活

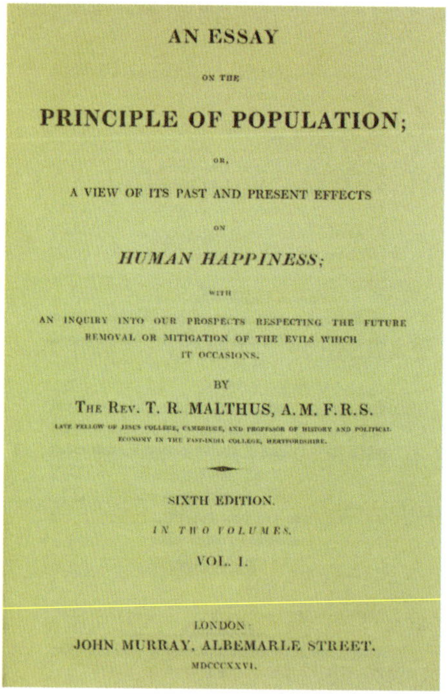

AN ESSAY
ON THE
PRINCIPLE OF POPULATION;
OR,
A VIEW OF ITS PAST AND PRESENT EFFECTS
ON
HUMAN HAPPINESS;
WITH
AN INQUIRY INTO OUR PROSPECTS RESPECTING THE FUTURE REMOVAL OR MITIGATION OF THE EVILS WHICH IT OCCASIONS.
BY
THE REV. T. R. MALTHUS, A.M. F.R.S.
LATE FELLOW OF JESUS COLLEGE, CAMBRIDGE, AND PROFESSOR OF HISTORY AND POLITICAL ECONOMY IN THE EAST-INDIA COLLEGE, HERTFORDSHIRE.

SIXTH EDITION.
IN TWO VOLUMES.
VOL. I.

LONDON:
JOHN MURRAY, ALBEMARLE STREET.
MDCCCXXVI.

马尔萨斯在1862年发表了自己的论文《人口学理论》，至今仍影响深远

中的错误位置，也不是所有的人都误以为人类的劳动可以像“商品”一样自由买卖。

人类生命中的每一天、每一小时都是如此珍贵，是无法用金钱来衡量的，将其视之为商品显然是错误的。也有富人认识到这一点，这个人来自威尔士——他向这一谬误发起了反击，并以实际行动证明这种认识是多么的荒谬。

41
罗伯特·欧文

在工业革命期间，新的阶级出现了——工厂中的劳动者形成了工人阶级，也就是所谓的无产阶级。对立面的新阶级是棉纺织厂或者其他什么厂的工厂主，还有煤矿或铁矿的矿场主、大地产或房产主等。这些掌握了某种资源，并以此建立产业发家致富的人被称为“资本家”，他们是资产阶级。资本家有余钱用来投资，这样的钱叫“资本”。投资，是指用钱购买那些一段时间后可以带来更多钱的东西，而不是普通的消费品。

在工业革命期间，英国分化出资产阶级、中产阶级和工人阶级。但是，也有人可以从工人阶级转变为资产阶级中的一员。罗伯特·欧文就是这样一个人。

1771年，罗伯特·欧文生于威尔士。他家境贫困，十岁的时候就在一家商店里打工养家糊口。他每天从早上8点干到晚上10点，一周只能挣到区区10个先令的薪水。但是欧文一心上进，等有了一点存款后就离开威尔士去了曼彻斯特。那里是英国的棉纺织工业中心，每天都上演着工人阶级的悲惨和资产阶级的奢华。年仅十五岁的欧文从这里看明白了钱是怎么赚来的。他看到，一镑重的原棉（看起来很脏的棉絮）只卖 25 便士，但是一旦把这些原棉纺织成棉布，就可以卖 5 英镑，中间的差价是 4.75 英镑，绝大部分利润都流入了棉纺厂主的口袋里。

罗伯特·欧文肖像

罗伯特·欧文这时还是一个商店店员。他省吃俭用，杜绝了一切需要花钱的休闲享乐，终于在五年之后，他二十岁的时候，买了三台纺织机器，雇用了几个工人。于是，他成了资本家，成了一个可以自主的工厂主。

相对于曼彻斯特的那些大纺织厂来说，罗伯特·欧文的工厂实在是太小了，尽管他生活优越，但是很难发财致富。不过，他有一个诚实能干的好名声，并被一家大型棉纺厂聘为高级经理，薪酬丰厚。于是，罗伯特·欧文卖掉了自己的小厂，在二十二岁时就成为受人尊敬的高级经理，管理着曼彻斯特最大的一家棉纺织厂。

对于一个没有受过正式教育和专业培训的人来说，罗伯特·欧文已经相当成功了，但是后面还有好运等着他呢。那个时候，棉纺工业也扩展到了苏

罗伯特·欧文设想的理想社会，F. 比特绘制

格兰。在克莱德河边的新拉纳克有苏格兰最大的棉纺织厂。

新拉纳克的几家大型棉纺厂的主人叫大卫·戴尔，他只有一个女儿。罗伯特·欧文从曼彻斯特到新拉纳克谈生意时，遇见了戴尔小姐。两个人相爱了，随后欧文娶了戴尔小姐。于是，他先是成为工厂的合伙人（共同拥有者），在大卫·戴尔先生去世之后，又成了苏格兰最大的棉纺厂主。

到此为止，罗伯特·欧文的故事还只是一个成功者的故事：年轻有为，品行端正，加上格外的好运。但是，罗伯特·欧文还有另外一面。

与其他棉纺厂主不同，罗伯特·欧文对工人的悲惨生活，对他们非人的生存条件，怀有深切的担忧。怎样做才能帮助他们呢？提高他们的工资吗？

显然那不会带来什么本质变化。不，单是提高工资肯定是不够的，他们的整个生活方式都应该发生改变。这不是一时心血来潮的主意，慢慢地，欧文逐渐形成了一项计划，他要建立一个新的社区，使其成为各地工人阶级的生存典范。

这个计划始于重新建造工人的住房。罗伯特·欧文为每一个工人家庭建造了两居室的住房，这在当时显然是超前的。但清洁怎么办？这些人还没有养成清洁卫生的习惯。谁能监督他们做到整齐干净呢？欧文不想强迫工人去做这做那，而是希望他们能够参与协作。于是，工人们自发选出一些“视察员”，负责定期参访各家住户，然后在一个小本子上记录下来：哪一家是干净的，哪一家是比较脏的。这就足够了。没有一个女人会受得了邻居因干净整齐受表扬，而自己被人看成邋遢的主妇。

在工厂管理方面，罗伯特·欧文对于奖优罚懒也自有一套办法。每座工厂都挂有不同颜色的写字板，黑色、蓝色、红色、黄色、白色。那些工作非常差的人的名字将被写在黑板上，工作最好的人的名字写在白板上。再懒惰的人一连几周看到自己的名字被写在黑板或蓝板上也会感到羞耻，随之就会去改进。通过这样的方式，欧文工厂的工作效率和品质提高了，在纺织领域中遥遥领先。

在其他地方，工人要买衣服和食物，只能去那些不法商贩经营的商店。那些商贩不仅胡乱收费，还经常骗人。在新拉纳克不是这样子，罗伯特·欧文开的商店都是以批发价购买物资，然后以成本价卖给工人。罗伯特·欧文的这些商店就是合作社的前身。后来，这类合作社遍布英国各地，合作社运动就发端于罗伯特·欧文在新拉纳克的这些商店。

没有人想过工人生病了之后怎么办，罗伯特·欧文想到了。欧文设置了一个所谓的“疾病基金”，一部分由工人出资，一部分由他个人赞助。把这笔

罗伯特·欧文的乌托邦学校模型

钱存起来，以备工人或家属生病的时候使用。

罗伯特·欧文最关心的是儿童。在他的工厂里，禁止让不满十岁的儿童进厂工作（别忘了他自己就是十岁开始工作的，所以他并不觉得这样规定有什么不对）。而那些十岁到十五岁的童工，每天只工作五个小时。

没有人想过工人阶级的孩子们如何接受教育，罗伯特·欧文想到了。他在新拉纳克建了一所学校，这个举动比他所处的时代超前了一百多年。

他认为学校不仅仅要教授课程，更重要的是要去塑造孩子的品行。打孩子不能塑造出坚强的性格，棍棒和皮带之下出来的，不是懦夫就是恶霸。所以，在新拉纳克的这所学校里，不实行在那个时代很常见的体罚。

罗伯特·欧文同样相信音乐和舞蹈都是儿童教育的一个基本元素，所以学校每周都有音乐课和民间舞蹈课。

在罗伯特·欧文的倡导和推动下，新拉纳克的社会条件改变了，逐渐变成了一个模范社区，人们更加健康和幸福。毋庸置疑，他的善行惠及了工人的家庭和后代，人们对他所做的一切感恩戴德。

罗伯特·欧文以正确的做法回应了错误的理论，指明工业革命也好，经济发展也好，都需要合作。我们可以说，他心怀博爱，是把友爱精神发扬光大的英雄。作为一个资本家，他致力于合作，基于友爱精神与他的工人们协同工作。

罗伯特·欧文希望新拉纳克的模范社区可以在不列颠其他地方被人复制，但他错了，没有一个工厂老板愿意复制这个模式。在失望之后，罗伯特·欧文犯了一个更大的错误，他试图在美国建立一个巨大的社区，在这个新世界开启的新试验，其名为“新和谐公社”。但这个尝试不幸失败了，他损失了所有的财产，只能把新拉纳克的工厂卖掉了。1858 年，他在贫困中死去。

在新老板的手中，新拉纳克又回到了过去的轨迹。但是，罗伯特·欧文的努力并非徒劳无益，他已经展示了工业革命需要合作、友爱，无论是在工业领域还是在经济领域，都是如此。

42
工人斗争

罗伯特·欧文是位独具一格的天才。很久以前的另一位天才莱昂纳多·达·芬奇，一样有着很多超越了时代的想法。但是在他所处的那个时代，这些想法是无法付诸实践的，这与罗伯特·欧文的境遇十分相似。在他生活的那个时代，人们总把他当成怪人来谈论，而很少关注他在新拉纳克的作为。尽管如此，欧文的许多理念最终都付诸了实践。

他建立的非盈利商店是后来遍布英国的合作社的前身，而工人的“疾病基金”实则是国家医疗保险制度的雏形。

不过，欧文的另外一个理念并没有在他那个时代成为现实。

为了更好地理解这个理念，让我们先来回忆一下，之前在火车头推广应用时期的一段插曲吧。当时，理查德·特里维希克为一座矿场修了一条火车轨道，但工人反对修建，因为它将令马车车夫失业。在这次事件中，由于所有的工人立场一致，矿主只好妥协，拆除了轨道。

单个的工人是很无力的，只能任由资本家和工厂主摆布。而一旦整个工厂或矿场的工人团结行动，他们就有了力量，可以迫使雇主关注他们的需求。

类似的事件在纺织厂、钢铁厂和矿场中屡见不鲜。这些事件让工人们学会，只有站在一起团结行动，才有希望改变他们恶劣的生活条件。

于是，每个矿场、棉纺厂和钢铁厂的工人，开始团结起来，并且成立了一个叫“工会”的组织。但是这些小工会仅限于一个单独的企业，既没有强大的力量，也没有足够的资金支持。在小的事情上他们固然可以推动雇主关注工人的意愿，但在关键问题上却无能为力。比如，他们想提高工资或者改善生活条件，如果雇主觉得工人的要求过高，完全可以解雇他们，把他们打发走，然后从大量的贫民中找来新的工人。所以，这些以一个工厂和矿场为单位的小工会在改善工人的条件方面并不能发挥作用。

现在，我们再来看看罗伯特·欧文，他对工人恶劣的生存条件非常担忧。他的理念是，所有棉纺厂的小工会联合起来成立一个大工会——服务于所有纺织工人的贸易工会，而所有煤矿的小工会应该通力合作成立一个面向所有矿工的大工会，以此类推。

这样一个大型的贸易工会显然要比那些小的工会有力量得多。如果一个棉纺厂的雇主解雇了所有的工人，他从其他地方也找不到工人，因为工会可以禁止成员为其工作。

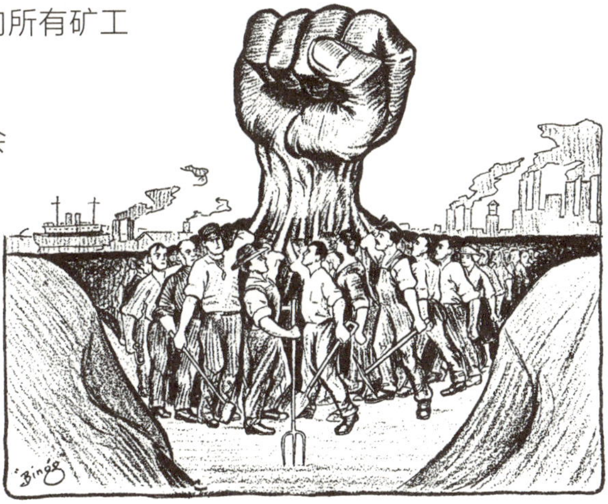

1917 年的工会宣传版画

工会之所以变得如此

强大，显然源自罗伯特·欧文的理念。可他是一个真正的资本家呀！但他认识到合作与友爱才是经济领域中的恰当原则。

工人们接受了这个理念，每个工厂的小型工会都成为一个全国性大工会的分支。就在这个时候，政府出面了，并且颁布了法令禁止工会。

在那个时代，不是所有的英国人都有权利在选举的时候投票，有投票权的前提是拥有自己的产业，例如房子、商店、农场、工厂等。而工人连自己的房子都没有，也就根本没有投票的权利。所以无论政府如何更替，都会站在有产者这一边，绝对不会为连投票权都没有的工人阶级说话。

全国工会显然会赋予工人阶级以力量，政府对此当然不支持。因此所有的工会都遭到了法律的禁止。在那个时代，罗伯特·欧文的理想无果而终。

1815 年，拿破仑在滑铁卢的最终失败让英国总算有了一段和平时期。但是，对棉纺工人来说，和平带来的只有更加悲惨的生活。在与拿破仑作战期间，英国陆军和海军需要几十万件制服，因此棉纺工业极度繁荣，棉纺厂把能找到的工人都雇用了，甚至工人工资都比以前要高一点。但是随着战争的结束，军队制服需求量减少，导致产量压缩，于是成千上万的棉纺工人被解雇。现在他们没用处了，失去工作的人也得不到补偿，如果哪个失业的棉纺工人饿死了，就像马尔萨斯说的，这就是自然法则，尽管令人伤感，但是不应该得到帮助。

即使那些还有工作的棉纺工人也难逃厄运，他们的工资比原来要低得多。如果一个工人敢说这么少的工资无法养家糊口，得到的回答就是，还有一大堆人愿意为了更少的工资干同样的工作呢！更糟糕的是，工资在下降，食物的价格却在上升。棉纺工人陷入饥寒交迫的窘境，他们的苦难比原来有过之而无不及。

这就难怪会有人煽动这些衣着褴褛、饥寒交迫的男男女女们来一场武装起义，似乎只有法国大革命那样的行动才能救得了他们。

于是，1819 年 8 月 16 日，曼彻斯特的棉纺工人在曼彻斯特郊区的圣彼得菲广场，举行了大规模的抗议活动，男男女女有八万之众。他们没有武器，却排成了五大纵队，举着法国大革命的红白蓝三色横幅，像战士一样听着鼓声和号角前进。

如此声势浩大的示威游行吓坏了那些养尊处优的商店老板和曼彻斯特的富裕市民。他们要求政府保护，于是来了一个骑兵兵团维持秩序。

当身穿红制服的士兵出现在圣彼得菲广场的时候，集会的棉纺工人还保持着良好的秩序，他们只是高声咒骂着。这时候一个工人爬上了一个平台准

彼得卢大屠杀，乔治·克鲁汉克作，上面的文字为“打倒他们，让他们别再从我们这里拿走我们的食物，别让他们偷走我们的权利，记得你们此时的勇气和忠诚”

备发表演讲。军队的指挥官下令逮捕这个人。于是，一队士兵拔出宝剑，骑马冲入了人群。人们发出了愤怒的吼声，他们试图抓住马缰和马镫来阻挡骑兵，而骑兵则挥剑还击。他们骑着马冲向挡路的人，人群惊慌失措，四处逃命，数百人被撞倒踩踏。等人都跑光了，地上横七竖八地躺着许多死尸和受伤的人。

这就是彼得卢大屠杀。这个名称苦涩幽默，意味着它是一场类似滑铁卢的惨剧。

但是，这场可怕的惨痛事件却促成了一件好事，它唤醒了所有英国人的良知。现在连富有的地主和商人阶层都认识到：工人的待遇必须改变！人们开始制定法律，逐渐消除工业革命的恶果。1824 年，全国工会合法化；1833 年，童工的工作时间降低到每天八小时。

卡尔·马克思肖像

1845 年，一位名叫卡尔·马克思的德国人来到了英国。此时，正值英国议会慢慢吞吞、犹豫不决地进行工人待遇改善的进程，工人的生存条件依旧很糟糕。在这种境地之下，卡尔·马克思写了具有历史意义的《资本论》一书。马克思宣称，无产阶级只有通过无情的斗争，才能战胜资产阶级，建设一个新社会，让所有好的东西可以公平分享。在这个新的社会里，所有的财富，房子、工厂、农场都属于公共财产，而不是资本家所有，他将这个社会叫作“共产主义社会”。

在这本书里，卡尔·马克思描述了阶级斗争和未来的共产主义社会，所以他成了共产主义的奠基人。

如果不列颠能够以罗伯特·欧文为榜样，就不会有彼得卢大屠杀，不会有阶级斗争，只有合作运动。但是不列颠的富裕阶级在错位的自由中长久执迷不悟，过于迷信马尔萨斯的理论，相信多余的人口注定就该受苦。结果，罗伯特·欧文的理念被埋没了，马克思的理论传遍了全世界。

这一切都始于工业革命。

43

罗伯特·克莱武

棉花在工业革命中扮演了最重要的角色，是在棉花纺织的过程中，意外促成了哈格里夫斯的纺织机发明；是在棉纺织业中首先利用了水力代替人力；是在棉纺织业中第一次使用瓦特的蒸汽机；是棉纺厂主首先发现了史蒂芬孙的铁路的优势。工业革命的每一次飞跃都跟棉花息息相关。

棉纺工人聚居形成了最早的贫民窟，他们的境遇是最差的。但恰巧是棉纺工人的悲剧感染了罗伯特·欧文，促使这位棉纺厂主在新拉纳克进行了尝试，也让他有了建立行业工会的想法。当然，也是这样的悲惨生活导致了在棉纺贸易的中心地区发生了彼得卢大屠杀。

工业革命不仅局限于棉纺业，很快它就吞噬了所有的生产领域。但棉花是启动工业革命的决定性力量，棉纺织业是第一个机械化产业，而且棉布出口为英国带来滚滚财源。

但是想想看，不列颠并不产棉花，其优势只是在于拥有纺纱和织布的机器。在其他国家赶上之前，仅仅凭借机械化纺织，就让不列颠获得了巨大财富。

棉花开启和发展了工业革命，而出于一个罕见的巧合，或许不仅仅是巧合——在工业革命势不可当之际，不列颠占领了一块巨大的棉花出产地。这里是棉花的原产地，这里种植使用棉花的历史远远早于其他国家，这块无比富饶的土地就是印度。

英国对于印度的征服要归功于一个人的勇气和开拓精神，这个人就是罗伯特·克莱武。

罗伯特·克莱武出生于 1725 年，那时工业革命尚未开始。他出生于一个富贵之家，他的父母过着优渥的生活，唯一担心的就是这个儿子罗伯特。他整天都在给父母和老师找麻烦，简直快把人逼疯了。在学校里，他对任何科目都不感兴趣，就喜欢跟男同学打架，除此之外什么都不干。十八岁的时候，他的双亲很庆幸能帮他在印度找到一份工作，终于可以把他远远地打发走了。

罗伯特·克莱武肖像

那个时候，印度还不是一个统一的国家，分裂为很多独立的小国家，称为邦。每个邦都有一个统治者，称作邦主，而各邦之间一直处于无休无止的对抗和战争状态。英国、葡萄牙、荷兰和法国这些欧洲国家，最初仅在沿海地区建立了一些小的殖民地。但是，在各邦的混战中，如果帮助一邦战胜了另一邦，就可以获得更多的土地作为回报。于是，欧洲各国试图以这种方式扩大他们在印度的殖民地。

克莱武来到英国，在印度马德拉斯的殖民地成了一名办公员，每天都要抄写冗长的商行名录，他可不是干这行的料。他变得十分消沉，甚至想逃走。但能逃到什么地方去呢？他没有钱，没有一技之长，也没受什么教育，绝望中他想到了自杀。一天，他独自待在办公室，把子弹上了膛，顶着头，扣动了扳机，手枪咔哒一声卡壳了。也许他没有把子弹放好？他把子弹拿了出来，重新装好，然后又试了一次，手枪又咔哒一声卡壳了。太郁闷了！克莱武把手枪摔在地上。这个时候，一位朋友走进了他的办公室。克莱武说："你看，这破手枪根本没法用，真不知道怎么回事！"这位朋友走上前，捡起手枪，对着窗外扣动了扳机，"砰！"子弹飞出了窗外！

第二天，克莱武就获得了一个可以离开无聊透顶的办公室的机会。此时正值两邦之间爆发了战争，英国支持其中一方，另一方的后台是法国。如果克莱武愿意，他将成为一名战士，去帮助英国的盟友。终于，克莱武如愿以偿，可以去做他最热衷的事情——战斗。

他负责率领一支五百人的作战部队，其中两百名是英国人，三百名是印度人。第一项任务是夺取一个名叫阿尔果德的要塞，他以极小的伤亡代价攻占了这个要塞。但是，还没等他站稳脚跟，就获知将有一支近万人的军队前来攻打要塞。五百人对抗一万人，任何人都会选择迅速撤退，而克莱武毫无此意！

他囤积了食物，加固了阵地，准备应对长期的包围。这确实是一次持久战。敌人将要塞整整包围了七个星期，企图以饥饿迫使守军投降。尽管食物

罗伯特·克莱武攻占阿尔果德要塞

短缺，克莱武和他的部下还是坚守阵地。七个星期过去了，敌人失去了耐心，全体出动进攻要塞。这可正中克莱武的下怀——加农炮一发威就让攻城者伤亡惨重，损失大半，敌人只好撤退了。这事发生在 1751 年，这场大捷让克莱武声名远扬，威震全印度。

此后，他接连获胜。很快，印度人都开始认为克莱武是不可战胜的。在他的领导下，英国军队连下印度诸邦，开始征服印度。

然而，因为健康的原因，克莱武不得不暂停征战。在他回英国休假时他受到了英雄般的欢迎。在他离开的这段时间，印度孟加拉邦的统治者进攻英国的一块老殖民地——加尔各答港。守城者大惊之下措手不及，慌忙将所有的英国妇女和儿童送上唯一的船只带回英国。惊慌的船长没等男人登船，就将船直接开走了。加尔各答剩下的人旋即投降。在加尔各答还剩下 146 名英国人，在印度王子纳瓦布（总督）西拉杰·乌德·达乌拉的命令下，他们被扔

146名英国人被关在“加尔各答黑洞”中

进了一个只有两个小窗户的小土牢，仅有长5.5米、宽4米这么大。所有人都被关了进去，像罐头里的沙丁鱼一样挤在一起，门还上了锁。时值盛夏，即使在户外也酷热难当，土牢里简直比地狱还要糟糕。囚徒们张着大嘴呼吸，口干舌燥，只求空气和水，但他们的呼救是徒劳的。

第二天早上，印度守卫打开了门，146人中只剩下23个幸存者。这就是声名远扬，更确切地说是臭名远扬的“加尔各答黑洞”。

加尔各答沦陷的消息传来，克莱武立刻回到了印度。他麾下只有几百名英军士兵和一些忠于英国的印度小队，而对手却是孟加拉统治者的大军，这支大军有大象、骆驼、战马和大炮。在普拉西战役中，克莱武取得了彻底的胜利，仅仅损失了20人，而对方伤亡数百人。印度王子逃跑了，但王子的一位大臣为了讨好英国人，把王子杀了。

一旦强大的孟加拉邦落入英国人的手中，印度其他各邦就没有办法再坚持了。逐渐地，整个印度次大陆都成了英国的殖民地（直到1947年才获得独立）。这一切均归功于罗伯特·克莱武。

然而，这位能征善战的人物却以悲剧告终。当克莱武再一次回到英国的时候，他留在印度的代理人行事不忠，收受贿赂并利用职权牟取暴利。英国议会指控克莱武也从中收取了分成。最终，他证明了自己的清白，英国议会

在普拉西战役之后，罗伯特·克莱武会见印度军事指挥官。罗伯特·克莱武被认为是英帝国最伟大的缔造者之一，而在殖民地人民眼中，他却是罪恶的强盗

加尔各答达尔豪西广场东侧的景色，1794年绘。1772年，加尔各答成为英国在印度殖民统治区的首府（后来移至德里），英国人规划了这块地方的发展方向，他们排干附近的沼泽，修建了一系列带有欧洲风情的公共建筑，以达尔豪西广场为圆心，城市向四周扩展

感谢了他巨大的贡献。但是，报纸和一些议员对他一再诽谤，令他伤透了心。绝望之下，他决定结束自己的生命。这一次，手枪的扳机扣响了。

工业革命使不列颠成为世界上最富有的国家，而对印度的征服则使其成为世界上最强大的国家。整个19世纪，英国都在书写崛起的故事，跻身世界强国之列的历史。英国的军舰游弋在各大洋的每一片海域，战士遍及各大洲的广阔殖民地。

44

加里波第：早年生活

我们已经讲了，19 世纪的英国之所以能崛起成为世界大国，主要归功于工业革命和征服印度。与此同时，由于统治阶级对经济领域中的博爱与合作缺乏了解，这个最富强的国家里也生活着境遇悲惨的工人阶级。

现在我们要讲的，是一位寻求自由和解放的英雄。为此，我们先来了解一下与英国工业革命同期的其他国家。

在欧洲另一隅的意大利，人们迎来了不同类型的革命，这场革命不是关乎友爱，而是关乎自由和解放。当时的意大利还不是一个统一的国家，而是分裂成几个各自为政的国家。在南部，是由西班牙王子统治的那不勒斯王国，北部则是在奥地利的统治之下，还不是独立的国家。还有一部分称作皮埃蒙特王国（又名撒丁王国），由意大利国王统治，另外一部分由罗马教皇统治。总之，整个意大利的分裂态势就像一块七巧板。

但是，拿破仑失败之后，在意大利青年人当中，涌现出对于祖国统一的强烈诉求。这种思想显然令各地方的统治者都不满意，毕竟奥地利的皇帝不想失去意大利北部地区，皮埃蒙特的国王也不会主动放弃自己的王位。所以，只要有年轻人公开讨论意大利的统一问题，就会立刻遭逮捕入狱。

一些狂热的年轻人还会秘密地集会，他们写信相互交流对于意大利统一的渴望，这招来政府越来越严厉的压迫。任何人未经警察部门许可都不能举办聚会或者召开会议。甚至每一封通过邮局寄送的信件，警察都会打开来检查，如果信中有危险言论，写信的人就会被逮捕入狱，几年都出不来。任何有“危险”思想，或者对压迫政策有抱怨的书和报纸都不准出版。意大利成了毫无自由之地。

一些意大利青年逃亡到了其他国家，比如法国、英国，在那里策划如何建立一个统一自由的意大利。他们将写好的书偷运进意大利，以手手相传的方式散播。所有这些萌动让人们心中的希望成倍增长，大大促进了争取自由的进程。但仅仅如此还不够，斗争需要的是一位领袖，他可以领导人们战斗，为自由而战。这位自由战士就是朱塞佩·加里波第。

加里波第的父亲是一名水手。他的思想很简单，唯一的期盼就是让自己的独子受到良好的教育，然后从事一项比做水手强一点的职业。但是年轻的加里波第对读书根本不感兴趣，他想出海探险。他的父亲显然对此非常不赞同，于是十五岁的加里波第鼓动一些男孩跟着他一起离家出走。他们偷了一艘小船，然后驶向了大海。当然了，在他父亲的请求下，海岸防卫队派船追上了他们，把这些年轻人带了回来。

这件小事显示出加里波第的两个特质：他非常倔强，同时很有领导能力。不管怎么说，他父亲认识到这样的孩子是不可能成为好律师或者好医生的，于是同意他出海了。

当加里波第航行经过法国马赛港的时候，遇到了一些为了革命而逃亡的

加里波第肖像

加里波第就出生在古城尼斯的这座房子里

意大利老乡。很快，他就成为这个革命组织中富有激情的一员。

作为水手，加里波第有很多机会为革命工作。每当抵达一个意大利的港口，他都会跟遇到的船员和渔夫交谈，将他们争取到自由意大利的阵营中来。一次偶然的机会，警察发现了这件事，虽然加里波第成功逃脱了追捕，但还是被定为卖国罪并判处死刑，遭到悬赏捉拿。此时，意大利对于加里波第不再是安全之地，他上了一艘开往巴西的船，来到了里约热内卢。正好，这时候巴西也在闹革命，一个省的人们起来反抗政府。加里波第立即加入革命阵营中，在接下来的六年里，他就在陆地和海洋上不断地进行着与政府对抗的斗争。

一次，他被逮捕进了监狱。几个星期之后，他的伙伴试图秘密营救他。但他实在不走运，还没走多远就又被抓住了。管事的官员发怒大吼："是谁帮你逃跑的？”加里波第拒绝出卖朋友，接着就受到了棍棒和皮鞭的拷打，但他仍没有吐露半个字。更残酷的刑罚还在后面。他的手臂被捆在横梁上，整个人被悬空吊起，剧痛令加里波第昏厥过去，但他还是什么也没说。于是，他被扔进了牢房。两个星期之后，他再次逃跑，这一次他成功了。

他继续为起义军作战，并被任命为一艘军舰的舰长。一天，他站在甲板上，通过望远镜观望岸边。结果，他看到了一所大房子，阳台上站着一位女子。在望远镜里，他可以清清楚楚地看到这个姑娘，他自言自语道：“她就是我要娶的女人。”

于是，他命令停船，然后放下一艘小艇，划船登岸。一上岸，他就开始一家又一家地寻找在望远镜里看到的那栋房子，但没能找到。就在他打算放弃的时候，碰到了一位相识的起义军军官，这位军官说：“我正要去拜访一位朋友，他就住在附近。你也来吧，他们看到你会很高兴的。”

加里波第接受了邀请，跟这位军官一起走了。抵达那所房子之后，他遇到的第一个人就是他在望远镜里看到的那位女子。整整一分钟，两人互相注视着，一句话也不说。后来，他们俩回忆当时，都说感觉自己不是第一次见到对方，似乎很久很久以前两个人就相互认识了。整整一个上午，他的目光都没有从姑娘身上移开，加里波第对她说的第一句话就是：“你必须得做我的妻子。”

那姑娘什么也没说，只是微笑着点头。他们的罗曼史就这样开始了。

她的名字叫安尼塔·里贝拉，当时只有十八岁。安尼塔的父亲已经将她许配给一个她根本不喜欢的男人。现在，站在她面前的这个人，就是以大胆而著称的加里波第。他的头像雄狮一样，火焰般的头发在空中飞扬，一把金色的大胡子，映衬着他深蓝色的眼睛。他又高又壮，从头到脚都显示出他是一个不计后果的冒险者。安尼塔从他们相遇的第一刻就认定，她非此人不嫁！但是她的父亲显然不希望她嫁给一个外国冒险家。

第一次见面之后不久，安尼塔就跟加里波第私奔了，两人结了婚。从此，他们一起面对生活中所有的困难和艰险，相濡以沫。

在一次战斗中，加里波第的起义军战败了。在混乱的撤军途中，安尼塔与丈夫离散了，被抓进了监狱。但她设法逃跑了，并且还套到了一匹马。她只身一人骑着马穿越了近60英里（约100千米）的旷野，没有带任何食物。有两次，她不得不骑着马游过大河，而她只能紧紧抓住马鬃。四天之后，她安全归来，她的丈夫心花怒放。

在另外一场战斗中，加里波第受了重伤，被抛弃在战场上等死。噩耗传来，安尼塔却根本不信，她说："如果他死了，我的心会告诉我，但现在我的心说他没有死。"

当时已经是深夜，她拿着一盏油灯就走进了夜幕。战场上躺着几百具士兵的尸体，黑夜笼罩四野，她独自一人，翻看着一具具尸体，用油灯照看每一张已然僵硬的脸。她在尸体堆中摸摸爬爬几个小时，终于发现了她的丈夫。他浑身血污，昏迷不醒，但他的心脏还在跳动。她为他包扎了伤口，然后才回去寻求救助。之后的几个星期里，她一直精心护理他，结果他又一次活了下来。

加里波第纪念碑

在接连不断的危险之中，他们的第一个孩子出生了——是一个男孩。在他只有十二天的时候，起义军遭遇了一场大溃败。加里波第带着全家逃亡，栖身于巴西的丛林之中。正值雨季，几个星期以来他们都生活在大雨之中，皮肤浸泡在水中，没有像样的食物，被蚊虫叮咬，随时会遭到丛林中的野兽、毒蛇，还有敌军的突袭，他们总是担心孩子撑不过去。但最终，他们和孩子都幸存了下来，并且成功逃脱了险境。

加里波第在南美的时光，为他日后要承担的大任做足了准备。意大利在暴君的统治下分崩离析，人们饱受压迫，而他将在意大利领导一场推翻暴君的革命运动。

45

加里波第和意大利统一

在继续介绍加里波第之前，先让我们看看 19 世纪上半叶的欧洲：法国大革命之后，欧洲所有的统治者——国王、皇帝、沙皇等，都将“自由、平等、博爱”视为危险思想，生怕这些思想会传播到本国，威胁到他们的王冠，乃至生命。所以他们想尽一切办法，让恐怖气息弥漫开来，以此让臣民保持沉默。意大利的压迫和管制与法国、德国和俄国如出一辙，任何有关自由的言论或文字都可能成为坐牢的罪名。在那里，警察的职责不再是保护人民，而是专门抓捕、关押和处决那些胆敢接近危险思想的人。当时，英国是唯一允许人们说出自己想法的国度，而在欧洲的其他地方，无论是在演讲、写作中还是在印刷品中，均不允许表达任何令君主们不悦的想法。

但是，压迫、管制和迫害都不能阻碍人们的思想，这些因素永远不会长期奏效，只是一个暂时现象。在欧洲，这个暂时现象却存在了很久，直到 1848 年才出现了转机。1848 年的历史是需要用红色来书写的，因为在这一年，爆发了太多的革命。

首先是在法国。1848 年 2 月，法国人奋起反抗国王路易·菲利普（路易十六的一个亲戚），令他逃亡到了英国。起义的胜利宛若火花，点燃了遍及欧洲各地的革命之火。在维也纳，学生们也掀起了反对奥地利皇帝斐迪南的革命，但不幸的是，他们的英勇起义最终遭到军队镇压，很多学生被处决。在德国也爆发了革命，但也被武装部队给镇压了。

现在我们再来看看意大利。意大利北部地区一直在奥地利皇帝的控制之下，这违背了意大利人民的意愿。所以在革命的年代，1848 年，意大利北部地区的人民也起义了，反对奥地利人的统治。

1848 年，法国发生了二月革命，法国人民成功推翻当时的国王路易·菲利普一世

那意大利的其他地区呢？有这么一位国王，皮埃蒙特王国的国王查理·阿尔伯特，出人意料地宣布支持起义一方。他愿意为了一个自由统一的意大利与义军并肩作战，并且许诺一旦统一，意大利也会像英国那样建立议会。

这会儿我们可以继续讲加里波第了。此时，意大利国内革命浪潮高涨，还有一位国王愿意为此战斗，还有什么能阻止远在美洲的加里波第和他忠诚的安尼塔回到意大利呢？他们把孩子托付给在法国的亲戚，满怀希望地抵达了意大利——祖国的解放和统一指日可待了！

但是加里波第的愿望和意大利人民的企盼都在苦涩中落空了。奥地利皇帝已经成功地镇压了维也纳的革命运动，并组织了一支大军挥师南下，穿越阿尔卑斯山脉，杀入意大利北部地区，准备一举消灭缺乏训练且装备匮乏的意大利义军。而皮埃蒙特王国的国王也迅速屈服求和。

加里波第呢？他和安尼塔以及一小队忠实的伙伴被弃之不顾。城市和村庄都落在了奥地利人的手中，奥地利的士兵加紧搜捕危险的叛乱分子加里波第。这一小支义军的唯一希望就是急速行军到沿海地带，然后乘船逃跑。

印有加里波第像的十比索钞票，1887 年印制于乌拉圭

他们就这样昼夜兼程，无休无止地行军，把奥地利人甩在了后面。但是如此艰辛的行军摧毁了安尼塔的健康。她一直勇敢地跟着队伍，但身体却越来越虚弱。

最终他们抵达了海岸，找到了愿意帮助他们的渔夫。夜晚，这一小队人乘坐六艘小船驶离了海岸。他们真是太不走运了，这是一个满月的夜晚，在穿越一段狭小的海岬时，驻守在那的奥地利人发现了他们，并开枪射击。只有一艘小船幸免于难，其他的船只都被击沉了，这只小船载着加里波第、安尼塔和其他六个人。他们只好回到岸边，幸存者四散奔逃，只有一个人还跟着加里波第和安尼塔。但是这个时候安尼塔已经不能再坚持了，两个男人抬着她到了一家农场。幸运的是，农场主是一个爱国的意大利人，并且是加里波第的崇拜者，他把加里波第他们藏了起来。奥地利人逮住了其他逃走的人，并枪杀了他们，同时还在继续搜捕加里波第。安尼塔经历了太多的艰辛，已经走到了生命的尽头。无论如何救助，她还是死在了农场。这是加里波第唯一一次被命运击倒，他痛哭不已。

但是他显然没有太多时间伤感，甚至不能亲眼看着安尼塔下葬，因为奥地利人还在持续地搜捕，庇护所也不再安全。他和他的朋友经历九死一生，最终再次逃离了意大利，这一去就是很多年。他又一次飘荡在大海之上，作为商船舰队的舰长，他甚至还远行到过中国。

1854 年，时隔六年，他再次获得重归故土的机会。皮埃蒙特王国发生了巨大的变化，一位年轻勇敢的国王——维克多·埃曼纽尔登基了。他真心愿意为一个统一自由的意大利奋斗。但是没有一个强大的盟友，皮埃蒙特王国是无望战胜奥地利大军的，这个强大的盟友就是法国。

路易·菲利普在 1848 年的法国革命浪潮中被赶走之后，拿破仑·波拿巴的侄子路易－拿破仑·波拿巴被推举为共和国的总统。这个侄子，可以说跟他叔叔一样野心勃勃，仅仅当了一小段时间的总统之后，他就宣布自己为法国皇帝，号称拿破仑三世（拿破仑的儿子年幼夭折，后被追封为拿破仑二世）。这位新的拿破仑愿意帮助皮埃蒙特王国与奥地利作战。

现在就需要一位既有丰富作战经验，又能让战士衷心追随的人，来号召和领导意大利人民，这个人就是加里波第。他受召来到了皮埃蒙特王国，开始训练一支一千人的志愿军。这些志愿军士兵都是精挑细选出来的，个个身体强壮、英勇无畏。志愿军身穿红衫，象征着他们愿意为自由贡献鲜血。

恰逢西西里岛爆发了一场革命，加里波第和他的红衫军出征的时刻到来了。西西里岛一直是由西班牙统治的，在西班牙暴君非人的统治和百般蹂躏之下，可怜的西西里人终于忍无可忍，揭竿起义了。但是，如果没有加里波第和红衫军的支持，这些西西里农民是无望成功的。三个月后，西班牙统治者被赶出了西西里岛。

那不勒斯王国也处于西班牙人的统治之下，于是加里波第率领他的红衫军渡过西西里海峡，进军那不勒斯王国。但实际上他们根本没有遇到反抗，被派来与他们作战的军队一枪未放就投降了。那不勒斯的人民起义了，而西班牙统治者仓皇逃窜，人们热烈欢迎解放者加里波第的到来。

人民欢迎加里波第骑马进入那不勒斯

到了这个时候，加里波第已经赢得了巨大的声誉，并深受人民爱戴，如果他愿意，就可以当上意大利国王。但这显然不符合加里波第的性格，他对皮埃蒙特王国的国王维克多·埃曼纽尔一如既往地忠心耿耿。

与此同时，在意大利北部也在进行一场激烈的战争，而加里波第并没有介入。拿破仑三世遵守了诺言，派军与皮埃蒙特王国的军队共同对抗奥地利。经过艰苦的战斗，法意联军击败了奥地利人。1859 年的这场苏法利诺战役之所以如此重要，还有另外一个原因，我们以后会讲到。

不管怎么说，苏法利诺战役之后，意大利北部也解放了，许许多多意大

1860 年 10 月 26 日加里波第与维克多·埃曼纽尔在泰阿诺的桥上会师

利人梦寐以求的理想终于成了现实。1861 年，意大利宣布统一，结束了分崩离析的过去。而意大利的第一位国王维克多·埃曼纽尔使这个崭新的国家拥有了议会，以及选举自由和言论自由。自由终于来到了意大利，很少人像加里波第那样为此承受了那么多的痛苦，做出了那么多的牺牲，他就是自由的英雄。

在随后的几年里，加里波第与国王维克多·埃曼纽尔及大臣们发生了争执，而这只能说明垂垂老矣的“造反家”还是不容易与人相处，还是像年轻时一样顽固。但这些品质也最终成就了他，使他成为自由解放领域的英雄，一如罗伯特·欧文是博爱领域的英雄。

46
亨利·杜南

我们都向往自由、平等和博爱，但是仅有这三点是不完整的。就像一条大河，在三角洲地带分成三条支流，自由、平等和博爱都来自同一源头，那就是仁爱，或者说同情。这是一种对他人怀有的强烈而深刻的情感，这是一种可以与人同喜同悲的能力。欧文对他的工人们的悲惨生活感同身受，加里波第对深受压迫的意大利同胞的痛苦感同身受，正是这种感情令他们成为平等领域或者自由领域的英雄。现在我们要讲的是一位满怀慈悲仁爱之心的英雄。

这个人出生在瑞士的一座美丽的城市日内瓦——坐落在瑞士最大的湖日内瓦湖畔，这一地区的主要语言是法语。我们的英雄虽然有一个法语名字，叫亨利·杜南，但他是个瑞士人。

杜南是日内瓦一位大富豪的儿子，天生就具有商人的禀赋，拥有那种用钱生钱的本事。除此之外，杜南年幼之时就显示出一项与众不同的长处。有

亨利·杜南，摄于1855年

一天，他走在日内瓦湖边，看到一些男孩在钓鱼。他们钓上鱼来，不是立刻杀死，而是将其放进一个篮子里。篮子里面的鱼在无力地挣扎着。看到这样的情形，年轻的杜南无法忍受，他掏出了口袋里所有的钱，向这些男孩买下了所有的鱼，然后把鱼都放回到湖里。

凭借着经商天赋，杜南成长为日内瓦受人尊重的富商。一个商人永远不会放弃投资挣钱的机会，杜南当然也不例外。问题只是，在哪里投资可以带来最大的效益呢？

那个时候，像杜南这样的富裕资本家，不仅仅会在自己的国家或者欧洲投资，也会到海外的殖民地投资。而杜南的祖国瑞士是没有殖民地的国家，但他们的邻居法国有。况且，杜南的母语是法语，所以他很自然地想到把钱投资在法国的殖民地。而最近的法国殖民地是阿尔及利亚，在北非的海边上。

因此，我们的商人杜南出发去了阿尔及利亚，想考察下在那里是否有获利颇丰的挣钱机会。最后他买了一片地，这片土地肥沃广阔，可以种植小麦。

他想为此建造一个磨坊，可以将小麦磨成面粉，因此他希望能够挖一条运河以便利用水力来转动磨盘。在阿尔及利亚挖条运河需要得到巴黎的法国政府的许可，所以杜南写信给巴黎的有关部门提出了申请，但是石沉大海。

杜南有些生气了。他把身家财产几乎都投入到这片土地上了，而巴黎的官僚主义有可能让他血本无归。所以他决定直接去找法国政府的头头——当时的法国新皇帝拿破仑三世，让他批准自己的请求。于是他赶到了巴黎，但是皇帝却不在那里。拿破仑三世正率军前往意大利，帮助意大利人跟奥地利人打仗呢。

但这显然阻挡不了杜南，既然拿破仑三世在意大利，那么他就去意大利，一定要见到皇帝陛下才甘心。杜南赶赴意大利，在伟大的苏法利诺战役的前一天晚上赶到了法军的最高指挥部。大战在即，法国人都在备战，没人有时间接见杜南或听他投诉，更不要说皇帝了。杜南必须得等。

于是第二天，1859 年 6 月 24 日，杜南有机会站在附近一座山顶上，从头到尾目睹了苏法利诺战役的全部过程。

那可是在六月啊，意大利的六月非常闷热。整整一天，法国和意大利联军就跟奥地利军队在炎炎烈日下，展开了一场野蛮残酷的战斗，双方都伤亡惨重。

前进的命令一下，整排整排的士兵，以排山倒海之势冲向对方。瞬间，他们搅在一起，展开了一场近身搏斗，他们用刺刀刺，用军刀劈，用枪托砸碎敌人的头颅。如果丢了武器，就赤手空拳扼住敌人的脖子，用牙齿撕咬敌人的身体。这根本不是一场人类的战斗，更类似野兽的厮杀，没有一点点怜悯之心。甚至连那些受了伤的人，只要还有一点点气力，都不会放弃厮杀。骑兵的战马践踏着倒在地上的躯体，炮车的车轮也直接碾轧过去。大地浸染着鲜血，受伤的士兵痛苦的嘶喊声，跟隆隆的炮声一起回荡在战场上空。

苏法利诺战役，阿道夫作

夜晚来临之际，奥地利人战败了，并且全部撤出了战场。但是，战役结束了，而痛苦并没有终止。四万名伤员，包括法国人、意大利人和奥地利人，被抛弃在战场之上，没有护士和医生，也没有食物和水。他们备感饥渴，这比伤口的痛楚更令人难以忍受。一整夜，伤兵们的哀嚎声都回荡在空中。第二天早上，人们看到有些伤员吞食了泥土，在抽搐中悲惨地死去了。

第二天，伤员们还没有得到救护，他们继续在痛苦中垂死挣扎。苍蝇爬在他们身上，伤口也开始感染化脓。一整天，商人杜南都忘记了他的生意。如果没有人愿意帮助这成千上万名生命垂危的伤员，他愿意去做。

他召集附近村中的意大利农民，组成了一支小救护队，开始了这项几近无望的工作。他让村里的小孩担任运水工，还派出马车去附近的城镇，用他自己的钱去购买绷带、别针、海绵和水果。他碰到了两个英国游客，并让他们参与到这支小救护队中，和那些农村妇女及男人们一起照顾伤员。开始的时候，意大利人只愿意照顾受伤的法国和意大利士兵，不想照顾他们的敌人奥地利人。但杜南喊着：“人人皆兄弟！”意大利人说：“是哦，所有的人类都是兄弟。”于是，他们开始不再区别对待奥地利伤员。总共大约有四万名伤员，但心怀慈悲的志愿者仅有一百多人。整整三天，这些真正的基督教徒在杜南榜样力量的感染之下，没日没夜地工作，只间或休息一小会儿。最后，杜南想方设法从法军那里要来了马车，把这些伤员送到了附近的城镇，那里的学校、教堂、市政厅已经清空了场地，用来收留伤员。

只是他再没能见到皇帝。皇帝受不了横尸遍野的场面，战斗一结束，他就起驾回巴黎去了。

但杜南对自己的生意已经毫不关心了，无论是磨坊，还是运河。他回到了日内瓦，回到了瑞士，满脑子只有一个念头：在未来的战争中，我可以做些什么，才能帮助那些受伤的人呢？回到日内瓦之后，他写了一本名叫《苏法利诺回忆录》的书，书中他不仅记录了整个战争的过程，更提议所有的国家应该坐在一起，达成一个协议，来救助伤员和战俘。

这本书在全世界引起了巨大的共鸣，但杜南要的不仅仅是同情之心，他要做出实际有效的事情。他接二连三地拜访各国政府，跟部长谈，跟首相谈，跟国王谈。最终，1863 年，在日内瓦召开了一次大会。会上，许多国家的政府代表签署了《日内瓦公约》。从此，红十字会成立了。这是人类历史上首次得到全体赞同的一件事情，这都要归功于杜南。自那之后，红十字会已经拯救了数百万人的性命。

然而，当杜南一心扑在这些事情上的时候，已经完全无暇照顾自己的生意了。结果，他不仅倾家荡产，还背上了许多债务。借钱却无力偿还，这对他来说是一种耻辱。于是，他从红十字会辞职了。之所以这样做，是希望人们不要将一个负债累累的人跟这个将为人类带来福音的新组织联系起来。没有钱，也没有了工作，杜南一贫如洗，有段时间甚至露宿街头。

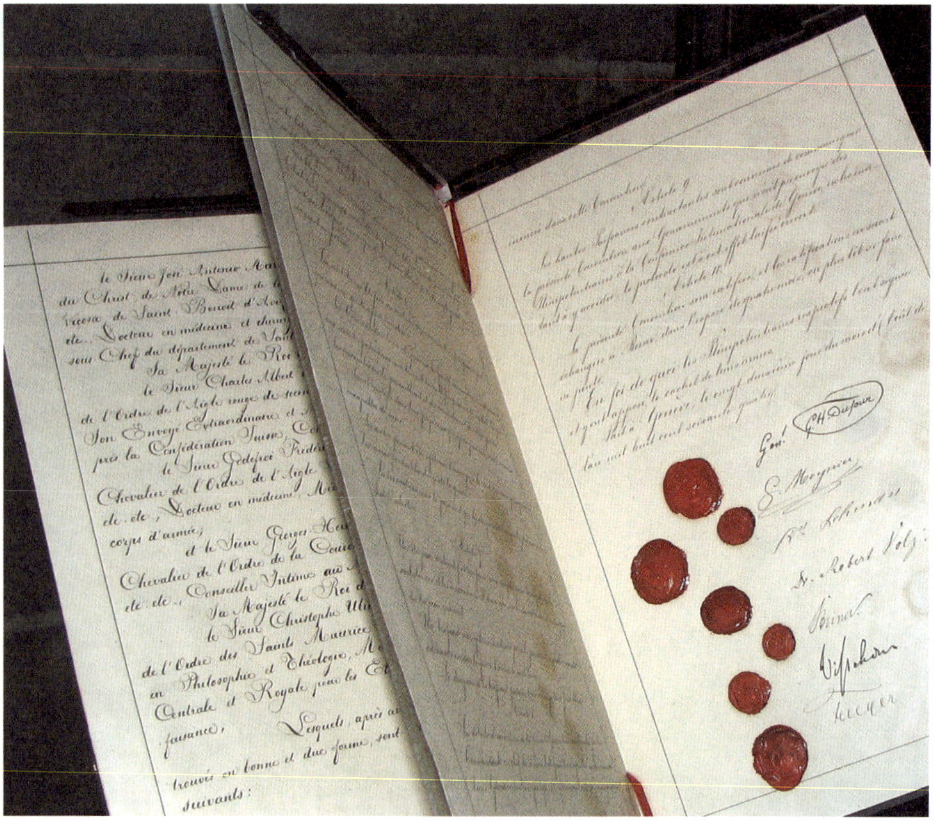

《日内瓦公约》，凯文摄

他在人们的视线中消失了，人们也忘记了他。很多年过去了，没有人在意他是否还活着，或者身在何处。

1908 年，杜南已经八十岁高龄了。一名记者发现了他，当时他住在阿尔卑斯山下的一个小村庄中。一时间，来自世界各地的礼物和电报纷纷而来。杜南在临死前至少知道了，他并没有被世界遗忘。1901 年，杜南被授予第一届诺贝尔和平奖。

他是彰显人类友爱、慈悲和同情的伟大英雄，永远不会被我们忘记。

1917 年红十字会的海报

47
亚伯拉罕 · 林肯

罗伯特 · 欧文堪称博爱的英雄，而加里波第则是自由的英雄，现在我们讲一位平等领域的英雄。首先我们要弄清楚“平等”意味着什么。这个平等指的是“权利的平等”，就是说每一个国家的公民享有同等的权利。法律的原则不因人的贫富而异，也不看你是贵族还是劳工，这才是我们所说的权利“平等”。一个勤奋的人可能会比一个懒汉拥有更好的生活，但是在案件审理或法律纠纷中，他们面对的应该是同等的法律。

但就是在一百多年前，有这么一群人，根据他们本国的法律，他们不享有任何权利。他们甚至无权离开工作，即使他们不情愿也得继续，这些不享有任何权利的人就是美国的黑奴。这是一个伟大的国家，人们曾经为了享有税收方面的话语权，发起了针对英国的维权之战。然而，在这个伟大的国家，直到 19 世纪竟然还保留着奴隶制度。

当然了，一些美国人会说，大多数黑人奴隶都受到主人的善待，情况根本没有那么糟糕。但即使每一个奴隶主都非常仁慈，奴隶制本身还是错的。何况很多奴隶主并不仁慈，而是十分冷酷无情的。他们随意伤害或残杀黑奴，仅仅是为了取乐，仅仅是因为奴隶没有任何权利。

不过，只有在亚拉巴马、佐治亚、路易斯安那、卡罗来纳、弗吉尼亚等美国南部的一些州，还保留有奴隶制度。这些州之所以需要黑奴，是因为一种长着白花花、毛绒绒的果实的植物——棉花。

试想一下，大概没有哪种植物能像棉花一样给人类带来这么多痛苦了：

贩卖黑人奴隶

英国棉纺厂的工业革命，美洲的奴隶贸易。当然了，错并不在植物，而是人类的贪婪导致了这么多的苦难。

在美国，棉花只能在南部诸州的温暖的气候中生长，在巨大的棉花种植园中工作的全是黑人奴隶。在北部，棉花无法生长，也不需要大量的奴隶。所以北部诸州一个接一个地废除了奴隶制，让黑奴获得了自由。

19 世纪中期，美国因为在奴隶问题上的分歧，分裂为两个部分。北部各州都废除了奴隶制度，并且认为蓄奴是违法行为。而南部各州的人会说："对你们来说容易得很，你们根本没有棉花种植园。但我们南部依赖棉花生产，没有黑奴的工作，根本不可能经营棉花种植园，更别说获利了。"

这样的情况会持续一段时间，但不会长久。越来越多的北方人觉得，像美国这样一个文明国家，竟然还跟古代罗马帝国一样保留着奴隶制，这是错误的。在现代社会，所有人都应有平等的权利。华盛顿的美国政府应该通过立法，在全国废除奴隶制度。由于北部各州代表在政府中占多数，他们显然可以制定这样一条全国性的法令。

但南部各州说了："如果你们制定了这样的法令，我们就从美利坚合众国中分裂出去。南部各州将独立成为一个国家，我们将拥有自己的共和国和政府，并且保留奴隶制。"对此，北部各州回应说："我们不会允许你们分裂美国，我们将用武力强迫你们接受华盛顿的美国政府，它是我们的政府，也是你们的政府。"

这就是 1860 年美国的局面。那一年亚伯拉罕·林肯（1809—1865）当选为美国总统，北部和南部共同的法定总统。

亚伯拉罕·林肯的经历可以说是典型的美国成功者的故事。他来自肯塔基州的一个贫苦家庭，当时这个州还处在半蛮荒的状态。在他八岁的时候，母亲就去世了。他的父亲是一个木匠，整天忙忙碌碌，无暇照顾儿子。九岁

在家中的林肯

的时候林肯就得出来谋生了，他在农场里工作，在商店里打工，或者在摆渡船上帮忙。在工作之余，他一有机会就去学校读书。他受教育程度不高并不是他的错，而他也通过努力自学去弥补这个不足。他在商店里打工的时候，顾客常常发现他利用空余时间在柜台的角落里看书。

后来林肯也开始做点小生意，跟朋友合资开了一个小商店。但这位合伙人并不诚实，而且还是个酒鬼。他不仅把自己喝死了，还给林肯留了一屁股的债。林肯花了很多年来偿还债务，而他最终全部还清了，他在每笔交易中都坚持诚信原则。

这些年中，在经营商店和偿还债务之余，他开始利用空闲时间自学法律。最后，他通过了考试，成了伊利诺伊州首府斯普林菲尔德的一名律师。

即使作为一名律师，亚伯拉罕·林肯还是一丝不苟地保持着诚实品质。一天，有人来请林肯做他的律师，在法庭上为他辩护。林肯仔细聆听了这个人的陈述，然后说：“确实，我可以向法庭陈述你这个案子，并且能帮你打赢官司，然后拿到你给我的五百美元报酬，但是我不会去做，因为你在这件事上是错的。再见！”

怀着对公平和正义的强烈认知，亚伯拉罕·林肯从年轻时代就反对奴隶制度。他认为奴隶制度是邪恶的，必须要从美国废除，他参与政治就是为了与这个邪恶的制度战斗。林肯作为斯普林菲尔德的代表，入选了华盛顿的国会。从此，各种事件接踵而来，林肯在其中逐渐崭露头角。直到 1860 年，这危机四伏的一年，亚伯拉罕·林肯，这个穷木匠的儿子，当选为美利坚合众国的总统。

林肯当然不希望他的国家滑向内战，他许诺南部各州说，不会用武力强迫他们放弃奴隶制度，但是他们并不相信他。于是，在 1861 年的 1 月，南卡罗来纳、密西西比、佛罗里达、亚拉巴马、佐治亚、路易斯安那和得克萨斯各州宣布独立，组建自己的政府。5 月，弗吉尼亚、阿肯色、田纳西和北卡罗来纳也加入了独立阵营。他们宣称“奴隶制度是黑人的天然待遇”。

这是公开的叛乱，是针对华盛顿合法政府的叛乱。作为总统，亚伯拉罕·林肯有责任平息叛乱。

因此在 1861 年，残酷的内战在南部各州（同盟军）和北部各州（联邦军）之间拉开了序幕。在这场战争中，同一个国家的人民之间相互残杀；这场战争持续了四年，夺去了七十多万人的生命。

战争伊始，联邦政府并没有将战争目的设置为解放奴隶，而是要将南部各州重归联邦。但在战争期间，亚伯拉罕·林肯宣布，如果北方获胜，南部的奴隶制度将被废止。

1865 年，战争结束，北方获胜，美国的奴隶制度也就走到了尽头。如果和平时期也能像战争时期那样，由倡导公平的亚伯拉罕·林肯担任领导者，

林肯和内阁成员讨论《解放奴隶宣言》的草稿

那将是美国之大幸。他的目标并不是以征服敌人的方式对待战败的南部各州，而是作为朋友，一起治愈战争的伤痕。但事与愿违。一天晚上，林肯去看戏，一个狂热的南部同盟支持者，在半疯狂的状态下冲进了总统的包厢，枪杀了他。这事就发生在南方投降前夕。

继任的总统是安德鲁·约翰逊，他无法阻止国会敌视南方各州，以致在战后很多年中，南方各州持续徘徊在战争的伤痛中。

黑人不再是奴隶了，但这只是迈向真正平等的第一步。在此之后的一百多年，美国黑人才获得了完全平等的权利，在南方尤其如此。

在这个时期，英国的工业革命提出了友爱的诉求；在意大利，有一场为了自由而战的斗争；而美国内战则是一场为平等权利而爆发的战争，平等之战的英雄就是亚伯拉罕·林肯。

48

沙皇亚历山大二世

在美国为了人权和平等而战的同时，类似的斗争也发生在俄国。这真是一个奇异的巧合。俄国在 20 世纪下半叶成了美国强有力的竞争对手，而在美国南北战争期间，俄国也笼罩在平等问题的危机之下。

那个时期，在俄国其实也存在一种“奴隶”，称作“农奴”。虽然农奴与他们的主人一样，都是土生土长的俄国人，但是他们的生活却像美国的黑奴一样凄惨。

那个时候俄国只有少数几座城市，没有什么工业，更没有什么工厂。在这个幅员辽阔的国家，大部分土地都是农村。但是这里没有英国那样的农夫，只有辽阔的农庄，延绵几千亩，这些农庄都属于俄国贵族。

庄园里的劳动者，也就是那些农民，不是英国的“佃农”，而是“农奴”，他们工作都是为了供养贵族老爷。这意味着他们就像庄园里的牲畜和房子一样，是主人的财产。但他们也不完全是奴隶，两者的区别在于：美国的奴隶

受欺压的农奴

是可以单独出售的，而俄国的农奴是随着他所生活的那片土地的买卖而出售的。农奴是土地的一部分，就像生长其上的树一样。

农场主并不给农奴们发钱或食物，每个农奴家庭都有自己的一小片土地种植粮食。一般是这样规定的，每周有两天的时间他们可以在自己的土地上工作，其他四天要在他们主人的土地上工作。但事实上，贵族们很少给农奴足够的时间在自己的土地上劳作，因此农奴们很难有足够的粮食。

农场主随便找个理由，甚至无须任何理由，就可以随意处罚农奴。用桦树条抽一千下是最常见的惩罚。而所有处罚中最令农奴害怕的就是流放。如

亚历山大二世肖像

果一个农奴有几次不服从主人，就将被流放到西伯利亚。在那里，一年有九个月的时间大地都是冰冻的，而暖和的那几个月则是数以百万计的蚊虫肆虐的季节，流放至此相当于被判处了死刑或者关进了战俘营。可怜的穷人在冰天雪地中干活，衣衫褴褛，食不果腹，死亡对他们来说甚至是一种解脱。

俄国人口的四分之一是农奴，而这四分之一的人却得努力工作养活所有的人。

学校都是为大农场主和富商子弟设置的。但是学校要教什么都由政府来决定，也就是说由沙皇和他的大臣们来决定。

在俄国，沙皇和贵族们对法国大革命的思想也是一样的恐惧。他们害怕自由、博爱和平等的思想一旦在俄国传播，就会引发人民起义或者反抗。所以政府尽其所能地禁止这种“危险”的思想。

胆敢宣扬危险思想和反政府言论的人都会遭到逮捕。为此，政府在警察之外，又设立了秘密警察，专门监视人们的日常言行，一旦发现有人在只言片语中透露出危险思想，就立即汇报。秘密警察的存在，令权高位重的贵族也没有安全感。可以说，从王子到农奴，所有人都生活在这些间谍的恐怖控制下。一旦受到秘密警察的密探告发，你就会厄运缠身。根本没有法庭，没有听证，你就会被逮捕，或者被处死，或者被送到西伯利亚的集中营里慢慢等死。

1855年，一位新沙皇登基了，他就是亚历山大二世（1818—1881），他为俄国带来了新的风气。新沙皇亚历山大二世的开新之举就是批准在俄国修建铁路。他的父皇曾经禁止在俄国修建铁路，因为这会鼓励人们进行不必要的旅行，引发人心躁动。

而新沙皇亚历山大二世想要的不仅仅是铁路，而是一个巨变。他想废除农奴制，想让农奴获得解放，获得与其他俄国人同等的权利。

你或许以为农奴们会高兴听到这样的消息，但实际上他们并不这么想。身为农奴，他们还能有一小片主人给的土地。如果他们不再是农奴，就什么也没有了，那该怎么生活呢？他们宁可选择当农奴也比没有地好。

亚历山大二世意识到，他需要采取措施将贵族们的土地分给农奴，但这些地也不能白给，要给贵族钱。钱从哪里来？当然还是农民了。他们要在自己新的土地上努力工作，出售一部分粮食，把钱交给贵族，年复一年，直到付清购买这块土地的钱为止。这个办法似乎对贵族和农奴来说都比较公平。由此，俄国废除了农奴制。

1861年是历史上人权斗争的伟大一年。在这一年美国爆发了内战并最终使奴隶制被废除；在这一年，俄国的沙皇亚历山大二世废除了农奴制。1861

1861 年，亚历山大二世宣布解放农奴

1881 年 3 月 1 日，亚历山大二世乘马车准备去签署法令，要宣布改组国家委员会，启动俄国君主立宪的政改进程。马车经过今天滴血教堂的地方，一个学生投掷出两枚炸弹，将他的双腿炸断，他被送回到冬宫，几小时后死亡

年，美国奴隶制和俄国农奴制的废除，都是人类迈向平等的伟大进步。

亚历山大二世确实做了些有益平等和人权进步的事情，但他并不热衷于让俄国人民在政府中拥有话语权。他拥有绝对的权力，不想有一个议会来分权。然而，在俄国很多人希望有更多的自由，特别是大学中的学生。学生们公开聚会，要求在俄国举行选举，组建议会。结果几百名学生遭到逮捕，并被流放到西伯利亚。

此外，亚历山大二世认为，科学会让人们开始思考，以致在脑袋里产生了危险的思想。于是，包括物理、化学、生理学和天文学在内的所有科学课程统统被粗暴地禁止，保留下来的科目只有拉丁文、希腊文、历史和地理。

学生们发起了反击，他们几次试图刺杀亚历山大二世，但都失败了。劫后余生的亚历山大二世给了秘密警察更大的权力，可以说前所未有。现在，秘密警察可以随意逮捕、吊死、枪毙任何人，或者送他们到西伯利亚去。

因此学生们下决心要杀死暴君沙皇。1881 年，沙皇亚历山大二世乘坐一辆马车穿过莫斯科的街道，一个学生突然冲了出来，将炸弹扔进了马车里。炸弹爆炸了，炸死了沙皇。

亚历山大二世死了，因为他没有认识到仅仅有平等是不够的，在现代社会人们还需要自由。废除农奴制的人和废除奴隶制的人都因政敌的暗杀而死。这真是奇异的巧合！

49

俾斯麦

我们已经看到了 19 世纪时发生在英国、意大利、法国（拿破仑三世上台）、美国和俄国的巨大变化了，现在我们看看在德国发生了什么。

19 世纪中期，德国跟意大利一样，并不是一个统一的国家。尽管大家都说一种语言，但仍处于众国分立的局面——普鲁士、巴伐利亚、萨克森，还有其他大大小小的王国都各自为政。

德国人和意大利人一样渴望能有一个统一强大的国家，但没有一个国王愿意自动放弃权力。于是，在“红色”的 1848 年，德国多处爆发了革命，但都遭到了镇压，德国依旧处于分裂的状态。

德国没有意大利那么幸运。尽管德国也有热爱自由的人民，但是他们没有一位如加里波第那样的伟大领袖。德国最后确实统一了，但是它的统一不是来自一个热爱自由的人，而是一个热衷于权力的人——奥托·冯·俾（bǐ）

斯麦，他将德国打造成了一个国家。

俾斯麦生于1815年，不像加里波第那样生于贫困家庭，他的家族是普鲁士的贵族，自中世纪以来就是普鲁士的大领主。俾斯麦永远不会像加里波第那样做个水手，或像林肯和罗伯特·欧文那样在商店打工，他是大地主的儿子。尽管庄园里的仆人和农民不是奴隶，但是他们一样得尊敬和服从主人。所以，年轻的俾斯麦自小就有这样的信念，世界是由主仆组成的，主人发布命令，仆人执行命令。什么自由、平等和博爱这些字眼，对他压根没有任何意义。

18世纪中期的普鲁士士兵

但是年轻的俾斯麦非常聪明，在学校尽管不怎么用功，依然能名列前茅。在大学也是如此，他花大量的时间练习击剑或跟人对剑（当时德国的大学生都热衷于此），但仍然能顺利通过考试。

因为家里十分富足，所以俾斯麦无须为生存或者生计发愁，他本可以优哉游哉地做一个大庄园主，但是他精力十分充沛，受不了碌碌无为的生活，因此

奥托·冯·俾斯麦肖像

他出于兴趣，投身于普鲁士的政治活动中。

这个时期，普鲁士国王已经向人民做出了一些让步，他允许成立议会。尽管这个议会的权力有限，完全无权反对国王，但至少算是某种民主机构。

俾斯麦当选为议会的成员之一。他的脑海中对普鲁士和德国的未来都有一个很清晰的规划，成为议员不过是他实现这些规划的第一步而已。

俾斯麦认同德国人民的意愿，认为分裂的各邦国应统一为一个大国家。他认识到，统一将使德国成为无比强大的国家，拥有几百万人口和欧洲最大规模的军队。这个统一的德国将跻身世界强国之列。

但是德国如何才能统一呢？当然不能通过革命手段，一个像俾斯麦这样的贵族，鄙视任何形式的叛乱和革命。不行，必须使用其他方式，即由他的国家普鲁士王国来强行统一。其他诸邦国必须接受普鲁士的统治，普鲁士国王应该成为德国的皇帝。德国不能允许底层的起义，而要从上层强行实现统一。

1861 年必将被历史记住：这一年，美国内战爆发，废除了奴隶制度；这一年，俄国废除了农奴制；这一年，意大利在维克多·埃曼纽尔国王治下得到了统一；这一年，俾斯麦成为普鲁士首相，开始落实他的宏图伟业。

普鲁士要足够强大，才能在德国其他地方贯彻自己的意志。为此，必须扩充军备，但这需要大量的资金。俾斯麦要求议会提高税收，来支付军备费用。他在议会的演讲不幸言中了未来的局面："要解决世界性重大问题，不能靠言词和争论。只有铁和血才能解决问题。"

但是，普鲁士的议员都认为税收已经过高，因此投票反对，他们也了解到人民都不乐于增税。而俾斯麦根本不在乎人民怎么想，他只关心自己怎么想。他想要一支强大的普鲁士军队！他去觐见了国王，国王一纸命令，就提高了税额。普鲁士人也就只能服从，照单纳税。

就这样普鲁士军队迅速扩张，成为德国各邦国之间最强大、最精良的军队。而其他邦国，诸如巴伐利亚王国和萨克森王国对此非常担忧，他们完全清楚这意味着什么。他们将自己的命运寄托于德国南部的一个国家——奥地利。他们希望奥地利足够强大，可以阻止普鲁士成为德国的主人。但他们的希望很快就破灭了。

1866 年，以一件小事端为由，俾斯麦猛然发起了反奥之战。在一场大溃败之后，奥地利求和了。这场战争仅仅持续了一个月，但俾斯麦向德国各邦国彰显了谁都别想阻挠普鲁士军队的实力。

在德国西部还有一股强大的势力可以干扰俾斯麦的大业——拿破仑三世统治下的法国。于是，俾斯麦计划发动一场与法国的战争。但他的如意算盘是挑拨法国先发起战端，这样看上去，普鲁士就是被迫应战的。

他果然做到了。首先，他篡改了一封拿破仑三世寄给普鲁士国王的信件，使之看起来像法国人对普鲁士的羞辱。当然了，普鲁士报纸上的文章言辞激烈地攻击法国，法国的报纸也还以颜色。报纸总是可以左右民众的思想。法

普法战争中的巴伐利亚士兵。法国对普鲁士宣战后，巴伐利亚与普鲁士一起对抗入侵者

国和普鲁士的普通民众都相信，此事关乎“国家荣誉”，两国之间的仇恨迅速增长。最终，拿破仑三世中了俾斯麦的诡计，对普鲁士宣战了。

这场战争持续了两年，1870 年开始，1871 年结束。结果一如俾斯麦所预料的那样，普鲁士战胜了。此时，巴黎爆发了革命，拿破仑三世逃往英国，在那里度过了余生。法国又一次成为共和国。

普鲁士军队进驻巴黎，普鲁士国王和俾斯麦下榻在凡尔赛宫——这座为彰显太阳王路易十四的伟大荣耀而建造的宏伟宫殿。

在凡尔赛宫的这段时间，德国各邦国的统治者，包括巴伐利亚和萨克森的国王，都被召唤到了凡尔赛宫。召他们来此的目的是普鲁士国王威廉一世要对整个德国宣布称帝。1871 年，在法国的凡尔赛宫，普鲁士完成了统一德国的大业，俾斯麦也实现了他的目标。

拿破仑三世投降。1870 年 9 月，普鲁士和法国在色当展开决定性大战，此战中法国损失惨重，法王拿破仑三世被俘

意大利在 1861 年获得了统一，十年后德国也统一了。但两者统一的方式大不相同。意大利是借由大众运动，在加里波第这样的自由战士带领下完成统一的；德国却是由奥托·冯·俾斯麦，这个冷酷无情、诡计多端又无视自由的人来统一的。

在俾斯麦之前，德国人对于权力不感兴趣，他们盛产思想家、科学家和诗人，缺少能征善战的将军。但俾斯麦把他们推向另一边，他赋予德国人雄心壮志：德国要成为世界强国。而让德国兴起这种野心是一个错误。为此德国将在未来的世纪里，在两次世界大战的洗礼中付出惨痛的代价。

50
世纪之交

19 世纪末到 20 世纪初这段时间，发生了所谓的第二次工业革命。自 1870 年开始，第二次工业革命导致人类生活方式产生巨大飞跃，其重要性不亚于甚至超越了第一次工业革命。

第二次工业革命之所以能有这么大的效果，来自于两样东西的运用：电力和石油。

有了电，就可以通过电缆传输能量。电站建在离住宅几千米之外的地方，而人们在家可以用电照明或者加热等。而所有这些都需要电线把电流从电站输送到家里。

电同样可以传送声音，因此接下来就发明了电报和电话。想象一下，这些发明是如何改变了我们的生活吧。托马斯·爱迪生在 1879 年发明了白炽灯，这样人们就可以通过开关来控制照明。在电报流行的 19 世纪 40 年代，一封电报可以在几个小时内传送到相隔很远距离的地方（记录和翻译信息需要时间）。1876 年，亚历山大 · 贝尔又发明了电话，这令身隔数千千米的人可以即时听到对方的声音。

在煤和蒸汽之外，又有了一种新能源——石油。1885 年，卡尔 · 奔驰发明了以汽油为燃料的发动机，随后就出现了轿车、货车、卡车、汽船和飞机。飞机令人们的旅行快得超乎想象。

现在把这三样东西放到一起看看：电报（很像今天我们用的电子邮件）、

托马斯 · 爱迪生肖像

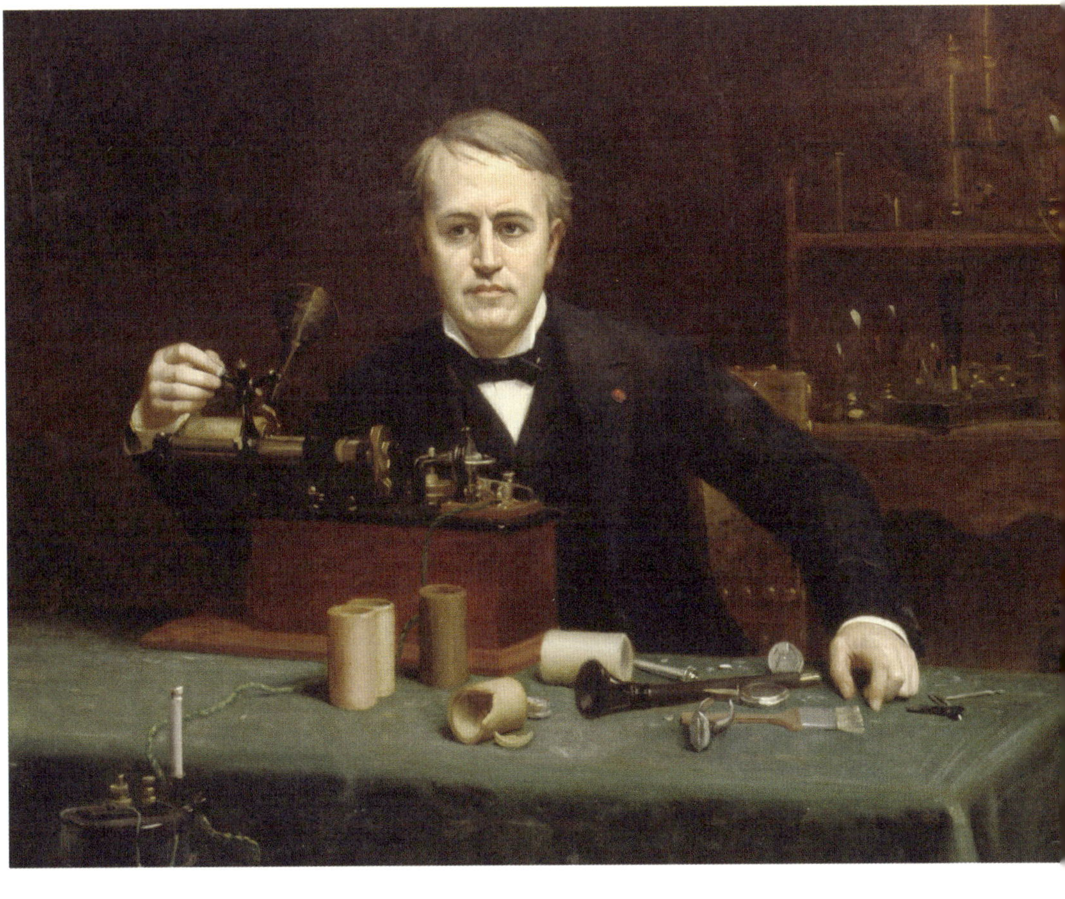

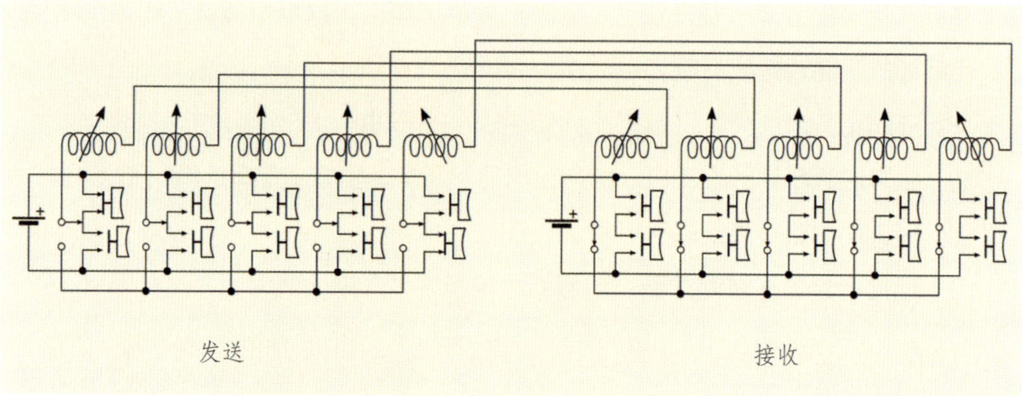

第一部商用电报由威廉·福瑟吉尔·库克和查尔斯·惠特斯通共同发明。此图显示这一五针电报传输字符 A 的电路图

电话和飞机。发现了吧？它们都缩短了距离。对电报和电话来说，从英国到澳大利亚之间的距离根本不算什么。而乘坐飞机，从英国到澳大利亚只需不到一天的工夫。

在古代，距离是难以逾越的。比如恺撒时期的罗马和中国之间的距离，是那么的遥远，以至于大部分罗马人甚至不知道中国的存在，大部分中国人当然也不知道有罗马这么个地方。现在你在罗马可以给北京的朋友打电话，或者一天之内就可以从罗马飞抵北京。第二次工业革命给人们带来的变化就是，地球变小了，距离缩短了。

但问题是，世界各国各民族人民的心灵是否随之更加贴近了呢？

来分析一下第二次工业革命之后世界各国之间的关系，可以让我们把这个问题看得更清楚些。

为了更好地理解，我们先回到几个世纪之前，大概是哥伦布、皮萨罗和麦哲伦那个时代，即大航海时代。那个时候西班牙和葡萄牙是欧洲最早拥有海外殖民地的国家。他们最想从殖民地获取什么呢？黄金、白银和各种财富。

这是几个世纪以来，开拓殖民地的唯一理由。所以，当英国政府认为澳大利亚没有黄金的时候，就对库克的这一发现毫无兴趣了，仅仅把那里变成了流放重刑犯人的地方。

但是，随着第一次工业革命的到来，这种对于殖民地的简单想法就发生了变化。英国拥有大量的棉纺作坊，那么一个大量出产棉花的殖民地就不仅仅是有用，而是非常重要了。当第二次工业革命到来的时候，人们发现了许多更加有用的东西。比如，铜可以用来做电线，铝可以用来造飞机，还有更重要的，就是原油可以提炼成汽油和柴油。

作为第一个进行工业革命的国家，英国也是最早认识到殖民地的真正财富所在的国家。其实，有没有黄金白银并不是那么重要。所以英国开始尽其

1886年的奔驰专利电机车1号，它是第一辆“现代汽车”

1903 年美国莱特兄弟发明第一架试飞成功的飞机

所能地扩大殖民地，尤其是在资源丰富的非洲。你永远不会知道地里埋藏着什么样的宝贵财富，今天可能不了解，但明天也许会价值连城。

当然了，如果世界上有一个地区可以生产黄金和钻石，那更要去占领。你从下面这个故事里可以体会到这一点。

1870 年，俾斯麦挑起了普鲁士和法国之间的战端，并且最后以法国战败，德国统一告终。同年，一位年轻的英国人塞西尔·罗兹来到了南非。罗兹是一个小职员，没受过多少教育，而且囊中羞涩。他去南非是因为他有肺病，医生告诉他，英国潮湿阴冷的气候会要了他的命，他应该去干燥温暖的地方。于是，他来到了南非。罗兹虽然没有接受太多的教育，但他非常聪明，尤其善于经商。在他抵达南非后不久，在金伯利地区发现了南非的第一块钻石。

当时，“探矿者”发现了钻石矿藏之后，他可以注册登记，然后就能拥有在这一小块地带开发矿产的权利。但是，这类探矿者往往没有足够的资金去购买机器并雇用工人去挖掘矿藏，他们自己最多就只挖到三四米深。于是，他们会以数百英镑的价格出售矿产权，然后继续去寻找新的矿藏。罗兹跑到金伯利，直接购买了数十份这样的矿产权证，其实他并没有那么多钱，都是借来的。他这么做要冒很大的风险，因为有些矿里可能只蕴含少量钻石，他可能赔得一塌糊涂。然而，他成功了。

现在，他拥有大片的矿区，可以用机器将更深的矿井里的水抽出，雇用数以百计的工人继续往深处挖掘，以便能找到更多的钻石。就这样，他连本带利还清了所有借款，还发了大财。

钻石矿主要是在英属的开普敦殖民地（又称海角殖民地），但是在南部非洲还有两个独立的布尔人共和国：德兰士瓦共和国和奥兰治自由邦共和国。布尔人是早期荷兰殖民者的后裔。

有人在布尔人的德兰士瓦共和国境内的约翰内斯堡附近发现了金矿。数以千计的英国探矿者和探险者蜂拥而至，都到这个布尔人的共和国境内寻找黄金。布尔人对这样的入侵十分头疼，认为以后的麻烦会接连不断。塞西尔·罗兹此时已是一位富有且受人尊敬的人

塞西尔·罗兹在 1892 年宣布要架起开普敦到开罗的电话线。爱德华绘漫画

了，他认为约翰内斯堡的财富应归大英帝国所有，整个南非地区都应该属于大英帝国。于是，他自掏腰包，出资组建了一支小型军队，出发去占领布尔人的国家，但布尔人把这些入侵者赶了出去。于是塞西尔·罗兹就跑到了英国，游说英国政府对布尔人宣战，去占领这片土地。

1899 年，布尔战争爆发了。追随英国军队的有一位年轻的英国记者温斯顿·丘吉尔，他被派往当地做战地记者，以及向在伦敦的报社发回战况报道。作为一个记者，而非士兵，丘吉尔既不能参加战斗（类似红十字人员），也不能携带任何武器。但是，年轻的丘吉尔对这样的规定不以为然，他随身携带了一支手枪，尽管他知道如果布尔人抓住了他，发现了武器，就可以因为他违规而枪毙他。

一天，丘吉尔随着两个连队的英军乘坐火车出发。突然，火车猛的一下子停了下来，子弹呼啸着穿过车窗，火车陷入了布尔人的埋伏！英国人发现他们已经被布尔人重重包围了，就选择了投降。丘吉尔当然也没能逃脱，他被带到一位布尔军官面前。军官命令搜身，结果他的手枪被发现了。这位布尔军官本可以下令枪毙丘吉尔，但他可怜丘吉尔还很年轻，就饶了他一命，把他关进了战俘营。

三个星期之后，丘吉尔从战俘营逃了出来。但是他身处敌营，语言不通，还没有钱，只能寄希望于能够跑出敌占区，进入葡萄牙在非洲的殖民地。于是，他找到一列开往那里的火车，钻进了一节空的火车厢里，在车上颠簸了一整夜。到了早晨，火车停了下来，丘吉尔立刻逃离了火车，以免被人发现。他跑进了一座农场，幸运的是，农场主是一位英国人。农场主把他藏在了一个老鼠出没的煤矿井里。几个星期之后，感觉已经足够安全了，丘吉尔才躲进另外一辆空的火车厢逃出了布尔人共和国，最终进入到中立的葡萄牙殖民地。四个星期之后，他随着英国军队又杀了回来，这次他是一位军官，并且

温斯顿·丘吉尔，曾于 1940 年至 1945 年出任英国首相

参与了战斗。

经过漫长而惨烈的战斗，布尔人最终战败了，他们的国家成了英国人的殖民地。许多年之后，南非成了一个自治领，仍然属于英国，但是有自己的总理。南非的第二任总理名叫扬·史末资，他就是当初饶了丘吉尔一命的那位军官。他后来和丘吉尔成为非常好的朋友，在两次世界大战之中都是盟友。

很多年之后，南非的布尔人仍然不能原谅英国人以武力侵占了他们的国家。

51
第一次世界大战

19世纪末期，殖民地开始变得更加重要，不再因为黄金、白银和钻石，而是其他原材料的供应：铜、橡胶和原油。这些原材料对于第二次工业革命来说至关重要。当然还有其他产品，比如咖啡和茶。这些饮料在欧洲十分流行，一个出产咖啡和茶叶的殖民地就显得非常宝贵。

科学家玛丽·居里发现了一种新元素——镭。之前人们根本没意识到它的存在，而现在它变得比黄金还贵重。人们利用镭的放射性来治疗癌症，夜光钟表的数字曾经也使用过镭，因为它在黑暗中会自己发光。后来人们发现这种具有放射性的元素对身体的健康十分有害，就不再用在钟表上了。还有其他一些有用的金属矿，例如钨锰铁矿石，是炼钢的重要原料；铝，之前没有人认识到它的重要性，现在成了供不应求的材料，因为它又轻又结实。

第二次工业革命导致对这些原料的需求量大增。但在欧洲很少有这样的矿

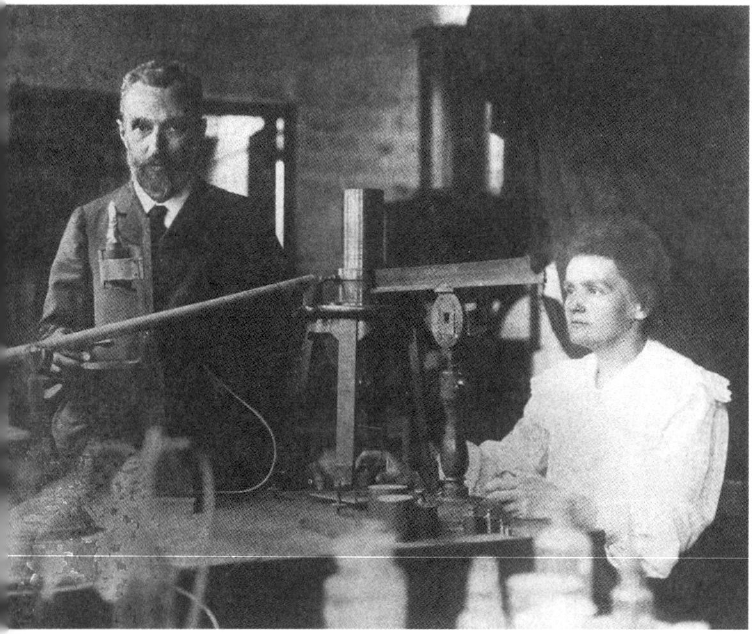

居里夫妇在实验室。玛丽·居里是首位获得诺贝尔奖的女性，获奖领域包括化学和物理学。她开创了放射性理论，发现了放射性新元素钋（pō）和镭，发明了分离放射性同位素的技术，在她的指导下人们第一次将放射性同位素用于治疗肿瘤

藏，都需要从海外殖民地运输进来。随着其他欧洲国家也开始工业化，各国均需要开拓殖民地，以获取矿产。此时，欧洲各国都加紧对那些尚未有主的殖民地宣布主权。法国抢占了非洲西北部一大片土地，还有印度支那；德国霸占了非洲的东部和西部；比利时占领了中非的一部分；而荷兰则加强了对亚洲印度尼西亚（爪哇和苏门答腊）的统治。各国争先恐后地追赶着英国的脚步，就像进行一场比赛。

工业革命对所有新的原材料都有着大量的需求，这是驱使各国掠夺殖民地的原动力。

英国是殖民地竞赛中的佼佼者，法国紧跟其后，德国则远远地落在后面。

英国政府看到其他国家效仿自己，十分不快。将近一个世纪以来，英国已经成为最大的殖民地帝国，并且拥有世界上最强大的海军。现在好了，其他国家不仅也在开拓殖民地，更要扩充海军。它们变成了竞争对手，对英国的财富和势力都构成了威胁。其中，英国认为德国比法国的威胁要大得多。

自俾斯麦时代开始，德国就致力于打造强大的军队。德国在鲁尔及其他地区的工业生产很快就超过了英国。德国在非洲建立了殖民地，紧接着，在威廉二世时期，德国人也开始打造一支在未来可与英国海军匹敌的海军。

不仅仅是英国人，法国人也认为德国是一个危险的对手。1870—1871 年的普法战争失利之后，面对德国不断增强的国力，法国一直感到恐惧，而俄国沙皇也害怕强大的德国军队会进攻俄国。

于是，英国、法国和俄国组建了一个强大的国家联盟，称为协约国。他们达成协议，其中任何一国受到了攻击，其他国家将提供援手。当然，德国的名字没有出现在这份协议上，但其中的含义不言而喻。

现在，德国感受到了来自这个巨大联盟的威胁——西部和东部腹背受敌，所以德国也找了自己的盟友——奥匈帝国。有关这个国家的构成，我们后续会讲到。

于是，在 20 世纪初的那几年，欧洲生出了两股主要力量：英国、法国和俄国一方；德国和奥匈帝国是另一方。各国都开始加强军备、扩充军队、建造海军，整个欧洲成了一个火药桶，只要一个火花就会爆炸。

1914 年，这个火花点燃了。奥匈帝国的皇位继承人、奥匈帝国的皇储在萨拉热窝遇刺，刺客逃到了邻近的塞尔维亚。奥匈帝国要求塞尔维亚交出刺客，当塞尔维亚政府还在犹豫的时候，奥匈帝国的军队就冲进了塞尔维亚。但是，塞尔维亚是俄国的盟国，于是俄国向奥匈帝国宣战。

其他联盟国家也陆续参战。德国支持奥匈帝国向俄国宣战，英国和法国向德国和奥匈帝国宣战，第一次世界大战就这样爆发了。这确实是一场世界大战，因为战争不仅牵扯到欧洲，英国和法国的殖民地也派出了军队前往欧洲参战。后来，美国也加入到英国和法国一方与德国作战。这场战争最终演变成名副其实的世界大战。

这真是一场残酷的战争啊！从来没有如此重大的战争伤亡。仅仅在持续了两天的帕斯尚尔战役中，就有超过 50 万的士兵牺牲。而战争还在继续。在这场可怕的第一次世界大战期间，第一次使用了战斗机，坦克第一次参与实战，潜艇第一次攻击了水面上的船只，军队第一次使用了毒气战。

可以这么说，是工业革命在一战期间促进了军备的提升，导致战争更加残酷。莱昂纳多·达·芬奇的忧虑在第一次世界大战时变成了现实：机器会使战争变得更加残酷。

1918 年，第一次世界大战以德国和奥匈帝国战败而告终。但在此之前，当德国人还在坚持作战的时候，发生了一件事情，其重要性甚至超越了大战本身。1917 年，德国和奥匈帝国已经被战争拖垮了，有什么办法能够至少干掉一个强敌呢？比如俄国。有一个办法，就是发动革命。如果在俄国内部爆发一场反对沙皇的革命，挑起俄国内战，那么俄国人就会互相残杀，而不会再与德国人作战了。

意大利《周日信使报》于 1914 年 7 月 12 日刊登的萨拉热窝刺杀事件图

与德国作战已经让 200 万俄国人丧生。为此，俄国人怨恨沙皇尼古拉把他们拖进了这场浩劫，这怨恨也出于沙皇不允许他们拥有自由。实际上，沙皇此时已经在手下将军的逼迫下退位了，由新成立的民主政府取而代之。但是，新政府仍然继续与德国作战。

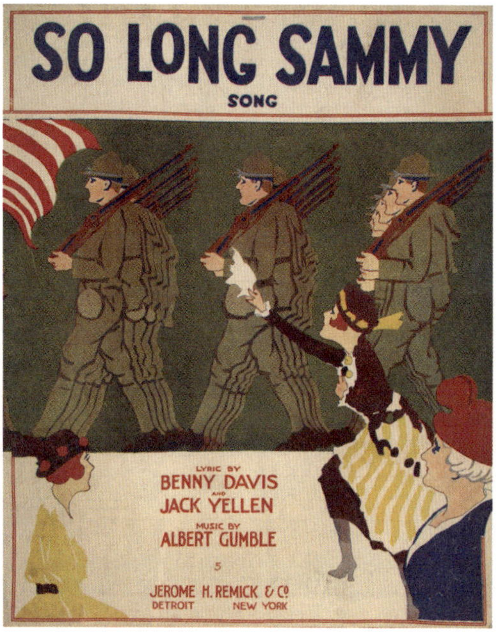

一战中美军动员海报

于是，德国人开始谋划如何在俄国内部引发另一场革命，一场反对民主政府的革命。

在瑞士住着两位俄国人，他们是俄国共产党的领袖、卡尔·马克思的追随者。这两个人一个叫列宁（原名弗拉基米尔·伊里奇·乌里扬诺夫），另一个叫托洛斯基。一战前，他们从俄国逃到瑞士，但仍与在祖国的共产党同志保持着秘密联系。

德国的将军们是这么想的：如果我们帮列宁和他的朋友托洛斯基回到俄国去，他们就会发动共产主义革命，那么俄国就会无暇再与德国作战。

事情的确如此。如果不能顺利通过德国，列宁就无法回到俄国，没有德国将军们的默许他根本做不到这点。所以，其实是德国的将军们给了列宁和托洛斯基穿越德国到达俄国边境的特许。这两位共产党领袖乔装躲进密封的火车车厢中，穿越德国，从芬兰进入了俄国。在那里，他们领导了共产主义革命。列宁允诺带来和平，俄国的农民早已受够了战争，纷纷响应跟随。1917 年 11 月 6 日到 7 日的夜晚，民主政府被武装的共产主义者推翻了，列

攻打冬宫，尼古拉绘

宁掌握了政权，俄国成为世界上第一个社会主义国家。沙皇和他的家族成员被逮捕了。

然而，一年之后，德国和奥匈帝国还是战败了。但是，如果没有德国将军们的支持，或许就不会有共产主义俄国的诞生，列宁有可能会留在瑞士，俄国可能还是一个民主国家。

这可能是第一次世界大战最重要的后果了——世界一大强国变成了共产主义国家。另外一个后果是，战争的失利使德国和奥匈帝国发生了巨大的变化。

52 民族主义的兴起

过去，欧洲的战争，比如法国和德国之间的战争，仅仅意味着在欧洲地区发生冲突。但是随着工业革命的发展，对于原材料的需求和殖民地的掠夺不断增长，任何发生在欧洲的战争都会蔓延到殖民地，从而导致世界大战。

这是工业革命的另一面：铁路、汽船、飞机、电报，还有电话的发明，使地理上的距离变得不再重要，不同国家之间的联系变得更加密切了，地球就是一个整体。这意味着，任何一个地点的冲突会迅速在全球范围内传播。

1914 年第一次世界大战开始时，人们对此还没有充分的认识，但已经到了我们明白过来的时候了。现代交通和通信方式把世界变成了一个地球村，就像一个角落着火可能会烧到全村的房子。

过去，人们常说全人类是一家人，但那时，这只是一个美丽的理想。今天，它已经不再是理想，现代的交通和通信方式将它变成了现实。我们是一家人，都居住在一个村子里，这个村子叫地球。这是事实，既非希望，也非梦想。

“我国利益优先，其他国家的利益可以不用考虑。”这样的想法是二三百年前的观念，与今天的时代格格不入。民族主义指的是为了维护自己国家或民族的利益，不惜让其他民族承受痛苦。这就像那些在当今时代还穿着古代盔甲满街溜达的人一样，是过时的想法。

但是很不幸，第一次世界大战之后，世界各国还没有接受这个教训，各国的民族主义不降反升。每个国家都变得更加利己，这种唯自己民族利益至上的极端民族主义，将整个世界推向了另一场浩劫——第二次世界大战。

让我们举一个盲目利己的民族主义例子：第一次世界大战之前，奥匈帝国是一个由多民族组成的国家：有一部分人说德语，一部分人说斯拉夫语，还有说匈牙利语的，此外还有其他一些民族。对于这些人口很少的小民族来说，能够生活在一个统一的大国中是十分有利的。他们可以自由贸易，自由来往。但在 1918 年，奥匈帝国在第一次世界大战中失败之后，境内爆发了革命，奥匈帝国的最后一位皇帝逃跑了。各个民族不再继续留在一个大国之中，而是纷纷建立了自己的共和国，于是出现了一些新的国家：捷克斯洛伐克、匈牙利、南斯拉夫、波兰和以德语为主要语言的奥地利。

这些国家都是在 1918 年第一次世界大战之后建立的，它们相互的关系不再是合作，而是排斥。它们维护各自的民族利益，并且彼此嫉妒。

更糟糕的例子是加里波第的故乡，意大利。第一次世界大战时，意大利是协约国一方，与英国、法国并肩作战，但是意大利军队屡次被奥地利军队击败，伤亡惨重，完全没有战胜国的荣耀。战后，国家陷入极度贫困，很多工厂的工人加入了共产党。这令意大利的资产阶级非常害怕，他们担心意大利会变成俄国那样的共产主义国家，那样一来，他们就会失去工厂和土地，个人财富不保。这时，出现了一个人，他宣称可以从共产主义的手中拯救意大利。他是一名记者，名字叫贝尼托·墨索里尼。

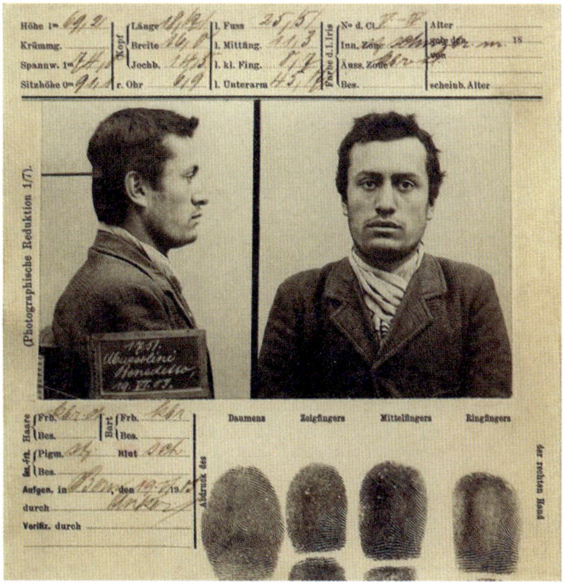

墨索里尼曾积极参与瑞士的意大利社会主义运动，1903 年，墨索里尼因为主张暴力罢工被瑞士警方逮捕，他在监狱中度过了两个星期，后来被逐回意大利

墨索里尼宣称，民主、议会和自由宠坏了意大利人。他说，意大利现在需要一个强人，一位拥有绝对权力的领袖，也就是一位独裁者。这位独裁者将为意大利带来荣耀，使之再次成为古罗马帝国那样的世界强国。当然这个独裁者非墨索里尼莫属。

独裁者墨索里尼当然不会容忍共产主义，因此意大利的资产阶级提供了大量钱财来支持他。墨索里尼用这笔巨款武装并训练了一支私人部队，其制服是黑色的衬衫。自由战士加里波第为他的士兵配备的是红衬衫，而自由的反对者墨索里尼的部下，都穿黑衬衫。1922 年，墨索里尼带领他的三万黑衫军进军罗马，强迫意大利议会授予他绝对的权力。墨索里尼成了意大利的独裁者。

作为独裁者，墨索里尼在意大利禁止任何形式的政党集会，所有的政党都被解散，政党领袖被抓入监狱，特别是共产党的领袖受到了无情迫害。任何报纸和书籍都不准评论独裁领袖，所有的报纸都只能赞颂墨索里尼，宣扬野蛮狂热的民族主义。在所有的学校里，都要训练孩子崇拜敬畏墨索里尼，全体意大利人都要为墨索里尼、为意大利的荣耀而战。此时此地，民族主义走向了疯狂和愚蠢。

现在看起来我们都很奇怪，英国和法国最初对于这位自由的敌人、独裁者墨索里尼居然很有好感，他们认为，墨索里尼打压了共产主义，好处大于坏处。但他们没有认识到民族主义是非常危险的。

墨索里尼的榜样影响了德国。德国在第一次世界大战中战败，从而丢掉了所有的殖民地，还白白损失了军队。德国人甚至比意大利人还要贫困，有几十万工人失业。德国皇帝被赶下台，国家由议会统治。但是，德国议会根本无力解决贫困和大量失业的问题。

胜利的一方，英国、法国和美国本可以提供资金，帮助德国渡过难关，但是它们都太自私了，民族主义过头，谁都不肯帮助过去的敌人。不仅如此，德国每年还要支付巨额的战争赔款给战胜国，数额高达数百万英镑。

希特勒在慕尼黑的旧居

在这样的困境中，德国人陷入了绝望。这也就难怪他们愿意跟从一个自诩为德国的墨索里尼、宣称要重振德国雄风的狂人。这位德国领袖的名字叫阿道夫·希特勒。

如果说墨索里尼的民族主义可以称

被关在布痕瓦尔德集中营里的犹太人，不再享受“人”的待遇，而他们的德国同胞却默不作声

作疯狂的话，希特勒的民族主义就是一种邪恶的精神错乱。依据希特勒的观点，日耳曼人（德国的主要民族）命中注定要成为统领全球的民族。世界上的其他种族和国家都是劣等的，甚至都算不上人类。所有的有色种族，比如黑人，在希特勒看来，不比动物强多少，只配受到动物的待遇。而希特勒尤其憎恨和蔑视犹太人，认为应该像清除害虫和老鼠那样，将犹太人彻底灭绝。

真的很奇怪，人们会相信如此疯狂的念头。毕竟，德国犹太人也曾像其他德国人一样入伍，为德国而战。但事实是，希特勒的想法在德国信徒甚众。

1933年，在墨索里尼上台11年后，希特勒当上了德国元首。

同样在德国，任何反对希特勒的言论都遭禁止——报纸和书籍只能宣扬日耳曼人优于其他民族和人种，而希特勒是一位天才，他的话绝对正确，在“一战”中失利的德国人，在天才领袖希特勒的领导下正准备进行第二场大战，而这一次，他们必胜无疑。

当然，并不是所有的德国人都迷信希特勒的极端民族主义，有数以千计的人认识到这种思想的邪恶之处。但是，谁胆敢公开说出真相，就会被送到集中营去，在非人的条件和残酷的对待下，受尽折磨而死。所以，人们只能以沉默来保全自己。大批的犹太人从德国逃离，但还有些人，尤其是老年人留了下来。他们以为，老人对谁都造不成伤害，因此希特勒会对他们手下留情。但他们想错了。

一等到大军组建起来，希特勒就开始了他的征服之旅。实际上，希特勒生于奥地利，而他拿下的第一个国家就是奥地利（原属于奥匈帝国的德语区）。此举没费一兵一卒，因为大部分奥地利人非常乐意成为希特勒领导下的伟大德国的一部分。他们也想错了，可惜等他们认识到这一点时，已经太晚了。

随后，希特勒和墨索里尼这两个独裁者达成了联盟。其他国家，英国和法国，还有一些小国家，比如捷克斯洛伐克、波兰、南斯拉夫，他们都认识到，欧洲此时存在着一股可怕的新生力量：一群狂热至疯癫状态的民族主义者，在冷酷无情的独裁者的领导下，组成了一支装备优良、训练有素的大军。

53
第二次世界大战

希特勒和墨索里尼正在准备发动另一场战争，英国和法国对此有所预料，但是英国政府中的一些人仍然幻想希特勒只会运用他强大的军队对抗苏联，反对共产主义。所以，当希特勒出兵捷克斯洛伐克，吞并苏台德地区（捷克斯洛伐克境内的一大片德语区）的时候，他们没有采取任何行动去阻止他。

当然，英国和法国也警告希特勒：如果他再攻击其他国家，他们将对其宣战。然而，希特勒确信英国不会参战，他对类似的警告更是不屑一顾。1939 年，德军入侵波兰，在几天之内就占领了这个国家。

直到此时，英国和法国才大梦初醒。他们明白了，希特勒要的不是和平，而他那疯狂的民族主义也无法带来和平。他们正式对德宣战。1939 年，第二次世界大战爆发了。

最初，德国屡战屡胜——很快占领了整个法国；向北挺进，以闪电战攻占了挪威；德国的空军日夜轰炸英国的城市。

在这段黑暗和绝望的时期，温斯顿·丘吉尔成了英国首相，他鼓舞了英国人民英勇作战的勇气和信心。

人们需要勇气才能坚持下去，不向邪恶屈服。因为德国人和意大利人已经征服了整个巴尔干半岛，占领了匈牙利、罗马尼亚、希腊和北非的大部分地区，只有一小支英国部队还在埃及坚持作战。在海上，德国的潜艇不断攻击护航舰，以及向英国运输粮食或运输武器和士兵的舰队。

苏联保卫莫斯科的海报

没有人知道如果希特勒下决心入侵英国会带来什么样的后果。他正处于权力的巅峰——除了西班牙，还有瑞士和瑞典这两个中立国家，整个欧洲大陆都在他的手中。此时，他决定先征服苏联（俄国当时称苏维埃联邦社会主义共和国，简称苏联）。1942年，德军入侵苏联。这一次，历史再次重演，德军遭遇了与拿破仑大军同样的命运。

美国战争情报办公室印制的海报，上面写着“记住珍珠港！”

起初，德军步步逼近，苏军节节败退。但是，他们在撤退的时候也进行了坚壁清野。而这一次，德军并没有到达莫斯科。苏军在莫斯科城外开始抵抗，无论德军如何进攻，都没法突破苏军的防线。一如拿破仑的军队，德军也受困于苏联冬天的严寒，但他们没有像拿破仑那样撤退。在经历过苏联的严冬之后，德军遭受了巨大的损失。

当欧洲战场如火如荼的时候，希特勒的另一位盟友日本，在东方发动了战争。在毫无征兆的情况下，日本派空军突袭了美军在夏威夷珍珠港的海军舰队，几乎击沉了那里所有的舰只。日军随即入侵菲律宾，然后接连攻占了英国殖民统治的香港及英国殖民地马来西亚和新加坡，还有荷兰的殖民地爪哇和苏门答腊群岛（后来的印度尼西亚）。

于是，现在的英国不再是孤军奋战了。世界上最强大的两个国家，美国和苏联成了英国的盟友。

希特勒的德国军队纵然庞大，但也被分散了：不仅要在东方与苏军作战，还要守卫从丹麦到希腊，几乎跨越整个欧洲的海岸线，以防敌人从海上袭击。

海上袭击从地中海开始了。英国军队已经驱逐了德国在非洲北部的驻军。然后，他们与美军联合登陆意大利。此时，意大利爆发了一场反对墨索里尼的革命，最终，他被本国人民处决了。德军在意大利的残余部队也被赶了出去。

同时，英军和美军的空军轮番轰炸德国，所造成的损坏远远超过当初德军对英国的轰炸。最终，在 1944 年，英军和美军的盟军部队在美国将军艾森豪威尔的指挥下登陆了法国。

尽管受到来自西部、南部和东部的三面合围，德军依然没有放弃。然而这时，命运之神已经不站在他们这一边了。1945 年，德国的战争机器瓦解

胜利的旗帜，这张照片是叶甫盖尼·哈尔岱 1945 年 2 月在苏军攻克柏林后用徕卡相机拍摄的，记录了苏联士兵爬上德国国会大厦屋顶挥动苏联国旗的一幕。这张照片也是二战中最著名、最有代表性的照片之一

了，苏联红军胜利攻占了柏林，希特勒在他的地堡里自杀。

其他的德国首领在纽伦堡军事法庭受到了审判，他们因下令在集中营屠杀了数百万的无辜平民，而被判有罪。“二战”期间，600 多万犹太人，还有波兰人、苏联人和反对希特勒的德国人惨遭杀害。这些德国首领大多被判处绞刑，其余则被判长年监禁。

德国饱受了战争创伤，城市几乎被夷为平地，男儿战死在沙场，工业被彻底摧毁。这就是德国为民族主义付出的代价。

很不幸，盟军在胜利后很快发生了争吵，苏联为一方，美国、英国和法国为一方。争吵的结果是，苏联将其占领的德国东部变成一个共产主义国家（德意志民主共和国），而美国、英国和法国占领的德国西部地区则成立了德意志联邦共和国，议会设在波恩。原来的首都柏林处于德国东部的中心地区，同样被分为两个部分。这样，让联邦德国在民主德国留有一片孤岛。

在战后 50 年的时间里，德国一直被分裂为两个国家，直到 1990 年才回归统一。

当希特勒在欧洲功亏一篑之时，日本在亚洲还在负隅顽抗。毋庸置疑，美军、英军和苏军早晚会进攻日本。恰恰在此时，美国科学家（其中一些是从希特勒的魔爪中逃亡的犹太人）发明了一种史无前例、威力无穷的武器——原子弹。对美国来说，几颗原子弹就足以让日本投降，根本没有必要牺牲美英的士兵去攻打日本了。

1945 年 8 月 6 日这一天，美军在广岛投下了原子弹，三天之后，又在长崎投下了另外一颗。转眼之间，两座城市就变为废墟，数万人一下子化为尘埃，消失得无影无踪。耀眼的强光伤害了所有直视它的眼睛；城市上空，升起了一朵巨大而恐怖的蘑菇云。

而广岛和长崎的幸存者随后面临的是更加可怕的事情，他们都因受到

反映 1962 年美国与苏联古巴导弹危机的漫画，沃特尔绘

核辐射，在漫长而痛苦的折磨中死去。更糟糕的是，多少年之后，这些幸存者生下的孩子，有些生来就是眼盲，或者没有手臂，或者带着其他更可怕的残疾。

1945 年，日本投降，第二次世界大战结束了。战后，人们都认识到，地球已经变成一个地球村，战争会导致疯狂。于是，世界各国共同成立了联合国，这是一个致力于和平解决争端问题的世界性理事会，英文简称 UN。然而，随后到来的不是和平，也不是战争，而是所谓的“冷战”。

美国相信自由市场，认为每个人都有权利挣更多的钱；而苏联相信共产主义，认为财富应该按照计划由政府统一调配。这两个国家从来没有建立起对彼此的信任，甚至在战争期间互为盟友时也是如此。反对希特勒的战争刚一结束，他们立刻就公开敌对了。

最初，美国人认为拥有原子弹会令他们比苏联更加强大。因为当时，只有美国掌握了原子弹的制造方法。但很快，苏联也攻克了技术难关，掌握了原子弹的制造方法。

自那个时候起，美国和苏联都研发出了威力更加巨大的炸弹——氢弹，双方各自拥有的武器都足以消灭地球上的全体人类。而且，自那时候开始，更多的国家掌握了核技术。

只要有民族主义存在，国家之间就无法通过协议销毁这些恐怖的武器，但是第二次世界大战不仅仅让我们认识到了原子弹的威力，还为我们留下了其他的遗产。

殖民地地区的人民不愿意再接受宗主国的统治，他们要求自由，也渴望平等和博爱，英国和法国被迫放弃了一个又一个的殖民地。19 世纪建立起来的庞大殖民地帝国消失了，取而代之的是许许多多新兴的独立国家。

54
展望未来

第二次世界大战之后的50年间，“冷战”不仅使美国和苏联对立，也将整个世界划分为两大阵营：一方是以美国、英国、法国和联邦德国为主的西方国家，他们相信自由企业，相信每个人都应该有思考和工作与否的自由，可以尽其所能赚取财产；东方则是苏联、波兰、南斯拉夫和中国，这些共产主义国家更加注重友爱，倡导博爱精神，认为人应该为整个社群而工作，像住房、工厂和土地这样的财富，应该属于国家，或者整个社会。

在西方，人们对自由有一种强烈的信仰。人民希望在各个方面都获得充分的自由，不仅是思想和写作自由，也包括商业和经济上的自由。

那些西方国家，也就是共产主义者所谓的资本主义国家，将太多的东西都放进了“自由”的篮子。

今天，我们可以看到世界发展的两大趋势：一方面，各个国家在形成不

自由女神像。这是 1886 年法国赠送给美国的礼物，以庆祝美国独立一百周年。女神左手捧着《独立宣言》，右手高举火炬，意喻自由照耀世界

约翰牛和他的朋友纪念和平。约翰牛是18世纪一位英国作家虚构的人物，其身材矮胖，滑稽可笑，又有一个暴脾气，作家用他来讽刺当时好战的辉格党人。后来，人们喜欢上了这个看上去有些牛劲儿又饱经历练的家伙，所以他成为英国的象征，就像美国的山姆大叔那样

同的联盟，比如欧盟。最初仅仅是从经济角度考虑才开始结盟，但一如我们所看到的，它已经开始涉及人们生活的方方面面。另一方面，我们也看到越来越多的国家在暴力冲突中分崩离析，成为极端民族主义或者种族主义集团的据点。

我们需要认识到，民族主义不属于这个时代，我们要在生活中为自由、平等和博爱找到恰当的位置，否则，在这些新兴的国家中就不会有和平，更不会有真正的进步。

我们的未来，在很大程度上依赖于这些问题的解决。这个世界已经成为一个大村庄，无论哪个角落燃起战火，都将蔓延全球，危及所有人，摧毁我们的工作和希望。无论我们个人的工作有多么成功，都在劫难逃。

如果能明白自由、平等和博爱的正确意义，每个人都可以有所贡献，来共同创造一个更加美好的世界。在这个世界中，没有战争乌云的笼罩，没有灭顶之灾的威胁，孩子们可以自由成长。不要认为一个人的力量微不足道，加里波第不会这么想，亨利·杜南也不会这么想。

现在，我们进入了历史课的尾声。课程从古代印度般度王的五个儿子开始，那个时候，人对于地球没有家的感觉，时刻希望能回到天堂。然后到了波斯时期，神还会在人类的梦境里出现，给予人类启示，带来精妙的发明创造，比如耕犁。然后是古希腊时期，梦境消失，人类开始自己思考。接着经历了古罗马帝国的兴衰，那也是耶稣基督的时代，他告诉我们，人人皆兄弟，因为我们都是上帝的孩子。

后来，好战的日耳曼部族摧毁了罗马帝国，建立了新的王国。其中的盎格鲁和撒克逊人来到不列颠，这些野蛮的部落最终成了基督教徒，他们的战斗精神被骑士规则所驯服。

在阿拉伯地区，伊斯兰教崛起，巴格达和其他阿拉伯城市变得无比繁荣强大。而十字军的征战虽然没有能够使耶路撒冷重归基督教的怀抱，却为欧洲带回了新的知识，让人们开始对遥远的国度充满好奇。东方的香料供不应求，船只启航驶向香料之国——印度。为此，哥伦布另辟蹊径，向西行驶，虽然没有抵达印度，却发现了美洲。

后来，我们又遇到了文艺复兴时代的天才，莱昂纳多·达·芬奇，以及宗教改革运动的领袖马丁·路德。接下来，我们谈到了英国的宗教战争和内战，对战双方是圆颅党和骑士党；还有苏格兰斯图亚特家族的最后一位国王，美王子查理。

然后是法国历史，从荣耀的太阳王路易十四到法国大革命和拿破仑。在这个时代，自由、平等和博爱的思想开始在人们心中萌发。

紧接着是工业革命的到来，在这一进程中，逐渐凸显出这三种理想的重要性和迫切性。

“历史”讲述的是过去的故事，它可能是很久以前的事，也可能是刚刚发生过的事。回顾往昔，可以帮助我们很好地展望未来，也就是你们在将来二十年、三十年、四十年后要经历的“历史”。